JN418458

AI 시대, 변화와 성장을 돕는 대학생 인생 수업

내 인생, 이제 感[감] 잡았다

이의용 · 오정근 · 한건수 · 우성식 · 윤성혜 · 이현기 · 한상훈 · 함선욱 · 황동조 공저

학지사

발간사

"내 인생, 이제 感(감) 잡았다!"

3박 4일 여행을 떠나도 우리는 가방을 싼다. 그런데 인생이란 긴 여정을 떠나면서 우리는 그냥 떠나기도 한다. "닥치는 대로 살자!"라고 말하는 이도 있지만, 그래도 긴 인생의 여정을 떠나면서 지도 하나랑 가방 하나 정도는 들고 떠나야 하지 않겠는가! 그 어느 때보다 인생의 방향을 잡기가 어려워지고 있는데…….

인생은 마라톤 경기가 아니라 자유 여행이다. 누군가가 정해 준 코스를 죽을 힘을 다해 달려가서 우승자가 되는 마라톤 경기가 아니다. 인생이란 내가 목적지를 정하고, 내가 코스를 정하고, 내가 편한 속도로, 내가 편한 방식으로 가면 되는 자유 여행 같은 것이다. 그럼에도 우리 청년들은 여전히 패키지 인생 여행을 따라가는 듯하여 여간 안쓰럽지가 않다.

2004년 국민대학교에서 우리나라 최초로 개설된 대학생 진로 교과목 '인생설계와 진로'(이하 '인설진'으로 표기함)는 2025년 2학기 현재까지 50학기 동안 이어져 오고 있다. 그동안 총 수강 인원은 27,680명에 달한다. 대학의 교양과목이 오랜 기간 지속되기 어려운 현실을 감안하면 이러한 규모나 기간은 매우 이례적이라고 할 수 있다. 기록을 살펴보니, 대학생 진로 과목으로는 스탠퍼드대학교(2010년), 하버드대학교(2017년)보다 앞선 것으로 확인된다. 이에 대학 당국에 깊은 감사를 드린다.

그사이 세상은 너무도 빠르게 변해 왔다. 특히 AI의 등장은 우리 청년들이 살아갈 세상을 크게 바꾸고 있다. 이에 그동안의 수업 노하우와 시행착오들을 정리하면서 앞으로 우리 청년들이 어떻게 인생을 설계할 것인지, 대학은 무엇을 어떻게 가르쳐야 하는지를 모색하기 위해 이 책을 펴내게 되었다. 이 책을 청년들과 함께하는 우리나라의 많은 멘토, 코치, 그리고 청년들과 공유하고 싶다.

이 책의 집필에 동참해 준 동료 교수들, 졸업생들에게 감사를 드린다. 또한 어려운 상황에서도 기꺼이 미래 세대를 위해 이 책을 출간해 주신 학지사 김진환 사장님께 감사를 드린다. 부디 이 책을 통해 "내 인생, 이제 感 잡았다!"라고 말하는 청년들이 늘어나기를 기원한다.

2026. 2.

집필자를 대표하여 이의용

차례

PART 3 변화와 성장의 '인설진' 콘텐츠

PART 4 변화와 성장의 교수법

PART 5 AI 시대의 직업세계

PART 6 AI 시대 직업인의 역량

PART 7 인설진 50학기 Review

PART 1

청년이 길을 묻다

My Life–
I’ve Got It Now!

01 내가 멘토에게 묻는다

청년들은 살아가면서 수없이 많은 갈림길 앞에 서게 된다. 그때마다 우리는 고민하면서 묻는다. "과연 이 길이 내 길인가?" 청년들의 질문을 10가지로 나누어 정리해 본다.[1)]

1. 진로 방향 설정

☑ 전공이 나에게 맞는지, 아닌지를 어떻게 판단할 수 있을까요?
☑ 하고 싶은 일이 자주 바뀌는데, 진로를 어떻게 결정하면 좋을까요?
☑ 전공과 무관한 직업을 선택해도 괜찮을까요?
☑ 내가 정말 좋아하고 잘하는 일이 무엇인지 어떻게 찾을 수 있을까요?
☑ 진로에 확신이 없는데, 방향을 잡기 위한 방법이 있을까요?

2. 취업 준비 전략

☑ 요즘 기업들이 중요하게 생각하는 스펙은 무엇인가요?
☑ 자기소개서와 포트폴리오는 어떻게 준비하는 게 효과적일까요?
☑ 인성검사나 면접 스터디는 어떻게 준비하면 좋을까요?
☑ 대학생활 중 비교과 활동은 어떤 것이 가장 취업에 도움이 될까요?
☑ 최신 취업 트렌드에 맞는 전략은 어떻게 세워야 하나요?

3. 대학원 vs. 취업 선택

☑ 졸업 후 취업과 대학원 진학은 어떤 기준으로 선택해야 하나요?
☑ 대학원을 선택한다면 어떤 역량을 더 갖춰야 할까요?
☑ 대학원 진학이 미래의 커리어에 실질적으로 도움이 되나요?
☑ 대학원과 취업의 만족도 차이는 어떤가요?

---

1) 한상훈

4. 졸업 후 인생설계

☑ 졸업 후 사회에 진출할 준비가 잘 안 된 것 같아 걱정입니다. 어떻게 준비해야 하나요?

☑ 창업과 취업 중 어떤 선택이 더 현실적인가요?

☑ 졸업 후 나다운 삶을 살기 위한 인생설계를 어떻게 해야 하나요?

☑ '어른'으로서 책임지고 살아가는 삶을 준비하려면 어떤 자세가 필요할까요?

☑ '취업-결혼-육아'는 인생의 필수적인 코스인가요?

5. 자존감 및 마음가짐

☑ 취업 준비 과정에서 자존감을 지키는 법이 궁금합니다.

☑ 실패를 경험했을 때 긍정적인 마인드를 유지하려면 어떻게 해야 하나요?

☑ 완벽주의나 열등감을 극복하기 위한 실천적인 조언이 있을까요?

☑ 사회에서 신뢰받는 말투나 태도는 어떻게 연습할 수 있나요?

6. 휴학 및 실무 경험

☑ 휴학을 하면 기업에서 부정적으로 보나요? 의미 있는 휴학은 어떻게 만들 수 있을까요?

☑ 인턴십이나 실무 경험은 어떻게 찾고 선택해야 할까요?

☑ 졸업 전에 꼭 경험해 봐야 할 활동이 있다면 무엇인가요?

☑ 교환학생, 공모전, 여행 등 어떤 활동이 커리어에 도움이 되나요?

7. 직무 선택 및 산업에 대한 이해

☑ 내가 어떤 직무에 적합한 사람인지를 어떻게 파악할 수 있을까요?

☑ 예술, 디자인, 체육 등의 전공자는 진로를 설계할 때 어떤 기준을 세워야 할까요?

☑ IT, 기획, 콘텐츠 등 전공 외 분야에서 커리어를 만들 수 있는 방법이 궁금합니다.

☑ 직무 선택 시 가장 중요하게 고려해야 할 점은 무엇인가요?

8. 선배의 사례와 경험 공유

☑ 졸업한 선배들이 실제로 어떤 진로를 선택했는지 궁금합니다.

☑ 취업에 실패하거나 여러 번 도전을 한 사례를 들을 수 있을까요?

☑ 빠른 성공 사례가 아닌 다양한 현실적 사례를 알려 주세요.

☑ 취업 후에 이직은 어떤 이유로 하나요?

9. 진로에 대안 불확실성과 불안 극복

☑ 내가 이 길을 가도 되는지 확신이 없을 때 어떻게 해야 하나요?

☑ 나는 아직 아무것도 준비되지 않은 것 같아 불안합니다. 어떻게 시작하면 좋을까요?

☑ 경쟁력 있는 사람이 되고 싶지만 자신이 부족해 보일 때 어떻게 극복해야 하나요?

☑ 불확실한 미래에 흔들리지 않고 준비할 수 있는 방법이 있을까요?

☑ AI 시대가 다가오면서 빠른 변화에 불안합니다. 그래도 변하지 말아야 할 것이 있다면 무엇이 있을까요?

10. 기타 질문 또는 사회 이슈

☑ 구조조정이 많은 현실에서 내가 어떤 역량을 가져야 살아남을 수 있을까요?

☑ 복수전공, 부전공은 실제 취업에 도움이 될까요?

☑ 사회에서 주체적이고 당당하게 살아가기 위한 역량은 무엇인가요?

☑ "배워서 남 주자"를 실천하려면 무엇부터 해야 할까요?

내가 나에게 묻는다

나의 미래, 나의 길을 찾으려면 먼저 나를 알아야 한다. 나를 아는 방법은 나에게 물어보는 것! 내가 나를 알기 위해 나에게 던지는 질문 100개를 20가지 주제로 나누어 정리해 본다.[1)]

1. 비전

☑ 나는 5년 뒤에 어떤 모습으로 살고 있을까?
☑ 내 인생에서 이루고 싶은 가장 큰 목표는 무엇인가?
☑ 나는 세상에 어떤 흔적을 남기고 싶은가?
☑ 지금 내 꿈을 향해 제대로 가고 있는가?
☑ 내 비전을 현실로 만들기 위해 지금 해야 할 일은 무엇인가?

2. 직업

☑ 나는 내 직업을 얼마나 사랑하는가?
☑ 내 직업이 나의 가치와 연결되어 있는가?
☑ 나는 직업을 통해 어떤 성취를 얻고 싶은가?
☑ 내 일에서 가장 힘든 점은 무엇인가?
☑ 나는 내 일을 통해 누구에게 도움을 주고 있는가?

3. 역량

☑ 내가 가장 자신 있는 능력은 무엇인가?
☑ 다른 사람들이 인정해 주는 나의 강점은 무엇인가?
☑ 내가 보완해야 할 약점은 무엇인가?
☑ 나는 새로운 능력을 배우는 데 얼마나 적극적인가?
☑ 나의 역량을 활용해서 어떤 문제를 해결했고, 해결할 수 있는가?

1) 이의용

4. 태도

☑ 나는 어려움 앞에서 어떤 태도를 취하는가?
☑ 나는 다른 사람의 의견을 경청하는가?
☑ 내 삶에 대한 기본 태도는 긍정적인가, 부정적인가?
☑ 내가 자주 되새기는 태도나 자세는 무엇인가?
☑ 나는 비판을 받을 때 어떻게 반응하는가?

5. 결혼과 가정

☑ 나는 결혼을 어떻게 정의하는가?
☑ 나는 가족에게 어떤 역할을 하고 있는가?
☑ 나의 이상적인 가정의 모습은 무엇인가?
☑ 나의 배우자나 자녀에게 꼭 해 주고 싶은 말은 무엇인가?
☑ 가정에서 내가 바꾸고 싶은 점은 무엇인가?

6. 재정

☑ 나는 돈을 어떻게 바라보는가?
☑ 지금 나의 재정 관리 상태는 만족스러운가?
☑ 돈 때문에 가장 크게 고민했던 경험은 무엇인가?
☑ 나는 어떤 소비 습관을 가지고 있는가?
☑ 재정적으로 꼭 이루고 싶은 목표는 무엇인가?

7. 신체적인 나

☑ 나는 나의 몸을 얼마나 이해하고 있는가?
☑ 지금 나의 건강 상태를 점수로 매긴다면 몇 점일까?
☑ 내가 가장 자신 있는 신체적 장점은 무엇인가?
☑ 지금 개선이 필요한 신체적 습관은 무엇인가?
☑ 나의 몸을 돌보기 위해 매일 하고 있는 행동은 무엇인가?

8. 심리적인 나

☑ 요즘 나는 어떤 감정을 가장 자주 느끼는가?
☑ 스트레스를 받을 때 나만의 해소 방법은 무엇인가?
☑ 내가 가장 두려워하는 것은 무엇인가?

☑ 나의 마음을 안정시키는 확실한 방법은 무엇인가?
☑ 내가 행복을 느끼는 순간은 언제인가?

9. 지적인 나/학습하는 나

☑ 최근에 내가 배운 가장 의미 있는 것은 무엇인가?
☑ 나는 어떤 분야에서 꾸준히 공부하고 싶은가?
☑ 나의 지적 호기심을 자극하는 것은 무엇인가?
☑ 나의 성장을 위해 어떤 자기개발 목표를 세우고 학습을 실천하고 있는가?
☑ 내가 책이나 강의에서 꼭 배우고 싶은 주제는 무엇인가?

10. 역사적인 나

☑ 내 인생을 바꾼 사건은 무엇이었는가?
☑ 어린 시절에 나를 형성한 경험은 무엇인가?
☑ 내 인생에서 가장 힘들었던 시기는 언제였는가?
☑ 지금의 나를 만든 결정적 선택은 무엇인가?
☑ 과거의 나에게 해 주고 싶은 말은 무엇인가?

11. 사회적인 나

☑ 나는 다른 사람들에게 어떤 사람으로 비춰지고 있는가?
☑ 지금 내 인간관계에서 가장 중요한 사람은 누구인가?
☑ 나는 다른 사람에게 어떤 영향을 주고 있는가?
☑ 나의 사회적 네트워킹은 어떠한가?
☑ 나는 사회에 어떤 기여를 하고 싶은가?

12. 습관

☑ 내가 매일 반드시 하는 습관은 무엇인가?
☑ 지금 버려야 할 나쁜 습관은 무엇인가?
☑ 내 삶을 긍정적으로 바꾼 습관은 무엇인가?
☑ 하루 루틴에서 가장 만족스러운 부분은 무엇인가?
☑ 내가 앞으로 만들고 싶은 새로운 습관은 무엇인가?

13. 가치관

☑ 나의 인생에서 최우선 가치는 무엇인가?

☑ 나는 옳고 그름을 어떻게 판단하는가?

☑ 돈보다 더 중요한 것이 있다면 무엇인가?

☑ 내가 절대 포기하지 않는 신념은 무엇인가?

☑ 나는 다른 사람에게 어떤 가치를 전하고 싶은가?

14. 음식

☑ 내가 가장 좋아하는 음식은 무엇인가?

☑ 내가 피해야 한다고 생각하는 음식은 무엇인가?

☑ 음식은 나의 기분에 어떤 영향을 주는가?

☑ 내가 특별한 기억과 함께 떠올리는 음식은 무엇인가?

☑ 나는 건강을 위해 식습관을 어떻게 관리하고 있는가?

15. 취미와 여가

☑ 나를 가장 즐겁게 하는 취미는 무엇인가?

☑ 나는 얼마나 자주 나만의 여가 시간을 갖는가?

☑ 새로운 취미를 갖고 싶다면 무엇인가?

☑ 취미를 통해 나는 어떤 성취감을 얻는가?

☑ 내가 여가를 보내는 방식이 만족스러운가?

16. 의복/스타일

☑ 사회적 관계를 고려할 때, 내 옷차림에 더 보완할 점이 있다면 무엇인가?

☑ 나의 옷 스타일은 나의 성격을 잘 드러내는가?

☑ 내가 가장 좋아하는 옷은 어떤 옷인가?

☑ 나는 옷을 고를 때 무엇을 가장 중요하게 생각하는가?

☑ 나의 외모와 스타일은 내 삶에 어떤 영향을 미치는가?

17. 영성/신앙

☑ 나는 어떤 믿음을 가지고 살아가는가?

☑ 나의 영적인 뿌리는 어디에 있는가?

☑ 나는 신앙생활에서 무엇을 가장 소중히 여기는가?

☑ 기도나 명상은 내 삶에 어떤 의미를 주는가?
☑ 나는 영적으로 어떤 사람이 되고 싶은가?

18. 대인관계

☑ 나는 친구를 어떻게 정의하는가?
☑ 나의 인간관계에서 가장 큰 갈등은 무엇이었는가?
☑ 나는 좋은 친구가 되기 위해 무엇을 하는가?
☑ 지금 내가 더 가까워지고 싶은 사람은 누구인가?
☑ 인간관계에서 나는 어떤 에너지를 주고받는가?

19. 사회적 책임과 기여

☑ 나는 사회 문제에 얼마나 관심이 있는가?
☑ 내가 사회에 기여할 수 있는 방식은 무엇인가?
☑ 나눔이나 봉사를 해 본 경험이 있는가?
☑ 나는 환경이나 공동체 문제를 어떻게 인식하는가?
☑ 죽기 전에 내가 세상에 기여하고 싶은 것은 무엇인가?

20. 미래와 죽음

☑ 미래에 대해 내가 가장 두려워하는 것은 무엇인가?
☑ 나의 인생에서 마지막 순간을 어떻게 맞이하고 싶은가?
☑ 죽음을 생각할 때 나는 무엇을 준비해야 한다고 느끼는가?
☑ 나의 장례식에서 사람들이 나를 어떻게 기억하기를 바라는가?
☑ 오늘이 내 삶의 마지막 날이라면 어떤 것을 해 보겠는가?

PART 2

변화와 성장의 인생 수업, '인설진'

일곱 청년의 비전 콘서트

인설진 수업에서는 마지막 시간에 비전 콘서트를 한다. 이때 자신이 세운 비전과 미션을 발표하고, 그에 필요한 역량과 개발 계획도 발표한다. 아울러 학기 시작과 후에 점검하는 진단 결과와 이번 학기 중 실천해 온 One Change에 대한 평가도 나눈다. 여기에서는 수업 중에 발표했던 비전콘서트(오정근 교수 담당) 내용 7편을 소개한다.

1. 비전 콘서트 1편

나의 Vision-Mission[1]

나 이서원에게는 꿈이 있습니다.
그것은 발 빠른 식품 연구원이 되어 사람들에게 간편하면서도 빠르게
최고의 맛을 느낄 수 있는 식품을 제공하는 것입니다.
이를 위해 현대인의 바쁜 삶을 이해하고, 이를 해결할 수 있는
창의적이고 혁신적인 연구를 통해 식품산업에 기여하고자 합니다.

1) 필요 역량

나의 VM(Vision-Mission)을 실현하기 위해 가장 가장 시급하고 중요한 역량은 외국어 활용 능력, 특히 영어 의사소통 능력이다. 글로벌 식품 시장에서 우리의 음식을 널리 알리고 협력하는 데 있어 영어는 필수적이다. 이를 통해 해외 파트너들과 협력하고, 국제적인 트렌드를 이해하며, 한국의 식문화를 세계에 효과적으로 전달할 수 있다. 이를 위해 당장 오늘부터 다음의 계획을 실천하려고 한다. 매일 1시간씩 영어 말하기 연습(온라인 어플리케이션 및 스터디 활용), 주 3회 영어 뉴스 및 논문 읽기, 영어 말하기 자격증(예: OPIc 또는 토익스피킹) 시험 준비 및 취득. 목표 수준은 OPIc Intermediate High 이상 또는 토익 스피킹 Level 7 이상이며, 외국인과의 기본적인 업무 소통이 가능한 수준이다. 목표 달성 시점은 6개월 후!

2) 수업 전후 비교

수업 전후의 진단 결과를 비교해 보니 지난 학기 동안의 수업을 통해 의사소통 능력이 많이 향상되었다. 팀 활동을 하면서 내 의견을 말하고 타인의 의견을 경청한 기회 덕분이다. 팀원들과의 대화를 통해 불확실한 미래에 대해 고민하던 생각들을 말로 끄집어내는 연습을 반복하면서 추상적인 아이디어가 점차 구체화되었고, 이에 대한 확신이 생기게 되었다. 특히 다른 사람의 관점을 이해하며 협력적인 문제 해결 능력을 키울 수 있었다.

3) 나의 One Change

나의 One Change는 '수업 내용 복습하기'였다. 처음에는 막막했지만 학습 공간을 찾음으로써 점차 습관으로 자리 잡았다. 앞으로는 1주일 단위의 복습 계획을 세워 복습의 깊이와 지속성을 높이려고 한다. 1년 후에는 영어 말하기 자격증 취득, 해외 학술지 발표 기고가 가능할 것이다. 복습 습관의 정착으로 수업 성적과 이해도 상승할 것이다. 시간 관리 능력 개선으로 모든 과제를 체계적으로 수행할 수 있을 것이다.

4) 수업 소감(자기 변화 이야기)

수업을 통해 나의 부족한 역량과 강점을 명확히 알게 되었다. 부족한 역량을 키우는 것도 중요하지만, 강점을 더욱 극대화하는 것이 나의 경쟁력을 높이는 데 효과적이라는 점을 배웠다. 복습처럼 작은 변화가 얼마나 큰 성장을 이끄는지 경험했다. 앞으로 자격증 취득 등의 목표를 꼭 이룰 것이다.

---

1) 이서원(식품영양학과)

2. 비전 콘서트 2편

나의 Vision-Mission[2)]

나 박지원에게는 꿈이 있습니다.
그것은 그것은 전문직인 회계사가 되어
사랑하는 사람들과 오래오래 행복하게 사는 것입니다.

1) 필요 역량

나의 VM을 이루기 위해 가장 시급하고도 중요한 역량은 수리 활용 능력 중 도표 분석 능력이다. 그 역량을 이번 겨울방학부터 3학년 겨울방학까지 재무제표 분석 연습을 통해 기본 재무제표 이해와 재무 비율 분석, 최종적으로 기업 분석 및 감사 수행이 가능한 수준까지 개발해 나갈 계획이다.

2) 수업 전후 비교

수업 선후의 진단 결과를 비교해 보니 직업 선택, 미래 직업세계, 비전, 역량, 취업 등의 5개 부문이 모두 크게 향상되었다.

3) 나의 One Change

나의 One Change 목표는 '수업 내용을 당일에 복습하기'였다. 과제가 겹치는 날에는 복습을 다음 날로 미루기도 했지만, 복습은 바로 하는 게 가장 효과가 좋아서 하교하는 버스 안에서 주로 했다. 시간이 지날수록 복습하는 데 시간과 노력이 더 많이 필요해져, 하교하는 버스에서 스마트폰을 만지지 않기로 한 것이 큰 도움이 되었다. 1년 후 더 좋은 성적을 얻고, CPA 공부를 더 열심히 하여 최대한 빨리 CPA 1차 시험에 합격하면 좋겠다.

4) 수업 소감(자기 변화 이야기)

인설진 수업을 통해 비전과 목표에 대해 깊이 생각해 볼 수 있었다. 객관적인 지표로 스스로를 이해함으로써, 발전이 필요한 부분을 파악하고 계획을 세우는 과정이 한결 수월해졌다. 조원들과 함께 서로의 진로와 준비 현황, 계획에 대한 이야기를 나누는 시간이 인상적이었다. 아직 1학년인 나에게 선배들의 경험과 이야기는 많은 도움이 되었다. 조원들과 진로 계획을 공유하면서 생각이 일치하는 부분과 내가 미처 생각하지 못했던 부분을 알게 되었다. 앞으로 객관적으로 나 자신을 돌아보는 시간을 가져서, 강점은 발전시키고 부족한 역량은 보완해 나가려 한다.

---

2) 박지원(중국정경학과)

3. 비전 콘서트 3편

나의 Vision-Mission[3)]

나 진솔에게는 꿈이 있습니다.
그것은 사회 각계의 관점을 균형 있게 이해하고,
이를 명확하고 공정하게 전달하는 아나운서가 되는 것입니다.

1) 필요 역량

저는 시청자들이 더 넓은 시야로 세상을 바라볼 수 있도록 돕는 아나운서가 되는 것이 저의 꿈이자 직무입니다. 이를 위해서는 정보를 정확하고 이해하기 쉽게 전달하는 대인 커뮤니케이션 역량, 그리고 속보 상황처럼 예기치 않은 순간에도 침착하게 대응할 수 있는 임기응변 역량이 필요하다고 생각합니다.

2) 수업 전후 비교

수업 전후를 비교해 보면, 저는 수업을 들은 뒤 미래가 훨씬 더 뚜렷해졌다고 느꼈습니다. 이전에는 목표만 있을 뿐, 어떻게 준비해야 할지 막막한 상태였지만, 지금은 구체적인 계획을 갖고 꿈을 향해 나아가고 있습니다.

3) 나의 One Change

제가 설정한 One Change는 등하교길에 '토익 LC 음원 20분 듣기'였습니다. 이를 실천한 결과, 외적으로는 목표하던 토익 점수를 달성했고, 내적으로는 '하면 된다'는 자신감을 갖게 되었습니다. 또한 지금은 새로운 One Change로 '매일 밤 책 10장 읽고 자기'를 실천해 보고자 합니다.

4) 수업 소감(자기 변화 이야기)

이 수업을 통해 저는 더 체계적이고 계획적인 사람이 되었습니다. One Change를 통해 하루의 계획을 세웠고, 수업을 통해 제 인생 전반에 대한 계획까지 수립하게 되었습니다. 앞으로도 이 배움을 잃지 않고, 제 미래를 위해 꾸준히 전진해 나가고자 다짐하였습니다. 감사합니다.

---

3) 진솔(미디어 · 광고학부 미디어 전공)

4. 비전 콘서트 4편

나의 Vision-Mission[4)]

나 박하영에게는 꿈이 있습니다.
그것은 글로벌 기업 및 금융에서 전략기획전문가로 역할을 수행하면서
세계가 지속 가능한 발전을 하도록 돕는 것입니다.

1) 전략기획전문가(Strategic Planning Specialist)가 되기 위한 필요 역량

- **거시적 환경 분석 및 통찰력**: 글로벌 경제 동향과 시장의 변화를 읽어 내고, 이를 기업 전략에 반영할 수 있는 분석 능력
- **논리적 사고 및 문제 해결 능력**: 복잡한 경영 과제를 구조화하여 핵심 원인을 파악하고, 최적의 솔루션을 도출하는 기획력
- **글로벌 커뮤니케이션 역량**: 다양한 문화권의 이해관계자와 원활히 소통하고 협상할 수 있는 어학 능력 및 개방적 사고

2) 수업 전후 비교

- **수업 전**: 저학년 시기로 직무에 대한 구체적인 정보가 전무했으며, 사전 조사 결과 직무 이해도가 매우 낮은 수준으로 나타났고, 진로에 대한 막연했었습니다.
- **수업 후**: 현업에서 요구하는 전략 기획의 역할과 중요성에 대한 기초 지식을 습득하게 되었습니다. 아직까지 높은 지식에는 도달하지 못했으나, 직무의 특성을 이해하고 향후 보완해야 할 역량의 방향성을 명확히 설정하는 성과를 거두었습니다.

3) One Change(실천 목표 및 달성도)

- **실천 목표**: 교환학생을 가기 위해 매일 1시간 JLPT(일본어능력시험) 학습
- **달성 결과**: 학기 중 총 달성률 약 80% 기록
- **성과 분석**: 학기 중에 꾸준한 학습 루틴을 형성하였으며, 부족했던 문자 어휘 부분을 보충하는 계기가 됨

4) 수업 소감(자기 변화 이야기)

단순한 직무 지식 습득을 넘어, 본인의 내면을 깊이 있게 탐구하고 진로에 대해 진지하게 고찰하는 계기가 되었습니다. 또한 자신의 성향과 희망 직무 간의 적합성을 재확인하였으며, 향후 커리어 로드맵을 설계하는 데 있어 중요한 동기 부여가 되었습니다.

---

4) 박하영(일본어학과)

5. 비전 콘서트 5편

나의 Vision-Mission[5]

나 김동현에게는 꿈이 있습니다.
그것은 도시의 나무를 지키고 지속 가능한 환경을 만드는
나무의사가 되는 것입니다.

1) 희망 직무

제가 희망하는 직무는 나무병원, 지방자치단체 공원녹지사업소 그리고 조경회사에서 수목 진단과 치료, 병해충 관리, 위험수목 모니터링 업무를 수행하는 일입니다.

2) 필요 역량

나무의사로 성장하기 위해 필요한 핵심 역량을 우선순위로 정리해 보았습니다. 첫 번째는 문제 해결 능력으로, 수목 피해 원인을 분석하고 적절한 치료법을 처방하는 데 필수적입니다. 두 번째는 기술 능력으로, 진단 장비 사용부터 외과수술, 토양 개선, 병해충 방제 등 실제 치료 기술을 적용하기 위해 필요합니다. 세 번째는 자기 개발 능력으로, 끊임없이 변화하는 수목 병리학과 새로운 방제 기술을 학습해야 하기 때문입니다.

3) 수업 전후 비교

이 수업 이전의 저는 진로가 막연하고 방향성이 흐릿한 상태였습니다. 그저 점수에 맞춰서 전공을 선택했기에, 그 관심이 직업으로 이어질 수 있을지 확신하지 못했습니다. 그러나 수업을 들으며 저는 진로를 바라보는 관점이 달라졌습니다. 처음으로 나와 직업의 연결점, 그리고 제가 사회에 어떤 역할을 할 수 있는지를 구체적으로 생각하게 되었습니다. 이 수업은 단순히 직업 정보를 주는 수업이 아니라, 저 자신을 이해하고 미래의 가능성을 탐색하게 해 준 중요한 계기였습니다.

4) One Change

제가 선택한 One Change는 '일본어 일기를 쓰며 공부 앱을 병행하는 것'입니다. 이 습관 덕분에 저는 반복적으로 학습하며 일상 어휘를 자연스럽게 익히는 경험을 하고 있습니다. 꾸준함이 능력을 만든다는 것을 실감하고 있습니다.

5) 수업 소감(자기 변화 이야기)

이 수업을 통해 저는 진로는 성장 과정이라는 것을 깨달았습니다. 제가 되고 싶은 직업을 찾은 것도 좋았지만, 왜 그 일을 하고 싶은지를 고민하는 사람이 되었습니다. 지금의 저는 단순히 직장을 찾는 단계에서 멈춘 것이 아니라 사회와 환경에 기여하는 전문가가 되고 싶다는 목표를 갖게 되었습니다. 이제는 미래의 나를 상상하며, 그 목표에 가까워지기 위해 배우고 실천하는 사람이 되고자 합니다.

---

5) 김동현(산림환경시스템학과)

6. 비전 콘서트 6편

나의 Vision-Mission[6]

나 성연승에게는 꿈이 있습니다.
그것은 기존 공정의 기술적 한계를 극복하고, 초미세 공정 기술을 개발하여
IT산업의 혁신을 이끄는 기술 전문가가 되어 세상의 기술 발전에 기여하는 것입니다.

1) 희망 직무

반도체 공정 및 소자 연구원입니다.

2) 필요 역량

가장 시급하고 중요한 핵심 역량은 두 가지로, 첫째, 전공 심화 지식입니다. 반도체 물성과 공정 원리를 이해하기 위한 물리, 화학적 기초가 필수적입니다. 둘째, 데이터 분석 능력입니다. 수많은 실험 데이터를 통계적으로 분석하여 불량 원인을 찾고 수율을 높이는 논리석 문세 해결력이 요구됩니다. 저는 이 두 역량을 중심으로 학습 계획을 수립할 계획입니다. 이후 의사소통을 위해 제2외국어를 할 계획입니다.

3) 수업 전후 비교

이 수업을 듣기 전에는 막연히 취업이 잘된다는 이유로 공학 계열 진로를 생각했습니다. 구체적인 직무에 대한 확신은 부족했습니다. 하지만 수업 후에는 제가 도구를 다루는 것을 좋아하는 '현장형(R)'과 논리적 분석을 즐기는 '탐구형(I)' 흥미를 가졌다는 것을 알게 되었습니다. 제 성향이 실제 데이터를 분석하고 장비를 다루는 반도체 엔지니어 직무와 정확히 부합한다는 것을 확인하고 진로에 대한 확신을 가졌습니다.

4) One Change

저의 One Change는 '한 주에 배운 내용을 주말에 복습하기'였습니다. 개강을 한 직후나 시험이 끝난 주는 배운 내용이 없어 실천이 처음에는 저조했지만, 매주 지키려고 노력했고, 14주차 동안 약 86%의 성공률을 보였습니다.

5) 수업 소감(자기 변화 이야기)

이번 수업은 저에게 큰 도움이 되었습니다. 이전에는 무엇을 해야 할지, 무엇을 하고 싶어하는지 몰라 불안했지만, 나 자신에 대한 이해가 선행되어야 올바른 진로 설정이 가능하다는 것을 깨달았습니다. 이제는 막연한 불안감 대신, 제 강점과 가치관을 바탕으로 구체적인 계획을 세우고 행동하는 사람으로 변화했습니다.

---

6) 성연승(신소재공학부 기계금속재료 전공)

7. 비전 콘서트 7편

나의 Vision-Mission[7)]

나 장수환에게는 꿈이 있습니다.
그것은 창의적이고 열정적인 반도체 설계자가 되어 우리나라 기업이 파운드리뿐만 아니라
수율이 좋은 팹리스 분야에서도 선두주자가 되도록 기여하는 것입니다

1) 필요 역량

저의 VM을 달성하기 위해 제가 반드시 개발해야 할 핵심 역량은 바로 '문제 해결 능력'입니다. 이를 위해 직무수행 역량 중 공정 이해 및 최적화 능력, 데이터 분석 및 통계적 사고, 그리고 결함 분석 및 문제 해결 능력을 구체적으로 갖추려 합니다. 또한 하위 능력인 기술 능력과 정보 능력을 꾸준히 함양하여 실질적인 문제 해결 역량을 키워 나갈 것입니다.

2) 수업 전후 비교

수업 전의 저는 목표에 대해 막연하게만 생각했고, 계획이 실패하면 쉽게 '못 했구나' 하고 넘어가는 등 행동 의지가 부족한 편이었습니다. 하지만 이번 수업을 통해, 저의 비전을 명확히 정립하고 10년 뒤의 이력서를 미리 써 보면서 목표의식을 확고히 세울 수 있었습니다. 무엇보다 결과가 아닌 과정에 집중하는 태도를 배우며, 목표를 향해 나아가는 제 모습 자체가 중요하다는 깨달음을 얻을 수 있었습니다.

3) One Change

저의 One Change는 방과 후 집에 들어가기 전에 헬스장에 들러서 운동하기'입니다. 평소 집에 도착하면 바로 침대에 눕는 습관을 바꾸고, 체력 향상으로 제 시간을 더 효율적으로 쓰기 위해 이러한 목표를 세운 것입니다. 실행 현황을 돌아보며 저는 중요한 자기 변화의 각오를 다졌습니다. One Change를 하루라도 못 지킨다면, 그냥 넘어가는 것이 아니라 '다른 날 하루 더 방문하는 패널티를 스스로 부여'하며 한 주를 가득 채워 가겠다는 다짐입니다.

4) 수업 소감(자기 변화 이야기)

이번 수업은 저에게 너무도 값진 경험이었습니다. 다양한 전공을 가진 조원들과 함께 꿈에 대해 말해 보고, 서로의 One Change 진행 상황을 공유하며 동기 부여도 받고, 때때론 교수님의 말씀에 감명을 받기도 했습니다. 조원분들과 교수님 덕분에 마지막 학기를 행복하게 보낼 수 있던 것 같습니다.

---

7) 장수환(전자공학부 지능형반도체융합전자 전공)

04 나에게 인설진은 나침반이다[1)]

인설진 수업을 체험한 청년들은 이 수업을 어떻게 기억할까? 최근 인설진 수업(한건수 교수 반)을 수강한 학생들에게 "내가 수강한 인설진 수업을 한마디로 표현한다면?"이라고 물었다. 가장 많이 나온 대답은 "나침반"이었다. 다음은 학생들의 답변을 정리한 것이다.

★ 나침반

- "내가 진짜 원하는 삶이 무엇인지 고민하고, 그 방향으로 나아가기 위해 필요한 선택들을 배워 가는 시간이었기 때문에."
- "이 수업을 통해 나에 대한 방향성을 찾을 수 있었고, 진로 선택은 위한 길잡이가 되었기 때문에."
- "방황하고 있던 나에게 길잡이가 되었기 때문에."
- "내가 가야 할 방향을 제시해 주었으니까."
- "앞으로 나아갈 방향을 찾을 수 있게 도움을 주었으니까."
- "방향을 찾지 못하고 방황하던 나에게 인생의 방향성을 제시해 주었기 때문에."
- "나의 미래에 대한 방향을 찾게 해 주었으니까."

★ 이정표

- "나의 삶을 되돌아보며 미래를 생각하게 해 주었기 때문에."
- "막막하던 앞길을 알려 주었기 때문에."
- "어떻게 살아가야 할지 진지한 고민을 하는 4학년 시기에 삶의 큰 방향을 잡아 준 쉼표이자 이정표였기 때문에."

★ 갈림길

- "인설진을 수강 안 했으면 나를 탓하고 안 좋은 방향의 길을 선택했을지 모르니까. 인설진 때문에 나를 더 좋아하고, 나를 더 들여다볼 수 있었다."

---

1) 한건수

★ 힐링 시간

"사람들과 함께하는 시간이 즐거웠기 때문에."

★ 힐링

"팀원들과 이야기하면서 생각이 정리되고 마음이 편해졌기 때문에."

★ 여행

"무엇이 정답인지 모르는 상태에서 압박과 제약 없이 바라볼 수 있었으니까."

★ 자아 성찰의 시간

"나의 바깥 세상에 대해서만 공부하다가 비로소 나에 대해 공부할 수 있었으니까."

★ 나를 비추는 창

"내가 보지 못했던 나의 모습을 창문처럼 비추어 보여 줬기 때문에."

★ 거울

"이 수업을 통해 나에 대해 많은 것을 알게 되었기 때문에."

★ 옥수수

"알찬 수업이니까."

★ 배움

"선배들과 이야기하면서 많은 것을 배웠기 때문에."

"수업을 통해 내가 진짜 원하는 것, 내가 잘하는 것을 볼 수 있었기 때문에."

★ 답지

"진로에 대한 깊은 고민과 전공 선택에 대한 불안으로 방황하던 내게 방향을 제시해 주고 해답을 찾을 수 있게 도와주었기 때문에."

★ 자극제

"잊고 있던 가치들을 상기시켜 주고, 더 나은 내가 되고 싶도록 했기 때문에."

★ **휴식처**

"이 수업에서만큼은 다른 생각을 안 하고 나에게 집중하면서 쉴 수 있었기 때문에."

★ **또 다른 도전**

"여러 사람과 진지하게 대화하고 가장 많이 교류를 하게 했으니까."

★ **자신과의 대화**

"조원들과 이런저런 이야기를 나누면서 미처 깊이 생각하지 못했던 나의 마음과 가치관에 대해 생각하고 이야기하게 되었기 때문에."

★ **소통 창구**

"매주 조원들과 대화할 수 있었기 때문에."

★ **영양제**

"수업이 진행될수록 스스로 더 나아지는 것을 느꼈기 때문에."

★ **꿈**

"진짜 '나'의 꿈을 찾았기 때문에."

★ **꿈의 시작**

"현실만 좇던 나에게 좋아하는 것을 찾아가게 해 주었으니까."

★ **질문**

"수업을 통해 스스로 질문를 해 보면서 내가 어떤 사람인지를 알 수 있었기 때문에."

★ **활력소**

"월요일에 인설진을 만나면 한 주 동안 활력이 되었으니까."

★ **국밥**

"수업을 할수록 텅 빈 마음과 머리를 든든히 해 주었으니까."

★ 용기

"사람과 대화하는 것을 어려워하던 내게 용기를 내어 사람과 소통하게 해 주었으니까."

★ 휴게소

"빠르게 달리다가 잠깐 쉬어 방향을 확인하고 다음 길을 준비하게 해 주었으니까."

★ 깨달음의 연속

"지금까지 나 자신에 대해 잘 알고 있다고 생각해 왔지만, 수업을 진행할수록 내가 나에 대해 너무 모른다는 사실을 깨달았으니까."

★ 지도

"어디로 갈지 모르는 나에게 길을 알려 주었으니까."

★ 마무리

"졸업을 앞둔 나에게 마무리를 지어 주었으니까."

★ 감사함

"작은 것에도 감사하는 자세를 배웠기 때문에.

★ 나를 돌아보는 거울

"나의 가치관, 삶의 태도, 진로에 대해 깊이 생각해 보는 계기가 되었기 때문에."

★ 전환점

"나를 되돌아보게 하는 시간이었기 때문에."

★ 나를 되돌아 본 시간

"매주 같은 시간에 그 주의 이야기를 나누고, 나를 성찰하는 시간을 갖는 점이 좋았기 때문에."

★ 기회

"나의 미래에 대해 새로운 기회를 제공해 주었으니까."

★ 주마등

"수업을 통해 지금까지의 내 모습들을 돌아볼 수 있었기 때문에."

★ 쉬어 가는 시간

"초등학교, 중학교, 고등학교, 그리고 대학교까지 학교만 다녀온 내게 조금은 쉬어 가도 된다는 마음을 갖게 해 주었으니까."

★ 휴식

"전공 공부에 지친 정신과 마음이 이 수업을 통해 치유되었기 때문에."

"사람들과 여유 있게 대화를 하며 편안함을 느꼈기 때문에."

★ 쉼표

"쏟아지는 전공 수업들 사이에서 많은 사람과 정을 나누고 나에 대해 즐겁게 알아갈 수 있는 시간이기 때문에."

★ 쉬는 시간

"온전히 즐기면서 쉴 수 있는 시간이었기 때문에,"

★ 흰 종이

"교수님, 동료들과 꿈을 그리게 해 주었으니까."

★ 빨간 신호등

"미래를 위해 잠시 멈춰 과거와 현재를 되돌아보게 해 주었으니까."

★ 일기장

"수업 시간마다 나 자신에 대해 조금 더 알아 가게 해 주었으니까."

★ 기억

"기억에 아주 오래 남을 것 같아서."

★ 뒤집기

"수업을 통해 많은 부분이 긍정적으로 뒤집혔기 때문에."

★ 색안경

"비관적이던 나에게 감사를 보여 주었으니까."

★ 자각

"나의 문제점을 직시하고, 몰랐던 것들을 깨닫고 변화할 수 있었기 때문에."

★ 새로운 배움

"내가 잘하고 있다는 것을 인정받고, 더 잘할 수 있게 가르쳐 주었니까."

★ 만남

"새로운 사람을 만나고, 새로운 나를 만나게 해 주었으니까."

★ 유일한 재미

"빡빡한 수업 중에 유일하게 나의 숨통을 트이게 해 줬기 때문에."

★ 일주일 비타민

"칭찬 샤워 등으로 기분 좋게 한 주간을 시작하게 해 주었으니까."

★ 질문

"평소 잊고 있었던 여러 질문을 해 볼 수 있었으니까."

★ 피로회복제

"졸업 전에 지치고 우울할 뻔한 나에게 활기를 되찾게 해 주었기 때문에."

★ 나를 찾는 시간

"내가 몰랐던 부분들에 대해 생각하면서 나를 알아 갈 수 있는 시간이었기 때문에."

★ 스톱워치 타이머

"나에 대해 생각하도록 잠시 나를 멈추게 해 주었기 때문에."

인설진 수업 한 줄 소감

교수자의 수업 목적도 중요하지만, 학습자의 학습 목적은 더욱 중요하다. 한 학기 동안 인설진 수업을 마친 학생들에게 이 수업을 통해 얻은 열매를 한 줄 소감으로 물었다. 구체적인 수업 소감 내용은 지면 관계상 생략하고, 여기서는 소감문의 헤드라인만 소개하고자 한다.[1)]

"내 인생, 이제 감 잡았다!" –송희원(경영학부)

"답답했던 미래를 서서히 그릴 수 있습니다." –강수진(수학과)

"내 인생의 기초토목공사에 돌입하다." –황고운(경영학과)

"열등감을 구겨서 멀리 던졌습니다." –김지훈(산림환경시스템학과)

"만약 이 수업을 못 만났다면……" –김경석(자동차공학과)

"아, 내가 조금씩 변하고 있구나." –김수경(임산생명공학과)

"늦었다면 후회했을 것." –박예흠(자동차공학과)

"이젠 나에게 맞춰서 살아야겠다." –최재신(행정정책학부)

"자칫 갈피를 못 잡고 헤맬 뻔했는데……" –지구상(경영학과)

"내 꿈에 확신이 생겼습니다." –한승민(자동차공학과)

"'어떤 대학'에서 '어떤 꿈'으로 생각을 바꿔 줬다." –최서영(경영학과)

"나를 위해 이처럼 많은 시간을 투자해 보긴 처음!" –정유진(행정정책학부)

"정말 하고 싶은 직업을 찾았습니다." –김민지(경영학부)

"이 많은 걸 내가 다 했다니……" –김건(경영학부)

"얻고자 하는 만큼 얻을 수 있었다." –김지양(경영학부)

1) 2013년 1, 2학기 수강생들의 수강 후기 모음집 '응답하라 2013'(국민대학교 교양대학)에서 발췌

"내 인생은 내가 설계하고 내가 주도하겠습니다." -김정효(경영학부)

"1학년 때 인생설계, 정말 다행이에요." -엄나영(경영학부)

"매주 동기부여가 됐어요." -양혜인(경영학부)

"설계도 한 장을 위해 많은 생각을 해야 했습니다." -이준서(경영학과)

"포트폴리오가 두꺼워질수록 내 생각도 함께……." -김영준(자동차공학과)

"삼수하며 낮아진 자존감이 회복됐다." -이준영(경영학과)

"내가 만든 포트폴리오에 맞춰 살겠다." -고효정(경영정보학부)

"감사 일기, 계속 쓰겠다." -김수현(경영정보학부)

"'나' 성찰 통해 '나'와 가까워졌어요." -서성훈(경영정보학부)

"내 인생의 병에 '큰 돌'부터 넣겠습니다." -신동일(경영정보학부)

"인생설계는 평생 계속 되어야 한다." -이주상(경영정보학부)

"아무 생각 없이 살아오던 내가……." -송라경(기계시스템학부)

"20년 동안 몰랐던 '나'를 만나다." -정진우(기계시스템학부)

"수업 전보다 확실히 행복해졌다." -환현철(기계시스템공학부)

"막연하던 꿈에 윤곽이 잡혔다." -조용훈(컴퓨터공학부)

"부정적인 생각이 긍정적으로 바뀌었다." -허성실(컴퓨터공학부)

"대학생활에 방향이 생겼다." -유혜민(전자공학부)

"일단 꿈을 안고 군생활을 시작하게 됐다." -조성국(신소재공학부)

"대학진학이 유일한 꿈이었는데……." -김윤정(체육학부)"처음으로

"'내가 대학생이구나.'라고 느꼈다." -이광선(체육학부)

"이 수업은 내게 '힐링'이었다." -유환일(체육학부)

"나만을 위해 마련된 수업 같았다!." -장철국(체육학부)

"할머니 성함도 몰랐던 내가 부끄러웠다." -민승용(발효융합학과)

"'나'도 모르고 살아갈 뻔했다." -김민선(국사학과)

"나는 내가 정말 좋다!" -이원용(기계시스템공학부)

"코칭 방식 수업, 새롭고 유익했다." -남지원(자동차공학과)

그때, 인설진을 만났다

지난 22년, 50학기 동안 인설진 수업을 거쳐 간 수료생은 총 27,680명에 이른다. 초창기의 수료자들은 이제 40대 중반이 되어 우리 사회에서는 중견으로, 가정에서는 부모 세대로 자리를 잡았다. 이들에게 인설진 수업은 어떤 의미였을까? 또한 그들의 인생에 어떤 영향을 미쳤을까? 연락처를 수소문해서 인설진 출신들의 근황과 '내가 만난 인설진 수업'에 대한 이야기를 들어 보았다.

"목적이 있으면 여행, 목적이 없으면 방황!"

온경주(기계자동차공학부 자동차공학전공, 97학번)

나는 2004년에 인설진 수업을 이수했다. 현재는 경영컨설팅, 보험영업본부장, 제조회사 경영지원실장, 그리고 법인 대표로 활동하고 있다.

보험 영업을 하던 시절의 경험이 지금도 선명하다. 당시 나는 소개를 받아 가망 고객을 발굴하는 방식으로 일을 하고 있었다. 그러던 중 인천 논현동에서 한 분을 소개받아 찾아갔는데, 첫 만남부터 그는 보험을 하는 사람을 가장 싫어한다며 강하게 거부감을 드러냈다. 내 말을 거의 듣지 않고 무시했다. 그러나 그 모습을 보며 오히려 승부욕과 오기가 생겼다. '이 분을 반드시 내 고객으로 만들어 보겠다.'라는 결심이 섰다.

그날 이후 나는 자주 연락을 드리고 직접 찾아가되, 보험 이야기가 아닌 일상과 삶의 이야기를 나누었다. 그분이 힘들어하는 부분을 묻고 진심으로 공감했다. 그러자 시간이 흐르며 그분은 가까운 사람들에게조차 털어놓지 못했던 속마음을 내게 이야기하기 시작했다. 나는 그 마음을 공감하고 위로하며 함께 시간을 쌓아 갔다. 3개월쯤 지나자 그분은 지인을 한두 명씩 소개해 주셨고, 결국 50명이 넘는 고객을 만날 수 있었다. 그 경험을 통해 나는 정성으로 대하면 진심은 반드시 전해진다는 귀한 교훈을 얻었다.

졸업 후 2005년 3월, 삼성전자 무선사업부 개발실에 입사해서 7년간 근무했다. 그러나 어느 순간, 나의 삶이 내가 주도하는 것이 아니라 회사라는 톱니바퀴의 한 부품처럼 흘러가고 있다는 생각이 들었다. '내 인생을 내가 결정하고, 내가 원하는 삶을 살아보면 어떨까?'라는 고민이 깊어졌다.

그때 떠올랐던 것이 바로 이의용 교수님의 '인설진' 수업이었다. 수업의 메시지, "내 인생은 내가 설계하고 내가 주도한다!"라는 구호는 내 선택을 이끄는 나침반이 되었다. 결국 회사를 나와 내 사업을 시작했고, 지금은 다양한 일을 하며 주도적으로 살아가고 있다.

나는 이 수업이 많은 후배들에게 삶의 방향을 고민하고 스스로 결정하는 기회가 되기를 바란다. 여행과 방황의 차이는 목적의 유무라고 생각한다. 인생의 목적을 세우고 하루하루를 충실히 산다면 힘든 일이 있더라도 언젠가 되돌아볼 때 '나는 내 삶을 열심히 주도적으로 살았다.'라는 뿌듯함이 남을 것이다. 반대로, 아무 목표 없이 남이 시키는 대로만 살아간다면 후회가 남을 가능성이 크다. 그렇기에 이 수업을 통해 미리 고민하고 준비한다면 분명 더 나은 삶을 살 수 있을 것이다.

인생의 길을 먼저 걸어 본 선배로서 후배들에게 꼭 전하고 싶은 말이 있다. 바쁘다는 이유로, 남들이 그렇게 산다는 이유로 깊은 고민 없이 하루하루를 흘려보내지 말라는 것이다. 물론 그것도 한 방식의 삶일 수 있다. 그러나 목표를 세우고 그 목표를 향해 나아간다면 훗날 덜 후회하는 삶을 살 수 있다. 무엇보다 모든 일을 긍정적으로 바라보았으면 한다.

다음은 내가 좋아하는 말 중 하나다. "중요한 것은 일어나는 현상이 아니라 그 현상을 해석하는 나의 능력이다!" 어떤 어려움이 닥쳐도 그것을 나에게 도움이 되도록 해석할 수 있다면 좋은 일은 힘이 되고, 나쁜 일은 교훈이 된다. 나는 후배들이 이런 긍정적 해석의 힘을 길러 삶을 주도적으로 살아가기를 진심으로 바란다.

"내 인생이 내 것임을 일깨워 주었다."

이강우(정보시스템학과, 02학번)

나는 현재 전공을 살려 여의도의 한 증권사에서 디지털 전환(Digital Transformation) 업무를 맡고 있다. 전공 특성상 학창 시절에는 프로그래밍과 소프트웨어 설계 관련 수업을 필수로 이수해야 했다. 나는 프로그래밍 수업보다 설계 수업에 더 흥미를 느꼈다. 현실의 현상과 가능성 있는 상황을 분석해서 프로그램을 설계하고 나면 큰 성취감을 얻었다. 그러나 부족한 프로그래밍 실력 때문에 설계를 구현하는 과정에서 에러가 발생하거나 기대한 결과가 나오지 않아 실패를 거듭하기도 했다. 지금은 ChatGPT나 Copilot 같은 도구를 통해 손쉽게 코드를 얻을 수 있지만, 그때는 시행착오의 연속이었다.

대학 시절, 나는 치열하게 살았다. 경영정보를 복수전공하고 경영학을 부전공하며 매 학기 21학점 이상을 수강했다. 비싼 등록금을 반드시 보상받겠다는 생각으로 공부에 몰두했다. 학교에서 열리는 공모전이나 프로그램에도 빠짐없이 참여했다. 그러나 분명한 목표는 없었다. 컴퓨터 게임은 좋아했지만 전공은 어렵게 느껴졌고, 시험 성적은 괜찮게 나왔으나 졸업 후에 무엇을 할지에 대한 그림은 없었다. 등록금의 가치를 뽑아내는 것과 취업만이 유일한 목표였다.

마지막 학기, 취업을 앞두고 막연한 두려움이 밀려왔다. '과연 내가 취업을 할 수 있을까?' '사회의 한 구성원으로서 제 몫을 다할 수 있을까?'라는 질문이 따라다녔다. 그때 '인설진' 수업을 만났다. 매주 강의와 과제를 통해 나를 돌아보고 사회를 바라보았다. 채용 공고를 확인하고 면접 전형을 준비하면서 스무 번이 넘는 실패와 좌절을 겪었지만, 수업을 통해 다시 마음을 다잡고 새로운 도전의 힘을 얻을 수 있었다.

특히 인생 그래프를 그리며 앞으로의 삶을 설계했던 순간은 아직도 선명하다. '언제 어떤 사람이 될 것인가? 어느 나이에 어떤 삶을 살고 있을 것인가?'를 그리던 시간은 마치 프로그램 설계와 같았다. 졸업 이후 16년 동안 수많은 시행착오를 겪었지만, 지금 한 가정의 가장으로서, 사회의 일원으로서 살아가고 있는 것은 그때 세운 인생 설계도가 나침반이 되어 주었기 때문이다.

이 수업은 내 인생이 남의 것이 아닌 나 자신의 것임을 일깨워 주었다. 스스로 삶을 주도할 수 있도록 한 값진 경험이었다. 졸업한 지 16년이 지났지만, 그 시절을 돌아보며 여전히 감사한 마음이 든다. '인설진' 수업은 단순히 취업 준비를 넘어 삶의 방향을 고민하고 자기 자신을 설계할 힘을 길러 주었다. 그때의 고민과 설계가 지금의 나를 만들었고, 앞으로도 흔들릴 때마다 꺼내 볼 수 있는 든든한 나침반이 될 것이다.

이 수업을 통해 더 많은 학생이 자신만의 인생을 주도적으로 설계하고, 실패와 좌절 속에서도 다시 일어설 수 있는 힘을 얻기를 바란다. 그리고 각자의 여정 속에서 자신만의 나침반을 반드시 발견하기를 소망한다.

"학점을 넘는 '비전'을 발견하다."

고성찬(기계자동차공학부, 02학번, 삼성전자 제품 디자이너)

2006년, 진로에 대한 고민이 많던 시절, 나는 3학점짜리 교양 수업을 찾던 중 '인생설계와 진로'라는 이름에 이끌려 수강 신청을 했다. 당시에는 적은 시간을 투자해 괜찮은 학점을 얻는 것이 학점 관리의 중요한 전략이었는데, 인설진은 매주 해내야 하는 과제가 전공 수업 못지않게 많아 처음에는 가성비가 전혀 없어 보였다. 그럼에도 불구하고 명확한 방향성 없이 좋은 학점만을 좇던 내 대학 생활이 이대로 괜찮을까 하는 막연한 기대감으로 수업에 도전했던 기억이 난다.

"나는 왜 공부하는가?"

"어떤 직업을 꿈꾸는가?"
"어떤 결혼을 기대하는가?"

인설진의 커리큘럼은 그동안 뒤로 미뤄 왔던 본질적인 질문들과 마주하게 했다. 나는 비전을 고민하고 단기 목표를 세우기 시작했으며, 수업에서 작성한 리포트를 모두 출력해 보관했다. 졸업 후에도 꺼내 보며 어학연수, 석사과정 등 희미해지던 목표들을 다시 실천할 수 있었다.

특히 놀라웠던 것은 '가정'에 관한 계획이었다. 수업 당시 세웠던 계획이 거의 그대로 실현되었기 때문이다. 35세에 결혼하겠다는 계획은 다소 앞당겨져 31세에 결혼했지만, 내면과 외면이 모두 아름다운 아내를 만나 두 딸과 함께 행복한 가정을 이루었다. 주례로 이의용 교수님을 모셨고, 그때 짧은 주례사를 통해 강조해 주신 '감사'를 늘 명심하고 살아가고 있다.

물론 모든 것이 계획대로 흘러가지는 않았다. 취업 전까지 늘 지갑에 간직했던 VM카드에는 '포스코에 입사해 연료전지 분야에서 국가에 공헌하는 연구자가 되겠다.'라는 다짐이 적혀 있었다. 실제로 포스코에 합격했으나, 연료전지 부서는 석사 이상만 배치된다는 말을 듣고 큰 충격을 받았다. 결국 삼성전자로 입사를 변경했고, 신입사원 배치에서 뜻밖에도 디자인과 공학의 융합 역량을 강조하던 디자인경영센터에 배치되었다. 처음에는 계획과 달라 낯설었지만, 지금은 디자인 직무에 큰 만족을 느끼며 삼성전자 제품 디자이너로 15년째 근무하고 있다. 우연히도 이 글을 쓰는 오늘이 입사 15주년이 되는 날이다.

최근 모교에서 특강을 하던 중, 인설진 수업에 대해 이야기를 들었다. 궁금했는데 너무도 반가웠다. 교양 필수 과목으로 자리를 잡았다는 소식을 들었다. 나는 후배들에게 권하고 싶다. 인설진은 얼마나 몰입하느냐에 따라 단순한 수업을 넘어 훨씬 더 큰 가치를 얻을 수 있다고. 삶은 언제나 계획대로 흘러가지 않는다. 그러나 과정을 돌아보면 그 속에서 조금 더 나은 사람이 되어 있었음을 깨닫는다.

부디 후배들도 이 수업을 통해 학점을 넘어서는 비전을 발견하고, 자신만의 여정을 주도적으로 설계해 나가기를 바란다.

"'어떤 직업'에서 '어떤 삶으로' 내 삶을 바꾸었다."

노현태(전자공학과, 03학번, ㈜기아 근무)

프롤로그 — 인생을 설계하는 순간

삶을 살아가다 보면 우리는 수많은 선택의 기로에 선다. 군 전역 후에 진로를 고민하던 대학교

3학년(2007년 2학기), 나는 이의용 교수님의 '인설진' 수업을 통해 처음으로 인생의 설계도를 그리기 시작했다. 그 과정에서 나를 객관적으로 바라보고, 장점을 발견하며, 삶의 방향성과 진정한 가치에 대해 깊이 고민하는 시간을 가졌다.

그 결과, 나는 명확한 비전을 선언할 수 있었다. "나에게는 꿈이 있습니다. 그것은 사람을 살리는 꿈입니다." 이 선언은 이후 내 모든 선택을 이끄는 나침반이 되었고, 단순히 직업을 고르는 기준이 아니라 삶의 철학이자 세상을 향한 약속이 되었다. 이 비전은 내가 새로운 프레임으로 세상을 바라보게 했고, 용기 있는 실천과 함께 수많은 기회를 발견할 수 있도록 이끌어 주었다.

비전의 구체화 — 직업이 아닌 삶을 설계하며 주도적으로 나아가다

어린 시절 나는 여러 직업을 꿈꾸었다. 가정 형편이 어려워졌을 때는 판사나 변호사를, 또 한때는 기업 경영에 대한 관심으로 단순히 많은 돈을 버는 삶을 상상하기도 했다. 그러나 '인설진' 수업을 통해 질문이 달라졌다. "나는 어떤 직업을 가질 것인가?"에서 "나는 어떤 삶을 살고 싶은가?"로.

이 질문은 중요한 순간마다 당당하고 용기 있게 선택할 수 있는 힘이 되었다. 전자공학을 전공한 나는 2010년 자동차 회사에 입사하여 신차 개발과 품질 업무를 담당하며 경력을 쌓았다. KAIST에서 정보경영학을 전공하였다. 하지만 관심은 기술 그 자체를 넘어 더 안전한 차량을 통해 사람들에게 긍정적인 영향을 주는 것으로 확장되었다.

2016년 여름, 회사 임직원과 함께한 아프리카 봉사활동은 나에게 사회공헌(CSR)이라는 새로운 분야를 발견하게 했다. 이후 2년 뒤, 사내 전보를 통해 지속가능경영팀으로 옮겨 사회공헌 업무를 맡게 되었다. 장애인과 다문화 가정 등 사회적 취약계층을 지원하고, 글로벌 사회문제 해결에 기여하는 기업의 역할을 찾아가는 길이었다.

또한 배움과 성장을 이어 가기 위해 KAIST 정보경영 석사 과정에 도전했고, 직장과 학업, 세 자녀를 돌보는 어려움 속에서도 끝까지 완주했다. '공부해서 남 주자.'라는 마음으로 배움에 임한 결과, 새로운 영역을 익히고 성장할 수 있었을 뿐 아니라 좋은 동료와 교수님을 만나 소중한 인연을 이어 갈 수 있었다. 앞으로 나는 기술과 경영, 사회적 가치를 연결하는 사람으로 성장하기 위해 계속 나아가고자 한다.

다양한 만남, 그리고 가정을 설계하다

이 수업에서 가장 인상 깊었던 순간은 서로 인터뷰하며 꿈과 비전을 나누던 시간이었다. 본래 외향적인 성격이었지만 공대 중심의 환경에서 다양한 사람과 교류할 기회가 많지 않았다. 그러나 이 수업을 통해 마케팅, 광고, 디자인, 음악 등 다양한 분야의 친구들을 만나며 나의 세계관이 확장되었다.

또한 수업 시간에 그려 본 '미래의 가정'은 지금의 삶에 큰 영향을 주었다. 단순히 좋은 배우자를 만나는 것이 아니라, 나는 어떤 남편이 될 것인가, 어떤 아빠가 될 것인가를 고민하며 준비했다. 지금도 부족하지만, 세 아이와 아내에게 존경받는 아빠, 남편이 되기 위해 노력하며 가정 안에서 사랑을 실천하고 있다.

에필로그 — 멈추지 않는 도전

이의용 교수님의 인설진 수업은 내 삶을 바꾸었다. 단순한 교양수업이 아니라, 나 자신을 돌아보고 비전을 명확히 하며 삶의 방향을 설정하는 계기를 주었다. 나는 앞으로도 이렇게 고백할 것이다. "나에겐 꿈이 있습니다. 그것은 사람을 살리는 일입니다."

그 꿈은 단순한 직업적 성공을 넘어 더 많은 사람에게 선한 영향력을 전하는 삶이다. 가정에서는 사랑과 존경을 실천하는 남편이자 아빠로, 사회에서는 기술과 경영을 통해 더 나은 세상을 만들어 가는 사람으로 살고 싶다. 이 수업을 통해 나처럼 많은 사람들이 삶의 나침반을 발견하고, 누군가의 삶에 긍정적인 변화를 만들어 가기를 진심으로 소망한다.

"인생설계로 인생을 변화시키다."

신승철(기계자동차공학부 04학번, H회사 IT보안전문가)

대학생 시절, 나는 모든 것에 부정적인 마음을 가지고 있었다. 어려운 성장기를 겪으면서 사람에 대한 불신이 깊었고, 희망 없는 삶을 살아왔다. 주변 사람들이 나를 싫어할 것이라고 생각했기에 나 또한 다른 사람들을 이유 없이 미워했고, 누구도 나에게 관심을 갖지 않을 것이라고 믿었다.

그러던 중 인설진 수업에서 교수님은 이렇게 물었다. "여러분, 지금 옆에 앉아 있는 사람에게 먼저 말을 걸면 뭐라고 생각할까요?" 처음에는 믿기 어려웠다. 모르는 사람에게 말을 건다는 것이 이상하게 느껴졌다. 그러나 교수님은 덧붙였다. "아마 굉장히 고마워할 겁니다. 모르는 사람뿐인 교실에서 먼저 말을 걸어 준다면 정말 고마운 일이 아닐까요?" 이 말은 당시 부정적인 생각으로 가득했던 내게 하나의 희망이 되었다.

2007년, 이의용 교수님이 가르치시던 스피치와 토론 수업 종강 즈음에, 반장을 했던 동기 형의 아버지가 돌아가셨다. 반에서는 작은 돈을 모아 부의금을 전달하기로 했다. 처음에는 '수업이 끝나면 다시 안 볼 사람인데 의미가 있을까?'라는 의문이 들었다. 그러나 거의 모든 사람이 조금씩 참여했고, 이 경험은 나에게 모르는 사람에게도 따뜻한 마음을 전할 수 있다는 것을 깨닫게 해 주었다.

2008년, 역시 이의용 교수님이 가르치시던 '통하는 커뮤니케이션' 수업에서 나는 처음으로 옆 사람에게 말을 걸었다. 그 사람이 나에게 표시했던 고마움을 지금도 잊지 못한다. 서먹했던 동생과의 관계도 회복되었고, 주변 환경이 점차 좋아지기 시작했다. 이 경험을 통해 나는 긍정의 힘이 얼마나 큰 변화를 가져오는지 배웠다. 단순히 "잘될 거야."라는 말이 아니라, "나는 반드시 할 수 있다."라는 확신을 갖게 해 주었다.

기계자동차공학부를 졸업하고 대학원을 마친 후에 H회사의 설계 분야에 입사했지만, 현재는 IT 보안 전문가로 아태권역 총괄 IT 보안관리자가 되어 인도네시아에서 근무하고 있다. 매일 나는 '내가 할 수 있는 유일한 것은 최선을 다하는 것'이라는 신념으로 살아가며, 그 노력은 분명 나를 어제보다 발전하게 한다. 이러한 긍정의 힘은 나뿐 아니라 사랑하는 두 딸을 포함한 가족에게도 행복을 가져다준다고 확신한다.

교수님의 수업은 단순한 학문이 아니라, 인생 자체를 배우는 경험이었다. "내 인생은 내가 설계하고 내가 주도한다!" 이 말은 지금까지도 생생하게 기억된다. 단순한 한마디가 누군가의 인생을 변화시키는 이정표가 될 수 있음을 깨달았다.

후배들에게 전하고 싶은 말은 분명하다. 힘든 시기를 겪고 있는 많은 사람이 있다. '취업은 될까?' '결혼은?' '아이를 어떻게 키울까?' '은퇴 후에는?'과 같은 고민 속에서도 최선의 선택을 위해 노력해야 한다. 면접을 준비할 때, 면접관에게 보여 주기 위한 모습보다는 나 자신을 정확하게 전달하는 연습이 필요하다. 자신의 재능과 가능성을 믿고 하루하루 최선을 다하면, 비록 당장 원하는 결과가 나오지 않더라도 자신에게 가장 적합한 위치를 찾을 수 있다.

본인의 인생은 스스로 설계하고 주도하라. 10년, 20년 후, 큰 변화가 찾아올 것임을 확신한다. 그리고 그 길에서 교수님의 수업과 가르침이 하나의 등대가 되어 늘 길을 밝혀 주기를 바란다.

"찬란했던 시간, 나를 세워 준 인설진"

김에스더(경영대학 경영정보시스템, 08학번)

2009년 봄학기, 이른 아침 9시. 당시 법대 1층 강의실 문을 열면 환하게 맞아 주던 언니, 오빠, 친구들이 있었다. 매시간 즐겁고 늘 기다려지던 수업, 그것이 내가 들었던 인설진이었다.

몇십 명이 모인 타과 학생들이 서로의 이름은 물론, 어떤 꿈을 꾸는지까지 알 수 있는 수업이 또 있을까? 술이 없어도 밤새 웃음소리가 끊이지 않았던 MT, 진심으로 상대방의 꿈이 이루어지기를 바라며 마주 앉아 나누던 인터뷰, 그리고 평범한 하루조차 감사로 넘쳐 난다는 사실을 알게 해 주었던 감사일기까지……. 청춘은 늘 찬란하다지만, 내 청춘을 더 눈부시게 만든 것은 바로 이 수업이었다.

무엇보다 이 수업은 한 번 넘어지면 너무 늦었다고 생각하던 내게 다시 일어설 용기를 주었다. 천천히 무릎의 흙을 털어내고, 심지어 "오히려 좋아!"라고 외칠 힘을 주었다. 만약 이 수업을 듣지 않았다면, 나는 고등학교 시절의 장래 희망을 따르지 않고, 수많은 이력서를 낸 끝에 들어간 회사에서조차 오래 머물지 못한 삶을 실패라고 여겼을 것이다. 지나온 길을 후회하며 침대에 누워 우울해하는 날들이 많았을지도 모른다.

그러나 지금의 나는 다르다. 오늘을 감사로 채우며, 소소한 행복을 찾는 즐거움 속에서 살아간다. 누군가가 높이 든 깃발을 억지로 따라가는 삶이 아니라, 발이 붓도록 내가 좋아하는 일을 하며 걸을 수 있는 삶, 사랑하는 사람들과 시간을 보낼 수 있는 삶이 있기에 나는 행복하다.

이제는 여전히 청년들을 위해 애정을 쏟으시는 교수님이 펴내는 책에 작은 부분으로 함께할 수 있음이 기쁘다. 그리고 바라기는 지금까지 이 수업을 들은 졸업생들이 그러했듯, 앞으로 후배들도 이 즐거운 여정을 맛보며 스스로의 삶을 더 빛나게 만들어 가기를 소망한다.

"Happy Anding, 여전히 진행 중인 인생 항해"

박지원(언론정보학부, 03학번)

인설진 수업은 자신 인생의 가장 이상적인 이정표를 그려 내는 과정이었다. 인생의 비전을 정립하고, 그것을 실현하기 위한 구체적인 계획과 방향을 담아 한 권의 설계도를 완성하면 우리는 마지막 시간에 "Happy Anding!"을 외치며 본격적인 항해를 시작했다.

아무리 뛰어난 선장이라도 예측할 수 있는 것과 없는 것이 있다. 예측 가능한 것은 지도에 표시된 항로이고, 예측할 수 없는 것은 수시로 변하는 날씨이다. 변덕스러운 날씨로 인해 잠시 방향을 틀 수는 있어도 목적지가 바뀌지는 않는다. 거센 풍랑이 선장의 설계도를 날려 버리지는 못하기 때문이다.

나를 비롯해서 인설진에 참여한 학생들은 졸업과 함께 각자의 설계도를 품고 사회라는 끝없이 넓은 바다로 흩어졌다. 그때 우리가 정성껏 완성한 설계도는 든든한 등대가 되어 인생의 바다 위에서 본격적인 빛을 발하기 시작했다.

서른을 지나 마흔을 훌쩍 넘긴 지금, 나는 여전히 인생설계도를 따라 살아가고 있다. 물론 인생의 날씨가 늘 맑았던 것은 아니다. 그러나 중요한 것은 그 시기를 건강하게 극복해 냈다는 사실이다. 이는 인설진을 통해 배운 소중한 선물이었다.

인설진 수업은 설계도 제작을 뒷받침하는 다양한 프로그램으로 채워 있었다. 감사일기를 통해 긍정적인 삶의 태도를 배우고, 서로 간의 인터뷰를 통해 타인에 대한 배려를 익혔다. 무엇보다도 자신을 진정으로 사랑하는 사람이 타인도 사랑할 수 있다는 자존감을 심어 주었다. 그것들은 모두 단단한 회복탄력성이 되어 예측할 수 없는 풍랑을 만났을 때에 다시 일어설 수 있는 힘이 되었다.

무엇보다도 인설진은 내성적이던 내가 스스로 껍질을 깨고 나와 진정한 세계를 구축할 수 있도록 이끌어 주었다. 마지막 수업 시간, 교수님께서 앞으로 펼쳐질 학생들의 삶을 위해 따뜻하게 기도해

주시던 장면은 지금도 마음속에 깊이 남아 있다. 제자들을 향한 사랑은 하늘보다 높고, 태산보다 무겁고, 바다보다 깊은 은혜였다.

현재 나는 학생들을 가르치고 있다. 입시와 불투명한 미래에 대한 두려움으로 지쳐 있는 아이들과 함께 진학과 진로, 비전을 고민하며, 그들 스스로 자기 인생의 주인공이 될 수 있도록 돕고 있다. 얼마 전에는 한 중학생 제자가 파티셰라는 꿈을 위해 스스로 국비교육을 찾아 방학 동안에 국가자격증을 준비하며 직접 만든 빵을 가져왔다. 시험과 과제로 쉴 틈 없는 와중에도 꿈을 향해 나아가는 모습이 마치 슈퍼맨처럼 보였다.

니체는 "네 안에 숨겨진 힘을 발견하고, 스스로 삶을 창조하라."라고 말했다. 그는 삶의 목표로 '위버멘쉬'를 제시했는데, 이는 어떠한 고난과 한계에도 굴하지 않고 자신만의 방식으로 더 높은 곳에 도전하는 존재다. 나에게 인설진은 우리 모두를 위버멘쉬로 이끌어 준 인생 최고의 화수분(아무리 사용해도 줄지 않는 보물단지)이었다.

그 시절 우리가 외쳤던 "Happy Anding!"은 끝난 것이 아니다. 여전히 오늘도, 그리고 내일도 이어지고 있다.

"현악기 연주자에서 현악기 제작자로!"

박현엽(예술대 관현악과, 07학번)

나는 현재 악기를 제작하는 제작자이자 연주자이며, 한 남편의 아내이자 한 아이의 엄마로 살아가고 있다. 국민대학교에, 혹은 한국 소재 대학에 악기 제작과가 있다고 알고 있는 사람은 많지 않다. 그러나 이 이야기는 바로 그 지점에서 시작된다. 나는 2007년에 국민대학교 관현악과에 입학했다.

고등학교 3학년 때, 아버지의 사업이 어려워지면서 어린 시절부터 해 오던 클래식 공부를 마음 편히 이어 가기가 어려운 상황에 직면했다. 그때 나는 클래식 공부가 많은 비용을 필요로 하는 것임을 깨달았다. 교회나 학원에서 친구들이 나를 부러워하며 "나도 악기 배우고 싶은데……."라고 말하던 기억도 떠올랐다. 클래식 공부도 비용 부담이 적으면 좋을 텐데, 왜 이렇게 비쌀까 하는 고민이 이어졌다.

그 고민 끝에 나는 내가 가진 달란트를 활용해 주변 사람들을 도울 수 있는 방법이 있다면 시도해야겠다고 생각했다. 그러던 중 인설진 교양수업을 만나게 되었다. 수업을 통해 나는 "왜 악기 연주자라고 해서 꼭 악기만 연주해야 하는가? 다른 길은 없을까?"라는 질문을 교수님으로부터 받았다. 교수님의 질문은 큰 변화와 용기를 주었고, 나는 결국 '현악기 제작'이라는 새로운 진로를 선택하게 되었다.

당시 국내 대학에는 악기 제작과가 없었다. 수업을 들은 것은 대학교 2학년 때였고, 나는 독일로 악기 제작을 배우러 가겠다는 계획을 세우고 하나씩 준비했다. 어려운 가정 형편으로 유학 자금을 마련하기 위해 레슨 아르바이트를 열심히 했고, 새벽반을 통해 독일어 공부도 꾸준히 이어 갔다.

주변에서는 걱정 어린 시선도 많았다. "왜 이제 와서 그 어려운 길을 가려고 하느냐?" 혹은 "차라리 전공을 살려서 연주로 가는 것이 낫지 않겠느냐?"라는 말들이 있었다. 그럼에도 나는 열정을 이어 갈 수 있었다. 하나의 교양수업이 나에게 새로운 길을 열어 주었기 때문이다.

나의 최종 비전은 '작은 재단'을 설립하는 것이다. 현실적으로는 쉽지 않다. 아이가 아직 어리고, 결혼 후 가정을 돌보는 아내로서의 역할도 있기 때문이다. 하지만 나는 그 꿈을 포기하지 않고 마음속에 간직하며, 지금 할 수 있는 일에 최선을 다하고 있다. 클래식 공부를 하고 싶지만 여건이 어려운 아이가 있다면 언제든 무료로 레슨을 해 줄 수 있고, 악기가 필요하다면 내가 만든 악기를 기꺼이 내어 줄 준비가 되어 있다.

하나의 교양수업이 만들어 낸 변화는 놀랍다. 나는 이 수업이 앞으로도 계속되기를 바라며, 후배들이 자신의 인생을 스스로 설계하고, 스스로 한계를 정하지 않고 그 한계를 뛰어넘는 삶을 살아가기를 응원한다.

"포트폴리오로 이룬 11년의 여정"

심지아(경영학과, 10학번, 현대백화점 본사 바이어)

나는 2014년 현대백화점에 입사하여 11년차로 근무하고 있다. 인설진 수업은 취업을 앞둔 2013년 2학기에 수강했다. 인설진 수업의 핵심은 포트폴리오 작성이다. 매 시간 나에 대해서, 나의 미래에 대해서 포트폴리오를 만들어야 했다. 나도 150페이지가 넘는 설계도를 만들었다. 그중 내가 가장 관심을 쏟은 부분은 취업 준비였다.

대학생 시절, 나는 '백화점 입사'라는 강한 열정과 꿈을 가지고 있었다. 이 수업을 통해 그 꿈에 대한 확신을 더욱 깊게 키웠다. 첫 수업 때 마음속의 불확실성은 수업이 진행될수록 '내가 아니면 누가 해!'라는 확신으로 바뀌었고, 수업마다 외쳤던 "내 인생은 내가 설계하고 내가 주도한다!"라는 말은 마음속에 깊이 남아 현재까지 영향을 미치고 있다.

꿈을 이루기 위해 백화점 기업들에 대해 집중적으로 분석을 하기로 했다. 신세계 · 현대 · 롯데백화점의 경영정보, 기업문화, 환경 분석, 지원 분야, 채용 요건, 합격 스펙, 입사서류 전형, 자기소개서 작성 항목, 면접 방법, 면접 질문 등을 꼼꼼히 조사하고 분석했다. 이를 위해 홈페이지, 기사, 자료 등을 샅샅이 뒤졌고, 기업을 직접 방문하여 근무자들을 만나기도 하였다. 그리고 그것을 60여 쪽에 빽빽하게 담았다. 그것을 기초로 기업의 채용 시험에 응해 현대백화점에 합격하였다. 신기하게도 수업 시간에 만든 VM카드, 사원증, 미래 명함의 내용이 절묘하게 이루어졌다. 참 고마운 일이다.

인설진 수업은 수업 내용이나 방식이 다른 수업과는 많이 달랐다. 첫째, 이 수업은 강의보다 조별 활동 비중이 컸다. 조별로 앉아 그날의 주제에 관해 자기의 생각을 나누고, 동료들의 생각을 듣는 상호작용 중심의 수업이었다.

둘째, 이 수업은 '나를 알고, 서로를 알아 가는' 내용이었다. 이 수업은 '나'라는 존재에 대해 고민하고 탐구할 수 있는 소중한 기회를 주었다. 11년이 지난 지금도 '나'는 여전히 가장 어렵고 알 수 없는 존재이지만, 이 수업이 없었다면 자신의 존재를 돌아보는 기회를 갖지 못한 채 세월이 흘렀을 것이다. 세상이 끊임없이 변하듯, '나'라는 존재도 매년 다른 모습과 생각으로 세상을 살아가게 된다.

이 수업에서는 팀 활동을 많이 했다. 그때 팀원들과 함께 국민대학교에서부터 혜화역까지 걸으며 과제를 수행했던 생각이 난다. 그 과제를 하면서 주변 풍경과 사람들에게 관심을 기울이고, 팀원들과 서로 이야기를 나누며 서로를 탐구했던 경험은 지금까지도 기억에 남는다.

이 수업은 11년이 지난 지금도 자신을 돌아보고, 마음속의 불확실성을 확신으로 바꾸는 길라잡이 역할을 해 주고 있다. 가끔은 세상의 소리에 '음소거'가 필요하다고 생각한다. '음소거' 버튼을 누르고 그 누구도 아닌 '나'라는 존재의 소리에 귀 기울여 보길 바란다. 내 인생의 가치는 그 누구도 아닌 '내가' 책임지고 만들어야 한다.

"이 수업은 나의 인생의 등불이자 지침서다."

엄미송(경영학과, 07학번)

4년간의 긴 여정을 마치고 졸업을 앞두었을 때, 교수님께서는 축하의 말씀과 함께 '대학(大學)'의 의미를 되새겨 주셨다. 대학은 문자 그대로 '큰 배움의 장'이며, 그 과정을 수료한 사람은 크게 배운 사람답게 사회 구성원으로서 역할을 다하고, 속한 곳에서 큰 마음으로 살아갈 것을 요구받는다고 하셨다. 대학이 전문 지식을 쌓는 곳이라고 생각했던 내게는 신선한 충격이었다.

나는 8학기를 마치는 데 7년이라는 시간이 걸렸다. '어학연수와 인턴십 경험이 없는 여학생' 치고는 꽤 긴 시간이었다. 두 번 휴학을 한 후 복학하여 수강했던 '인설진'은 대학 시절 수많은 강의 중에서도 단연코 가장 의미 깊은 수업이었다. 수업에서 제출했던 매 회차의 보고서는 많은 전공 서적이나 문헌보다 더 깊이 나의 삶을 들여다보게 했다. 단 한 학기였지만, 내 인생을 돌아보고 점검하며 새로운 문을 두드리던 소중한 시간이었다.

수업은 늘 다른 전공을 가진 이들과 뒤섞여 서로의 이야기를 꺼내는 방식으로 진행되었다. 교수님의 목소리보다는 학우들의 목소리로 채우는 시간이 많았다. 우리의 이야기가 자연스럽게 흘러나오도록 애써 주신 함선욱 교수님의 통찰력과 지혜가 돋보였다. 한정된 자원(시간, 돈), 인적자원, 무형의 자원(정체성, 가치관)을 스스로 점검하며 미래를 어떻게 그려 나갈지를 고민했다. 같은 시기를 보내던 학우들을 인터뷰하면서 전혀 다른 삶의 방식과 시선을 배우기도 했다. 그 과정에서 '나'라는 사람의 가능성과 확장성을 발견했고, 내가 스스로 가둔 작은 세계 밖에 얼마나 넓은 삶의 지도가 펼쳐져 있는지를 체감했다.

졸업 후 10년이 훨씬 지난 지금도 나는 여전히 이 수업에서 받았던 질문을 스스로에게 던지며 살아가고 있다. 시간이 지날수록 질문들은 더욱 깊고 정교해지며 나를 다듬고 빚어 주고 있다. 완성이 되어 있을 거라 생각했던 30대 중·후반의 나는 여전히 혼란스럽지만, 나 자신에 대해 조금 더 잘 알게 되었다. 불안함보다는 도전의식으로, 완벽함의 추구보다는 채워 가는 과정의 아름다움을 알게 되었다.

교수님의 초청으로 후배들에게 강연할 기회를 얻었을 때, 나는 다시 그 시절의 나를 떠올릴 수 있었다. 어린 나이에도 진지하게 삶을 고민하던 나의 모습, 그리고 이제 막 자신의 삶을 설계하려는 후배들의 눈빛이 마치 긴 세월을 넘어 연결되는 '배움의 계절'처럼 느껴졌다.

이 책은 단순한 수업 기록이 아니라, 자신의 삶을 진지하게 마주한 청춘들의 숨결이 담긴 여정일 것이다. 독자들이 이 책 속의 이야기를 따라가며 자신이 어떤 사람인지, 어떤 궤도에 있는지, 그것을 주도적으로 바꿀 수 있는지를 확인하고 확신하는 시간을 갖기를 바란다.

"돈벌이를 넘어 직업과 삶의 가치를 깨닫다."

홍예보(정치외교학과 11학번, 현대백화점 인재개발원 HRD 담당)

대학교 시절, 나는 진로를 단순히 '직업을 정하는 일'로만 생각했다. 어떤 전공을 선택해야 유망한 직종에 들어갈 수 있는지, 연봉이 높은 회사는 어디인지, 경쟁력 있는 스펙을 쌓는 방법만 고민했다. 주변과 사회가 그렇게 말했기에, 자연스럽게 남들과 비교하며 조건 좋은 직업을 선택하는 것이 성공한 진로라고 믿었다.

그러나 인설진 수업은 나에게 전혀 다른 질문을 던졌다.

"나에게 인생에서 가장 중요한 가치는 무엇인가?"
"인생에서 궁극적으로 이루고 싶은 삶의 자세는 무엇인가?"

처음 이 질문들을 받았을 때, 머릿속이 멍해졌다. 평소 생각해 보지 않았던 영역이었고, 그 질문이 주는 무게감이 컸기 때문이다. 돈을 벌기 위한 진로가 아니라, 내가 중요하게 생각하는 가치를 중심으로 진로를 설계하라는 메시지는 내가 지금껏 따라왔던 기준을 완전히 바꾸라는 말처럼 느껴졌다.

수업을 진행하며 나는 내가 정말 중요하게 여기는 가치와 바꿀 수 없는 신념을 고민하기 시작했다. 열정적인 조원들을 만나 그들의 생각과 계획을 공유하면서 나의 가치를 명확히 세우는 작업을 이어갔다. 그 결과, 나는 직업이 단순한 생계 수단이 아니라 나의 신념과 가치를 세상에 연결하는 통로라는 사실을 깨달았다. 물론 현실적인 조건들—연봉, 안정성, 승진 기회—도 직업 선택에서 고려해야 한다. 하지만 중요한 것은 내가 일에서 무엇을 중요하게 생각하는지 알고, 그 가치가 선택 기준이 되어 준다는 점이다.

지금 나는 8년차 직장인이다. 사회생활 속에서 기대했던 프로젝트가 좌초되거나 밤낮으로 몰입했음에도 성과가 기대에 미치지 못했을 때, "내가 왜 이 일을 하고 있는가?"라는 질문이 떠오른다. 그럴 때마다 대학 시절 수업에서 했던 고민을 떠올린다. "나는 어떤 가치를 실현하기 위해 이 일을 선택했는가?"라는 질문을 떠올리면 자연스럽게 스스로 중심을 잡고 다시 나아갈 수 있는 자신감을 얻는다.

또한 이 수업은 직업이 단순한 돈벌이가 아니라, 타인과 사회에 긍정적 영향을 줄 수 있는 수단임을 가르쳐 주었다. 내가 하는 일을 통해 누군가에게 도움이 되고, 더 나은 방향으로 변화시킬 수 있다면, 그것이야말로 직업의 진정한 의미임을 깨달았다. '인설진' 수업은 단순한 교양 과목이 아니었다. 직업의 의미를 재정립하게 해 주었고, 외부 기준에 의존하지 않고 나만의 가치를 세워 지속적으로 일할 수 있는 원동력을 제공했다.

끝으로, 이 수업을 통해 나는 소중한 인연도 많이 만들었다. 서로의 가치를 공유했던 조원들과 지금까지도 연락을 유지하고 있으며, 나의 가치를 지지해 준 윤성혜 교수님과도 좋은 관계를 이어가고 있다. 10년이 지난 지금도, 이 수업은 대학 시절 가장 의미 있는 경험 중 하나로 남아 있다.

"이공계에서 의료 AI까지, 나를 이끈 한 문장"

서지안(사회학과, 10학번)

내가 이공계에서 인문계로 전과하고, 방송계를 거쳐 현재는 의료 인공지능 분야의 데이터 사이언티스트가 되기까지 어느새 10여 년의 시간이 흘렀다. 그 길 위에서 가장 깊이 새겨진 문장은 바로 "내 인생은 내가 설계하고 내가 주도한다!"였다.

내 삶은 망망대해를 떠도는 배와 같았다. 어디로 갈지 알 수 없었지만 멈추어 설 수 없었고, 어떤 방향으로든 흘러가야 했다. 인문계로 전과할 당시, 나는 '왜 내가 좋아하는 일을 더 일찍 찾지 못했을까?'라는 질문을 스스로에게 던졌다. 그렇다면 내가 좋아하는 일을 찾을 수 있는 사회구조를 만들고 싶다는 포부로 전과를 결심했다. 그러나 사회구조를 바꾼다는 것은 하루아침에 되는 일이 아니었다. 그래서 방송계를 선택해 사람들의 의식을 바꾸려 했으나, 방송은 쉽지 않았다. 보다 현실적으로 접근하기 위해 나는 인공지능을 통해 사람들에게 도움을 주겠다는 새로운 길을 선택했다. 현재는 대학병원에서 의료 데이터를 활용해 인공지능 툴을 만들고, 동시에 박사과정을 밟으며 환자와 의료계에 작은 선한 영향력을 미치고 있다.

인생의 방향을 바꿀 때마다 내 마음 깊이에서 울려 나오던 말은 "내 인생은 내가 설계하고 내가 주도한다!"였다. 그리고 이 문장을 실제로 수업에서 가르쳐 주신 교수님을 만나면서 그 의미는 더 깊이 자리 잡았다. 단순한 구호가 아니라, 내 삶을 이끄는 나침반과 같은 말이었다. '인설진' 수업은 진로를 바라보는 새로운 마음가짐을 열어 주었다. 단순히 취업을 위한 스펙을 쌓는 것이 아니라, 내가 진정 원하는 삶을, 그리고 그 길을 걸어갈 방법을 고민하게 만들어 주었다.

무엇보다 큰 의미를 준 것은 함께한 학우들의 이야기였다. 서로 다른 전공과 꿈을 가진 친구들이 자신만의 인생 설계도를 그려 나가는 모습을 보며, 나 역시 내 미래를 더 진지하게 고민할 수 있었다. 때로는 고민을 나누고, 때로는 서로의 도전을 응원하며 함께 성장하는 경험이 얼마나 값진지 깨달았다. 그 과정에서 배운 가장 큰 교훈은 단순히 '성장'하는 것이 아니라 '어떤 성장을 할 것인가'를 고민하는 일이었다. 내가 추구하는 가치와 방향을 분명히 하고, 그에 맞는 성장을 선택하는 것. 이것이 앞으로 내 삶을 결정하는 중요한 기준이 되었다.

한 사람 한 사람의 이야기에 귀 기울이며 아낌없이 조언을 건네주신 함선욱 교수님의 모습 또한 깊은 울림을 주었다. 그 따뜻한 태도는 언젠가 내가 후배들을 멘토링하게 되는 날이 온다면 꼭 본받고 싶은 모습이다.

이제 나는 사회의 기준이나 타인의 시선에 흔들리지 않고 내가 진정 원하는 삶을 주체적으로 그려 나가고 있다. 나를 인생의 설계자이자 주도자로 성장시켜 준 '인설진' 수업에 깊이 고마움을 느낀다.

"혼자서도 괜찮다는 용기"-호주 워킹홀리데이와 삶을 대하는 태도

서승원(법학과 19학번 재학 중)

2024년 1학기, 나는 학교에서 우성식 교수님이 진행하신 '인설진' 수업에 참여했다. 수업 이름처럼 "나는 누구이며, 어떻게 살아가고 싶은가?"라는 근본적인 질문을 던지고 사유해 보면서 미래를 설계하는 수업이었다. 교수님은 스티브 잡스의 대학교 졸업 연설을 보여 주거나, 로버트 프로스트의 <가지 않은 길>을 함께 읽으며 삶을 대하는 태도와 내면의 가치를 스스로 성찰하게 하셨다.

"내 안에는 무엇이 있는가?" 인설진 수업을 들으며 늘 고민하던 주제 중 하나였다. 함께한 동료들이 공유한 내용을 들으면, 각자 자신에게 맞는 길을 찾아가는 듯한 느낌을 받았다. 나 역시 내 안의 밝음, 유연함, 긍정적인 마음가짐을 천천히 들여다보게 되었다.

수업이 내 삶의 방향을 명확히 정해 준 것은 아니지만, 나를 돌아보는 시선을 갖게 해 주었다는 점은 분명하다. 이 경험은 내가 호주로 워킹홀리데이를 가는 데에도 영향을 주었다. 처음 워킹홀리데이를 결심한 이유는 단순했다. 영어 실력을 키우고 싶었고, 함께 갈 친구가 있었기 때문이다. 하지만 현지에서 생활하며 얻은 것은 전혀 다른 것이었다. 낯선 언어와 환경 속에서 나는 키친핸드로 일하며 스스로를 시험하고 성장할 시간을 가졌다. 주방에서 설거지, 청소, 식자재 정리, 조리 보조 등의 다양한 실무를 수행하며 작은 판단과 책임감을 쌓았다. 중요한 것은 무언가를 완벽하게 해냈기 때문이 아니라, 복잡하고 빠르게 돌아가는 주방 속에서 내린 '도전'이라는 선택이 결국 나 자신을 믿게 했다는 점이다.

퇴근하던 어느 날 문득 깨달았다. "아, 나 혼자서도 괜찮구나." "부족한 것은 나에 대한 믿음이었구나." 이 깨달음은 수업 시간에 들었던 한 문장과 맞닿아 있었다. "삶은 정답을 찾는 문제가 아니라, 내가 어떤 태도로 하루를 살아내는가에 관한 이야기다."

호주에서의 삶은 단순한 외국 경험을 넘어섰다. 내가 나 자신을 어떻게 대하는가, 마음가짐에 따라 세상이 달라질 수 있다는 것을 배웠다. 외부 조건이 아니라 내면의 태도와 해석이 결국 내 삶을 채울 수 있다는 사실을 깊이 체험했다.

처음 출국할 때 영어 외에는 가진 것이 거의 없었지만, 자신에게 기대어 도전하고 실패 속에서도 긍정심을 잃지 않으려고 노력했다. 혼자 카페에 들어가 음료를 시키는 일도 마음속 망설임 끝에 겨우 가능했다. 겉으로는 아무렇지 않은 듯했지만, 마음은 늘 긴장 속에 있었다.

도망치듯 피했던 순간들을 마주하기로 결심했고, 틀리든 말든 시도하기로 한 순간부터 조금씩 나아지고 있음을 느꼈다. 그렇게 조금씩 앞으로 나아가던 어느 날, 멜버른 센트럴 2층에 앉아 호주에서 번 돈으로 주문한 햄버거를 먹으며 나도 모르게 미소 지었다. 중요한 것은 햄버거가 아니라, 나도 모르게 마냥 웃고 있던 감정이었다.

길다면 길고 짧다면 짧은 호주 생활을 마무리하며 깨달은 것은, '인생설계'라는 말이 먼 미래만을 위한 것이 아니라 오늘 하루를 어떤 마음으로 시작하고, 하루를 어떻게 받아들이느냐에서 시작된다는 점이다. 앞으로도 나는 완벽하지 않아도 괜찮다는 믿음으로 매일 한 걸음씩 걸어가고자 한다.

"인생여행의 가치, 자신감과 자존감의 발견"

백산지(기계시스템공학 전공, 재학 중)

2025년 1학기, 나는 처음으로 우성식 교수님의 '인설진' 수업을 수강했다. 수업을 신청하며 마음속으로 기대한 것은 단순했다. "나의 인생은 무엇일까?"라는 근본적인 질문을 다시 생각해 보는 기회가 되기를 바랐다. 전공과 진로는 어느 정도 정해져 있었지만, 나는 이 수업을 통해 새롭게 배워가고 싶은 열망이 컸다. 또한 나와 다른 전공을 가진 학우들이 어떤 생각을 하고, 어떤 꿈을 꾸는지 궁금했다.

첫 수업에서 나는 우연히 조장을 맡게 되었다. 평소 내향적인 성격 탓에 일반 조원으로 속해 있었다면 매주 수업 시간이 더 어색했을 것이다. 그러나 조장을 맡으면서 자연스럽게 팀원들과 소통하고, 조율하며, 의견을 이끌어 가는 경험을 할 수 있었다. 이 과정에서 타인과 공감하며, 내 생각을 조리 있게 전달할 수 있는 능력을 키울 수 있었다.

수업 초반과 중반에는 책에 제시된 여러 질문에 답하는 시간을 가졌다. 시시콜콜한 질문부터 시작해, 나의 삶 전체를 그래프로 점검해 보는 활동도 있었다. 대표적으로 '나의 인간관계, 시간 관리 습관, 나의 태도'를 점검했다. 이 활동은 조별로 발표하고 서로의 삶을 공유하며 공감하는 과정으로 이어졌다. 각자의 삶 속 크고 작은 경험, 위기를 극복한 이야기들을 듣다 보니, 나와 다른 점보다 비슷한 점이 많다는 것을 느꼈다. 막연한 미래와 고민 속에서도, 우리는 모두 비슷한 고민과 생각의 회로를 가지고 있음을 확인했다.

수업 중 특히 기억에 남는 활동은 One Change 점검과 역량개발 실행계획 수립이었다. 나의 One Change는 '자격증 2개 취득'이었다. 졸업을 앞두고 원하는 기업에 지원하기 위해 필요했던 목표였다. 처음에는 과연 달성할 수 있을지 두려움과 압박이 있었지만, 다른 조원들의 도전적인 목표를 보며 동기를 얻었다. 결과적으로 목표를 달성했고, 매주 진척 상황을 점검하며 계획을 구체화한 것이 성취의 큰 원동력이 되었다.

역량개발 실행계획 수업 시간은 내가 하고 싶은 일과 선택한 직업, 장래성, 의미, 비전을 연결해 필요한 역량을 구체적으로 고민해 보는 시간이었다. 단순히 '언젠가 하겠지.'라는 계획이 아니라, 구체적이고 실천 가능한 목표를 설정하게 되었다. 나는 공공기관 기계 직렬 취업을 목표로 삼으면서도, 단순히 직업적 목표에 그치지 않고 '지속 가능한 미래에 기여한다'는 비전과 사회적 가치를 부여했다. 이를 통해 일에 대한 책임감과 뚜렷한 직업관을 확립할 수 있었다.

수업을 통해 얻은 가장 큰 변화는 자신감과 자존감의 회복이었다. 자기 능력에 의문을 품고 자신 없던 나는, One Change 달성과 조장 경험, 그리고 매주 외쳤던 "내 인생은 내가 설계하고 내가 주도한다!"라는 구호를 통해 스스로를 믿는 힘을 얻게 되었다. 또한 조별 활동을 통해 나와 다른 사람들도 비슷한 고민과 어려움을 겪고 있음을 확인하며 혼자가 아니라는 동질감을 느꼈다.

이 수업은 단순한 진로 수업이 아니었다. 나의 하루하루를 어떻게 살아가고, 어떤 마음가짐으로 미래를 설계할 것인지에 대한 깊은 성찰의 기회였다. 미래의 수강생들에게도 막연한 불안 대신, 교수님의 코칭과 다양한 활동, 조원들과의 소통을 통해 자신만의 확신과 방향을 찾을 수 있기를 바란다.

"그때 그 수업이 있었기에 지금의 내가 있다!"

최종원(경영학과, 11학번, 관세청 인천공항세관)

대학교 4학년 1학기, 휴학을 앞두고 나는 비교적 가볍게 수강할 수 있는 교양수업을 찾고 있었다. 그때 눈에 들어온 수업이 바로 '인설진'이었다. 영어로 진행되고 pass/non-pass 형식으로 평가되는 점도 나에게는 매력적으로 다가왔다. 영어에 어느 정도 자신이 있었기 때문에, 큰 부담 없이 듣기 좋은 수업이라고 생각하여 선택했다. 그러나 졸업한 지금 이 시점에서 되돌아보면, 이 수업은 단순히 '부담 없는 선택 과목'이 아닌, 대학생활 중 내가 '가장 잘 선택한 수업'이었다고 자신 있게 말할 수 있다.

인설진은 단순히 앉아서 교수님의 강의를 듣는 수업이 아니다. 학생이 주체가 되는 참여형 수업이기 때문에 나에게는 더욱 인상 깊게 다가왔다. 수업의 첫 시작부터 특별했다. 수업을 함께 듣는 학생들 중 자발적으로 리더가 될 사람들을 모집하고, 각 리더들은 반 친구들 앞에서 자신을 어필하는 스피치를 했다. 이후 나머지 학생들이 자신이 속하고 싶은 리더의 팀을 선택하는 구조였다. 이 방식은 나에게 '사람을 선택하고, 또 선택받는 과정'에 대해 진지하게 생각해 볼 기회를 주었고, 리더와 팀원 모두가 책임감 있는 자세로 수업에 임하게 만들었다.

수업 시간마다 이어지는 팀 활동은 유대감을 쌓으며 관계의 중요성을 체감할 수 있는 시간이었다. 나 역시 이 수업을 통해 만난 교수님, 팀원들과 여전히 연락을 주고받으며 정기적으로 만남을 이어 오고 있다. 단순한 한 학기의 교양수업을 넘어 인생에서 소중한 인연을 만들어 준 소중한 경험이었다.

내 마음에 깊이 남았던 활동 중 하나는 '칭찬일기'를 쓰는 것이었다. 매일 내가 나 자신에게 했던 잘한 일을 3가지씩 적어 보는 이 활동은 별 다를 것 없는 하루 속에서도 나의 행동과 마음을 돌아보게 해 주었고, 나 스스로를 다정하게 대할 수 있는 긍정적인 습관을 심어 주었다. '나 자신을 칭찬하는 법'을 배운다는 것은 단순한 자존감 회복을 넘어 삶을 바라보는 시각 자체를 바꿔 주는 일이었다.

또한 이 수업에서는 미래의 나를 상상하며 '인생 나침반'을 만드는 활동도 있었다. 몇 년 뒤의 나를 그림으로 그려 보고, 어떤 가치와 방향을 가지고 살아가고 싶은지를 구체화하는 시간은 막연했던 진로에 대한 생각을 더욱 명확하게 정리할 수 있도록 도와주었다. 물론 지금의 삶이 그때 그린 나침반과 완전히 일치하지는 않지만, 놀랍게도 그와 비슷한 방향으로 흘러가고 있다는 것을 느끼며 이 수업이 얼마나 큰 영향을 주었는지를 실감하고 있다.

나는 대학교 4학년 때 이 수업을 들었지만, 이후 이 수업이 1학년 필수 교양으로 바뀌었다는 소식을 듣고 진심으로 기뻤다. 대학 입학 초기에 이 수업을 들었다면, 훨씬 더 빨리 나 자신을 이해하고, 더 나은 인간관계를 만들 수 있었을지도 모른다. 하지만 오히려 졸업 직전 이 수업을 들음으로써 '나의 대학생활을 마무리하는 최고의 마침표'가 되어 주었다.

이 수업은 나에게 단순한 진로 탐색이 아니라, '나 자신과 사람을 깊이 있게 만나는 경험'이었다. 수업 중 교수님, 팀원들과 최대한 많이 소통하면 좋겠다. 이 수업은 '인생을 바꾸는 수업'이 될 수 있다. 용기를 내어 질문하고, 대화하고, 웃고, 고민을 나누다 보면 어느새 더 성숙해진 나를 발견할 수 있을 것이다. 지금도 가끔 수업 시간에 만들었던 나침반을 떠올려 본다. 그리고 생각한다. "그때 그 수업이 있었기에 지금의 내가 있다."

"막연함에서 비전으로: 나를 발견한 성장 수업"

이태걸(바이오의약 전공, 20학번)

이 수업을 듣기 전, 나는 대학에서 무엇을 배우고 어떻게 성장할지 막연하고 불안했다. 하지만 수업 초반부터 자기 성찰을 통해 나 자신을 알아 가는 과정이 시작되었다. 좋은 팀원들을 만나 다양한 의견을 듣고, 다른 관점에서 생각해 보는 경험은 매우 흥미로웠다. 이를 통해 내 장점과 단점을 파악하게 되었고, 장점은 극대화하고 단점은 보완하는 방법에 대해 고민할 수 있었다.

나를 이해한 후에는 미래를 위해 필요한 역량을 키우고, 나의 가치관에 맞는 직업을 찾는 시간도 가졌다. 나의 핵심 가치관은 '실패를 통한 성장'이며, 나의 미션은 '항상 도전하는 삶', 비전은 '모두에게 부끄럽지 않게 배우자'이다. 수업 중 가장 흥미롭게 느낀 부분은 인간관계에서 몇 단계만 노력하면 누구에게든 다가갈 수 있다는 점이었다. 이를 통해 인간관계의 중요성을 다시 깨닫고, 나에게 필요한 역량을 확인할 수 있었다. 특히 나는 인간관계를 잘 다루는 편이 아니었기에 이 역량을 기르기 위해 첫인상 관리, 의사소통 스킬 향상 등 구체적인 방법을 고민했다. 교수님의 친절한 지도 덕분에 의사소통 능력 또한 조금씩 향상될 수 있었다.

직업적 성향 검사를 통해 나에게 맞는 직업을 탐색한 결과, 연구원이나 관리직이 적합할 것이라는 판단을 내렸다. 진로 계획은 단기, 중기, 장기로 나누어 세웠다. 단기 목표는 어학 능력과 컴퓨터 능력을 향상시키고, 학점 3.8 이상을 유지하며 졸업하는 것이다. 중기 목표는 대학원 진학 후 의약 연구실에서 본격적인 연구를 수행하는 것이고, 장기 목표는 내 이름으로 된 약품을 개발하여 널리 알리는 것이다.

수업 중에 사라지는 직업과 새로 생기는 직업, 그리고 변화하는 사회 환경을 고려하면서 나의 직업 계획도 주기적으로 점검해야 했다. 이를 위해 의사소통 능력, 정보 활용 능력, 대인관계 능력 등 핵심 역량을 예측하고, SMART 기법을 활용해 구체적인 성장 계획을 세웠다. 수업이 끝났다고 계획을 잊지 않고, 미래 목표 달성을 위해 계속 실천해 나갈 예정이다.

마지막으로, 이 수업은 미래에 대한 걱정이나 대학 생활의 의미를 고민하는 학우들에게 적극 추천하고 싶다. 단순히 학점이나 취업을 넘어서, 나의 궁극적인 목표가 무엇인지, 30년 후 나는 어떤 삶을 살고 싶은지 진지하게 고민할 수 있는 특별한 시간이 되었기 때문이다.

"행복을 향한 시간 관리와 성찰의 수업"

윤찬희(경영정보학과, 24학번)

1학년 2학기, 나는 '인설진' 수업을 수강했다. 처음에는 동아리 선배의 강력한 추천으로 선택했지만, 정확히 어떤 내용을 배우는지는 몰랐다. 그러나 수업을 진행하면서 매주 조원들과 이야기를 나누고, 책 속 내용을 공유하며 함께 고민하는 과정은 내게 많은 자기 성찰의 기회를 제공했다.

수업을 통해 나는 나의 진로와 성격에 대해 깊이 생각하게 되었고, 부족한 점과 강점을 명확히 파악할 수 있었다. 가장 먼저 깨달은 것은 시간 관리 능력이 부족하다는 점이었다. 의사소통 능력과 대인관계 능력은 자신 있었지만, 시간 관리만큼은 개선이 필요하다는 것을 인정할 수밖에 없었다. 이를 계기로 나는 구체적인 노력을 통해 약점을 보완하는 것이 성장에 중요한 역할을 할 것임을 깨달았다. 반면, 강점인 의사소통 능력과 대인관계 능력은 나의 진로와 미래에 긍정적인 영향을 미칠 수 있다는 자신감을 주었다.

이 수업을 통해 대학은 단순히 학문을 배우는 공간이 아니라, 내면을 돌아보고 미래를 설계하는 기회를 제공하는 곳임을 새롭게 깨달았다. 나는 앞으로도 이러한 성찰적이고 자기 계발적인 수업을 통해 삶의 방향성을 더욱 명확히 하고 싶다는 생각을 했다.

또한 수업을 통해 내 인생의 궁극적 목표가 행복이라는 점을 명확히 했다. 나에게 행복은 복잡하지 않았다. 좋아하는 사람들과 함께하며, 내가 좋아하는 일을 하며 사는 삶 자체가 행복이었다. 이를 이루기 위해서는 현재와 미래를 모두 준비해야 함을 깨달았고, 다가오는 겨울방학부터 단순한 휴식이 아닌 자기 성찰과 미래를 준비하는 시간으로 만들기로 다짐했다.

특히 시간 관리 능력을 개선하기 위한 구체적인 계획을 세우고, 대인관계와 의사소통 능력이라는 강점을 더욱 발전시켜 진로 개척에 활용할 예정이다. 한 걸음씩 성장하다가 보면 결국 내가 꿈꾸는 행복한 삶에 도달할 수 있으리라는 희망을 갖게 되었다.

이 수업은 단순히 학점 이수를 위한 강의가 아니라, 내 인생을 다시 돌아보고 새롭게 설계할 수 있는 중요한 계기가 되었다. 앞으로도 자기 성찰과 목표 설정의 기회를 주는 수업을 찾아 계속 성장해 나아갈 것이다.

"나를 알고 미래를 준비하다."

이원재(자동차IT융합학과, 19학번)

인설진 수업은 자신을 깊이 탐구할 기회를 제공했다. 나의 장점과 특징을 체계적으로 분석하면서 나만의 강점을 명확히 이해하게 되었고, 어떤 분야에서 성과를 낼 수 있을지 통찰을 얻었다.

수업은 단기적인 취업 선택에 그치지 않고, 장기적인 인생계획 수립에도 큰 도움이 되었다. 다양한 팀 활동과 토의, 진로검사를 통해 다른 사람들의 의견을 듣고 새로운 지식을 배우면서 스스로에 대한 이해와 확신을 얻을 수 있었다. 이러한 경험은 미래의 진로 선택에 큰 밑거름이 될 것이다.

"나를 돌아보고 진로를 구체화하다."

최승민(신소재공학부, 24학번)

인설진 수업은 자신을 돌아보고 미래를 계획하는 데 큰 도움이 되었다. 수업에서는 자존감 회복, 대인관계 형성, 진로 탐색 등 실생활과 밀접한 주제를 다루었으며, 특히 낮았던 자존감 회복에 큰 의미를 느꼈다.

수업을 통해 자신의 불안과 막연한 고민을 해결할 실마리를 찾았고, 자신이 좋아하고 잘할 수

있는 일을 고민하고, 구체적인 목표를 세우는 방법도 배웠다. 조원들과의 토의를 통해 다양한 관점을 접하며, 각자의 열정을 느끼고 자신의 진로 계획을 보다 명확히 세우게 되었다.

"내 인생과 진로를 체계적으로 설계하다."

고수민(영상디자인학과, 20학번)

수업 전에는 내가 이미 내 인생과 진로를 잘 알고 있다고 생각했고, 수업 내용도 막연할 것이라고 예상했다. 그러나 수업을 통해 인생과 진로 설계가 단순한 고민이 아니라 체계적이고 구체적인 과정임을 깨달았다. 나의 자아와 태도를 진단하고 직업 목표를 구체화하는 경험은 이전에 해 본 적 없던 것이었다.

졸업을 얼마 남기지 않은 시점에 수강하여 조금 아쉽기도 했지만, 수업 덕분에 그동안 무의식적으로 회피해 온 취업 문제를 직면하고, 해결할 방안을 배울 수 있었다. 짧은 시간 안에 자신의 미래와 진로를 직시하고 준비할 수 있게 해 준 의미 있는 수업이었다.

수업 현장의 에피소드 -이런 제자, 이런 일!

교수 주도의 이론 강의를 학생 주도의 참여 수업으로 전환하다![1)]

22년 전인 2004년 2학기에 처음 시작한 '인설진' 수업은 당시로서는 매우 혁신적이었다. 그때까지만 해도 대학에서는 '교실'을 '강의실'로, '수업계획서'를 '강의계획서'로 여겼다. '수업 = 교수의 이론 강의'였다. 이러한 교수 중심의 이론 강의 수업을 학습자가 참여하고 주도하는 수업으로 전환하는 새로운 시도였기 때문이다.

그러자니 많은 벽에 직면했다. 학교의 수업 진행과 평가 기준 등과 충돌했고, 교실의 좌석 배치가 당장 문제였다. 우리 수업은 책상을 모둠형으로 모아 진행하므로 수업 전후에 책상을 정리하고 복원시켜야 했다. 그러나 색다른 수업 분위기는 많은 학생으로부터 호감을 얻었다. 첫 학기에 2개 반에 각각 70명이 넘는 학생들이 지원했다. 당시 나는 시간 강사여서 연구실도 없고 조교도 없었지만, 교내의 동문 직원들이 도와줘서 어려움을 이겨나갈 수 있었다. 무엇보다 우리 수업에 매료된 여러 학생이 여러모로 도와주었다. 몇몇 학생은 수업 후에 남는 시간을 이용하여 조교 역할을 대신해 주기도 했다.

1) 이의용

그중 한 사람이 한상훈 학생이었다. 영문학과 소속인 그는 대학에 입학하기 전부터 내 저서를 통해 나를 알고 있다고 했다. 그래서인지 그는 당시 내가 새롭게 개설한 수업 3개를 모두 이수하였을 뿐 아니라, 학생들에게 우리 수업을 열심히 홍보해 주었다. 나아가 그 수업의 핵심 수강생들을 모아 모임을 결성하여 내 수업들이 성공적으로 자리 잡도록 지원을 해 주었다. 그 모임은 졸업 후 지금까지도 지속되고 있다. 그는 그 후 대학원에 진학하였고, SK 그룹에 입사하였다. 그리고 우리 수업의 겸임교수로 위촉되어 출강을 하기도 했다. 그러나 직장에서 매주 휴가를 이용하여 출강을 하기에는 어려움이 많아 계속할 수 없었다. 그래도 인설진 출신이 교수로 출강하는 첫 사례를 만들었다.

초창기에 최수찬 학생이 있었다. 경제적으로 어려운 환경을 잘 이겨 내며 학업에 성실히 임했다. 우리 수업에 흠뻑 빠진 그는 조교처럼 수업 전에 일찍 와서 동료들과 좌석을 정리하고 기타를 치며 싱얼롱 시간을 이끌었다. 작곡과 학생들은 수업 주제가를 만들어 주었고, 최수찬 학생의 기타 반주로 함께 부르기도 했다. 우리 수업을 통해 자신의 진로를 명확히 한 그는 졸업 후에 기독교 선교단체인 CCC 간사로 여러 대학에서 선교활동을 하고 있다. 그리고 늦게나마 신학을 공부하고 있다.

나는 야외 수업을 좋아한다. 옛날의 야외 수업은 휴강에 가까운 시간이었다. 야외 수업은 학생들의 마음의 문이 열리는 좋은 시간이다. 답답한 교실에서 진행하기 어려운 수업을 하기에 적합하다. 그러나 집중력이 떨어지므로 교실 수업보다 훨씬 더 많은 준비가 필요하다. 우리 수업에서는 학생 간의 인터뷰, 조별 토의나 활동, 동문 초청 강연, 포크댄스, 기악 연주회 등을 하였다.

무용학과에 재학 중인 신정윤 학생이 있었다. 나는 신정윤 학생을 설득해 북악관 앞마당에서 포크댄스를 해 보자고 제안했다. 지나가는 사람들 모두가 바라보는 마당에서 포크댄스를 한다는 것이 처음에는 어색하고 쑥스러웠지만 이내 다들 즐거워했다. 실제로 해 보니, 학생보다 구경하는 이들이 더 많았던 것 같다. 신정윤 학생은 대학원에 진학한 후에도 우리 수업에 달려와 포크댄스를 지도해 주었다.

2005 9 27

바이올린을 전공하던 박현엽 학생과 친구들이 생각난다. 아마추어 합창 지휘자였던 나는 매 학기 기악, 성악 전공자들에게 관심을 갖고 수업 중 짧은 연주를 권하곤 했다. 어느 학기였던가! 박현엽 학생 등이 주축이 되어 기악과 학생들이 야외 수업에서 기악 콘서트를 열었다. 잔디밭에서 바이올린, 비올라, 첼로 등이 아름다운 연주를 시작하자 많은 학생이 모여들었다. 이때도 학생보다 관중이 더 많았던 것 같다.

매 학기마다 두세 차례 갖는 야외 수업에서는 포크댄스, 콘서트뿐 아니라 벚꽃 데이트, '열명 인터뷰' 등 다양한 활동이 진행됐다. 어느 수업에서도 시도하기 어려운 이런 활동을 시도한 데에는 다 의도가 있었다. 학생들이 마음의 문을 활짝 열고 추억거리도 만들고, 친구들도 사귀고, 나아가 자신의 현재와 미래를 생각해 보는 힐링과 사색의 기회를 누려 보라는…….

조교처럼 수업을 도와준 고마운 제자들[2)]

우리 수업에서 가장 힘든 일은 학생들이 애써서 작성해 온 인생설계도를 일일이 점검해 보면서 조언을 적어 주는 것이다. 거기에다 감사일기 쓰기도 피드백을 해 줘야 했다. 초창기

2) 이의용

나는 시간 강사 신분이어서 연구실도, 조교도 없었다. 교수로서 해야 할 일은 산더미 같았는데, 2개 반 학생 140명의 과제를 옮겨다 줄 일손도, 모아 둘 곳도, 모아 놓고 살펴볼 공간도 없었다. 아는 직원들이 마련해 준 빈 공간을 전전하기도 하고, 아는 교수들의 연구실을 빌려 쓰기도 하면서 작업을 해야 했다. 그래도 참 즐겁고 보람이 있었다.

그 모습이 딱했는지 몇몇 학생이 인생설계도를 옮겨다 주었고, 따로 시간을 내서 점검표에 따라 과제를 점검하는 일을 도와주었다. 박지원, 김에스더, 김하나, 방혜미 같은 학생들이다. 이들은 자신이 수강한 학기를 지나서도 시간을 내 수업을 도왔다. 이들 학생 조교들의 도움으로 초창기 수업은 자리를 잡아갔다. 물론 내가 정교수로 발령을 받은 후에는 연구실과 조교 문제가 해결되었다. 다만, 출강을 시작한 외부 강사(겸임교수)들은 같은 어려움을 겪을 수밖에 없었다. 그래서 내 연구실을 함께 사용하도록 했다. 어쨌든 어렵던 시절, 수고료도 없이 헌신해 준 제자 조교들에게 감사하지 않을 수가 없다.

우리 수업을 맡아 준 대학원생 조교들에게도 감사한다. 그들은 학부 과정에서 우리 수업을 수강하지는 않았지만, 수업에 직접 참여하여 수업 활동을 돕고 인생설계도를 점검해 주면서 본인들의 인생도 설계해 볼 수 있었다고 말했다. 최윤녕, 정지영, 송세영, 임사랑, 이화, 배민정, 정은정, 김수환, 이예지 조교 등은 어찌 보면 제자들보다 더 많은 시간을 함께한 귀한 동료였다. 그대들 덕분에 우리 수업이 오늘까지 왔다네, 고마워!

감사일기 쓰기가 학교, 군대, 직장으로 확산되다[3)]

우리 수업은 다른 수업과 다르게 '지식'보다 '삶'에 집중했다. 자신을 알고, 거기에 맞는 명확한 비전을 설정하며, 그 비전을 이룰 직업을 정해 거기에 맞는 역량을 개발해 나가도록 하는 게 수업의 목적이다. 그러자면 긍정적인 태도가 뒷받침되어야 한다. 그래서 시작한 것이 '오프라 윈프리'의 감사일기다. 당시 미국의 언론인 오프라 윈프리는 자신이 불우한 환경을 이겨 낸 비결이 '감사일기 쓰기'였다고 고백했다. 그래서 우리 수업에서도 매일 3가지 이상의 감사일기를 쓰도록 하고, 이를 평가에 반영했다. 지금이라면 적지 않은 저항이 있을 법도 한데, 당시 학생들은 이에 잘 따라 줬다.

학생들은 수업 시간 중 조원들과 감사 제목을 나누는 활동을 좋아했다. 나중에는 여기에 칭찬 샤워 등을 추가했는데, 학기 말에 조사를 해 보면 이 프로그램을 통해 힐링을 했다

3) 이의용

는 응답이 적지 않았다. 감사한 일을 서로 나누고, 서로 칭찬을 해 주는 모습은 가르치는 내게도 감동적이었다. 그런데 감사일기를 쓰지 않는 학생도 있었다. 그때마다 개인적인 만남을 통해 '감사'를 가르쳐 주며 일기를 쓰도록 권유했는데, 그중 설득을 하지 못한 두 명을 생각하면 지금도 아쉽다. 그들은 어머니가 아침밥을 차려 준 것이 고맙지 않느냐는 내 질문에 "당연한 일 아니냐."라고 반문해 내 입을 다물게 했다.

그런가 하면 이런 일도 있었다. 감사일기를 열심히 쓰는 학생이 취업을 위해 시험과 면접을 치렀다. 그런데 아쉽게도 낙방을 했다. 그러면서 이런 경우에는 무엇을 감사해야 하느냐고 물어왔다. 몇 가지 감사할 일을 일깨워 줬는데, 기특하게도 낙방한 회사에 감사편지를 보낸 모양이다. 나중에 알게 된 일인데, 합격자도 안 보낸 감사편지를 불합격자가 보내니 회사 담당자들이 놀라워했다고 한다. 그런데 합격자 중 한 명이 입사를 포기하게 되었다. 마땅히 다음 순위의 응시자를 채용해야 하는데, 우리 학생은 그다음 순위였다. 그런데 감사편지를 받은 일로 인해 인사위원회에서 우리 학생을 채용하기로 했다고 한다. 그다음 주 수업 중에 그 학생이 앞에 나와 그런 사연을 이야기해 줌으로써 우리는 감사일기 쓰기의 중요성을 더 깊이 실감할 수 있었다.

한번은 군 생활을 마치고 복학한 학생이 "교수님 때문에 군대에 가서도 감사일기를 써야 했다."라며 군대에서 감사일기 쓰기가 확산되고 있음을 전해 주었다. 우리 수업의 감사일기 쓰기는 언론을 통해서도 자주 소개가 되었다. 여기저기서 내게 문의도 많이 왔다. 요즘 학교, 직장, 군대 등에서 일어나고 있는 감사운동에 우리 수업의 감사일기 쓰기가 나름 기여하지 않았나 생각한다.

감사일기 쓰기와 함께 가까운 이들에게 감사문자 보내기도 했다. 학기 초 수업을 시작하면서 부모님께 감사문자 보내기를 했다. 그러고는 받은 답을 조별로 공유하도록 했다. 그랬더니 이런 문자가 많았다. "미쳤냐?" "돈 필요해?" "왜 안 하던 짓을 하니? 어디 아파?" 등이었다. 평소 고맙다는 표현을 하지 않던 자녀가 갑자기 고맙다고 하니 부모도 당황해할 수 있었을 것이다. 그러고 난 후, 그다음 주에도 감사 문자를 보냈다. 그런데 이번에는 표현이 조금씩 달라졌다. "그래 엄마도 우리 ○○ 고마워!" "나도 고마워!" "오늘 함께 저녁 먹자!" 등으로 말이다. 물론 전혀 답장이 없는 부모도 있었다. 이런 활동은 한 학기 내내 계속되었다. 감사문자를 통해 부모님과의 관계가 좋아졌다는 얘기를 자주 들을 수 있었다. 이 수업을 통해 익힌 감사를 통해 우리 제자들이 감사가 넘치는 인생을 살아가기를 바란다.

가성비를 넘어서는 가치-인생설계도[4]

우리 수업의 구호는 "내 인생은 내가 설계하고 내가 주도한다!"다. 수업 때마다 이 구호를 몇 번씩이나 외친다. 그래서인지 졸업한 지 오래된 제자들도 이 구호를 생생히 기억하고 있다. 모든 학생은 매주 조원들과 지난 시간에 작성한 설계도 내용을 나눈다. 그리고 주제 강의를 듣고, 다음 주 설계도 내용에 대해 상의한다. 매주 내면의 이야기를 나누다 보니 조원들과 깊은 관계가 형성될 수밖에 없다. 같은 학과 동료들보다 더 가까워지고 이성 교제가 시작되기도 한다.

PPT가 보급되기 전까지는 학생들이 일일이 손으로 자신의 설계도를 작성해 오곤 했다. 대부분 성의가 가득했다. 어느 학생은 전공 수업보다 설계도 만드는 일에 더 집중한다고 했다. "교수님, 이 수업은 정말 엄청나게 많은 수고가 들어가요. 설계도를 작성하다 보면 언제나 시간이 부족해요. 제 인생을 설계하는 일이니 그렇겠죠?"

매 시간 설계도를 작성하다 보니 정성은 경쟁적으로 깊어져 갔다. 내용도 우수해졌고, 양도 갈수록 늘어 갔다. A4 사이즈의 바인더 파일이 두 권으로 늘어나기도 했다. 교수도 생각하지 못했던 내용도 있어, 학생의 양해를 구해 다음 학기 강의 교안에 추가하기도 했다. 종강 시간에는 교실 가운데에 책상을 배열하고 전시회를 했다. 최근에는 종강 시간에 PPT로 인생설계도를 압축하여 발표를 하고 있다.

인생설계도는 완성된 설계도가 아니라 시작이다. 설계도를 만드는 과정의 목적 중 하나는 설계 방법을 익히는 데 있다. 설계도는 살아가면서 계속 수정해 나가야 한다. 노현태 학생 등은 졸업한 후에도 이 설계도를 계속 수정해 가면서 비전을 차근차근 이루어 가고 있다.

---

4) 이의용

우리 학생들은 초등학교 때부터 고등학교 때까지 모든 학습을 대학 입시에 맞춰 왔다. 그러니 정작 자신에 대해서는 잘 알지 못한다. 교육 내용이 자신이 아니라 남에 대해 알아 가고, 남의 생각을 암기하는 과정이기 때문이다. 게다가 부모와 교사의 과보호와 간섭으로 자기 주도성도 매우 낮다. 우리 수업의 구호가 "내 인생은 내가 설계하고 내가 주도한다!"인 이유다.

문○○ 학생이 생각난다. 군 생활을 마치고 복학했던 것으로 기억한다. 그는 졸업 후 아버지의 사업체를 물려받을 준비를 하고 있었다. 그가 조장을 맡은 조는 여러 면에서 탁월했다. 이런 조 활동은 교수에게 큰 힘이 되고, 다른 조원들에게도 긍정적인 영향을 주었다. 그는 수업 시간 외에도 조원들과 모임을 가지면서 좋은 영향을 끼쳤다. 아무래도 졸업 후 경영 일선에 나서야 하는 입장이기에 수업에 임하는 태도가 남달랐다. 나는 그를 개인적으로 만나 고마움을 표하면서 이런 제안을 했다. "당장 회사 경영에 참여하지 말고, 비슷한 규모의 다른 회사에 입사해서 몇 년간 사원으로 일해 보면 어떨까?" 기업에서 오래 일해 본 경험에서 우러난 조언이었다. 결국 그는 내 조언을 받아들여서 자신이 경영할 회사와 비슷한 규모와 업종을 찾아 입사한 걸로 안다. 나중에 안 사실인데, 그 학생은 군 입대 전에 우리 수업을 선택했다고 한다. 그러나 사정이 생겨 수업에 충실하지 못하고, 복학 후 재수강을 한 것이다.

지금 생각해 보면 우리 수업은 학점에 비해 시간과 노력이 많이 들어가는 '가성비 낮은 수업'이었는데도 열심히 참여해 준 제자들이 대견하고 고맙다. 시대가 변하면서 PPT 설계도 만들기는 워크북에 내용을 기록하는 방식으로 진화했다. 어쨌든 우리 수업을 통해 많은 젊은이가 자기 인생을 스스로 설계하고 스스로 주도해 나가기를 빈다.

개성 명찰과 동료 인터뷰

많은 대학생들은 자신과 한 학기 동안 함께 공부한 동료들을 잘 기억하지 못한다. 각자 교수와 스크린만 바라보고 수업을 마치기 때문이다. 인생에서 다른 사람들과의 관계는 너무도 중요하다. 그래서 인생을 가르치는 수업에서만이라도 그걸 익히도록 돕고 싶었다. 그래서 시도한 것이 개성 명찰과 인터뷰 노트 만들기였다. 자신을 나타내는 사진, 이름 삼행시 등을 표시했다. 그리고 수업 중이나 수업 후에 함께 수업하는 동료들과 인터뷰를 하고 노트에 적도록 했다. 저마다 멋진 개성 명찰을 만들었고, 몇 가지 질문을 만들어 동료들과 인터뷰를 하도록 했다. 수업 중에 인터뷰 시간을 주었으나 수업 후에 따로 만나기도 하면서, 수업 분위기는 따뜻해졌다. 초창기에는 마지막 시간에 얼굴과 특징을 적어서 누구인가를 적도록 하는 퀴즈형 시험도 봤다. 물론 결과는 성적에 반영했다.

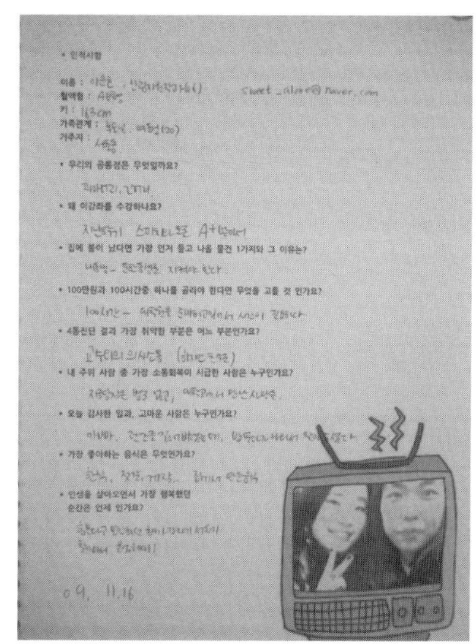

수업료 전달식

교수로서 제자들을 보면서 가장 안타까운 것 중 하나는 목적 없이 대학생활을 하는 모습이다. 수업료를 직접 벌어서 대학을 다닌 내 입장에서는 참으로 안타깝고 한심하게 보였던 게 사실이다. 자신이 벌었든, 부모가 도와줬든 학생은 일정한 수업료를 학교에 내고 수업에 참여한 것이다. 그렇다면 학교로부터 뭔가 그만큼 얻어 내야 한다. 그런데 그걸 잊고 있는 것 같아 안타까웠다.

그래서 첫 시간에 부모의 입장에서 간곡히 부탁을 하기로 했다. 당시 수업료(500만 원 정도)를 신청 학점 수로 나누었다. 그리고 3학점인 우리 수업에 해당되는 금액을 알려 줬다. 그리고 그걸 다시 15주로 나누어 '오늘의 수업료'를 계산해 봤다. 결코 적지 않은 액수였다. 누군가 그걸 마련하려면 적지 않은 수고를 해야 할 만한 금액이었다. 그러고는 학생 한 명을 앞에 나오도록 하고는, 미리 준비해 간 현금을 건네주면서 말했다. "자, 이 돈이 우리 수업 한 학기 수업료다. 누가 마련했든 시간과 땀을 쏟아 얻은 귀한 돈이다. 이걸 수업료로 내게 내라." 학생이 수업료를 내게 건네준다.

나는 학생들에게 당부를 한다. "나도 학교로부터 받은 월급 이상으로 여러분을 위해 최고의 교육 서비스를 제공하겠다. 여러분도 수업료 낸 것 이상으로 우리 수업에서 뭔가 얻어 가기를 바란다." 지금 생각하면 '꼰대짓'을 한 것 같기도 하다. 어쨌든 나는 매 학기에 모든 수업을 시작할 때마다 이런 퍼포먼스를 했다. 나 자신을 위해 그렇게 한 것이기도 하다.

무감독 시험과 커닝 낙서 지우기[5)]

수업은 체험학습을 통해 성숙된다. 인설진 수업은 지식 공유보다는 삶의 태도 변화를 추구한다. 그래서 시도해 본 것이 무감독 시험이다. 평생 감시 속에서 시험을 치러 온 청춘들에게 스스로 감독하는 시험을 한번 체험해 주기 위해 무감독 시험을 시도해 봤다. 이 수업 말고 다른 수업에서도 그렇게 해 봤다. 학생들을 믿는다는 설득과 함께 휴대전화기를 교탁 앞에 모으고 교실을 나왔다. 단, 시험이 공정하지 못했다는 의견을 내면 다시 감독 시험을 실시하기로 설명했다. 단 한 번도 실패가 없었다. 학생들 스스로 매우 뿌듯해했다.

지금도 교실 책상에는 누군가가 써넣은 낙서들이 빼곡하다. 부정행위를 위한 것이다. 학생들과 상의하여 샌드페이퍼를 구해서 학생들 스스로 책상의 커닝 낙서들을 지우는 작업을 했다. 먼지가 뽀얗게 올랐지만, 학생들 모두 매우 뿌듯해했다. 인설진 수업에서나 가능한 시도다. 학생들은 교수가 가르치는 내용보다 교수의 태도를 배우고, 이론보다 직업 활동한 체험을 기억한다.

'부모를 설득하라!' 비전 실현의 열쇠는 자기 주도성[6)]

우리 수업에서는 VM카드(Vision-Mission Card)를 만든다. "나에게는 꿈이 있습니다. 그것은 어떤 직업인이 되어 어떤 유익한 일을 하겠다."라는 내용이다. 그리고 그것을 지갑에 넣

---

5) 이의용
6) 이의용

고 다니게 한다. 그리고 거기에 맞는 직업을 정하고, 그것을 실현할 직장을 정하고, 입사할 직장의 명함과 사원증도 만든다. 실제와 거의 동일하게……. 그리고 그것이 실현되도록 실행을 촉진시킨다.

한 여학생이 한국관광공사의 명함을 만들었다. 그는 수업이 없는 날이면 관광공사 1층 로비로 출근했다. 그러면서 회사의 분위기, 관심사 등을 익혀 나갔다. 그리고 사람들도 사귀었다. 그는 그들에게 그 회사에 들어가기 위해 무엇을 준비해야 하는지 물어보곤 했다. 드디어 면접 시험을 보게 되었다. 평소 로비에서 만났던 이들이 면접관으로 앉아 있었다. 그들은 "우리 회사 직원이 아니냐?"면서 되묻기도 했다고 한다. 학기를 마칠 무렵에 합격 소식을 전해 왔다. 그가 수업 시간에 만든 명함을 볼 때마다 그곳에서 그의 꿈을 잘 이뤄 나가기를 기도해 본다.

정○민이라는 학생이 있었다. 공학계열 4학년 1학기 때 인설진 수업에 참가했다. 그녀가 인설진을 통해 만든 19장의 PPT가 자기 인생을 변화시킨 이야기는 무척 감동스럽다. 어느 날 밤 동기 친구가 갑자기 수능을 다시 보겠다면서 연락을 해 왔다. 4학년인데 무슨 말인가 싶었다. 그러면서 "수능 마치고 연락할 때, 너도 네가 하고 싶은 일을 하고 있으면 좋겠어!"라고 했다. 그날 밤 잠을 이루지 못했다. 자신이 중학생 때부터 간직해 왔던 항공 관련 직업에 대한 꿈이 다시 살아났다. 그것은 운항관리사가 되어 비행기와 사람들의 안전을 돕는 일이었다.

다음 날 운항관리사가 되기 위한 절차를 알아보기 위해 관련 회사와 상담을 했다. 프로세스와 비용, 소요 기간과 국내 취업 가능성 등을 파악했다. 미국에서 해야 하는 공부라서 비용도 만만치 않았고 난이도도 높았다. 게다가 이미 고학년이 된 처지라서 부모님을 설득하기가 어려웠다.

그는 자신의 새로운 인생계획을 19장의 PPT에 담았다. 그리고 컴퓨터를 거실 TV에 연결한 후, 부모님을 모셔 놓고 프레젠테이션을 했다. 정장 차림으로. 그녀는 인설진에서 배운 인생설계 프로세스와 스킬이 있었기에 가능했다고 회상했다. 항공사 기장이었던 아버지는 그 길이 얼마나 험난한 길인지 잘 알기에 걱정스런 마음에 쉽게 동의하지 않았다. 어머니는 딸이 적성에도 맞지 않는 전공의 길을 계속 가도록 내몰았다는 자책으로 통곡을 하셨다고 한다.

다음 날 귀가하신 아버지는 단 두 마디를 하셨다. "그래, 해 봐!" 그렇게 딸의 결정을 응원해 주었다. 부모님은 딸이 요청한 휴학을 허락하고, 해외 유학 비용을 지원해 주었다. 그녀는 미국에서 운항관리사 직업 훈련 과정 6개월 코스를 공부했다. 그렇게 어렵다는 과정을 불과 3개월 만에 해내고 자격증을 따냈다. 간절하니까 그게 되더란다. 자신의 열정이 전문 지식을 빠르게 습득하게 만들었다고 말했다. 귀국한 후 그녀는 운항관리사 겸 교관으로 일해 왔다. 우리 수업 시간 중에 '동문 초청 강연'에 여러 번 와서 '간증' 같은 경험담으로, 비슷한 고민을 하는 학생들에게 큰 도움을 주곤 했다. 지금은 어찌 지내는지 궁금하다.

지금도 그렇지만 청소년들에게는 부모의 '과보호' 내지 '간섭'이 문제인 것 같다. 대학생이 되어서도 마찬가지다. 부모의 과보호는 자녀에게 자기 주도성 부족이란 후유증을 남긴다. 취업을 앞둔 4학년 학생이 많이 아파 보여 밥을 사 주며 이야기를 나눠 봤다. 들어 보니, 아버지가 아침 식사를 할 때마다 "취업 준비는 잘 되어 가냐?"라고 물으며, "이번에 ○○ 회사에 꼭 입사해라!"라고 주문을 한다는 것이다. 아침부터 부담을 안고 하루를 시작하니 점점 초조해지고 잠을 제대로 이루지 못하니 많이 힘들다고 했다. 여간 안타까운 일이 아니었다. 그렇다고 내가 나설 수도 없고. 그래서 그에게 이렇게 조언을 해 줬다. "아버지께 그 부담을 말씀드리고, 자네에게 맡겨 달라고 부탁하라." 그래도 안 되면 "분가(독립)를 해라." 결국 그는 집 가까운 곳에 방을 얻어 자취를 시작했다. 물론 어머니의 도움을 받으면서 생활을 했다.

부모의 과보호를 벗어날 수가 없어 휴학을 한 여학생도 있다. 결국 그는 부모와 떨어져서 사는 시간을 갖고자 한 학기를 휴학하고 긴 해외여행을 떠났다. 귀국한 후 부모의 간섭을 얼마나 벗어났는지는 모른다. 그러나 지금처럼 변화가 심한 시대에, 변화가 느린 시대를 살아온 부모 세대가 자녀의 인생에 깊이 개입하는 것은 자녀의 인생을 그르칠 수도 있음을 부모 세대는 잘 알아야 할 것이다.

우리 수업을 마무리하면서 자신에게 편지를 써서 보내는 프로그램이 있었다. 한 학기 동안에 공부한 내용을 방학 중에 자신에게 다시 알려 주는 내용이다. 학생이 편지를 밀봉해서 우표를 붙이면 방학 중 적당한 시기에 교수가 집으로 발송해 주는 것이다. 수신자 이름 옆에는 '친전(親展)'이라고 적어 반드시 본인이 받아보도록 했다.

방학 중에 학교 교무팀에서 연락이 왔다. 어느 학부모가 편지를 들고 와서 항의를 한다는 것이었다. 학교로 달려가서 보니 사연인즉슨 이랬다. 자기 아들이 연락도 없이 며칠째 집에 들어오지 않는다는 것이었다. 마침 편지가 하나 와서 뜯어보니 내용이 '유서'와 비슷해서 집안이 발칵 뒤집혔다는 것이다. 그리고 며칠 후에 학생이 귀가했는데, 편지에 대해 물으니 수

업의 일환이었다고 하더라는 것이다. 그래서 학교에 항의를 하러 온 것이었다.

부모의 항의를 경청하고 진정시킨 후, 나는 두 가지를 얘기해 주었다. 부모에게 연락을 하지 않고 여행을 한 것은 아들의 문제다. 성인인 자녀에게 온 편지, 더구나 '친전'이라고 적힌 편지를 뜯어 읽어 본 것은 부모의 불찰이다. 그럼에도 이런 일이 생긴 데 대해서는 같은 부모의 입장에서 깊이 공감한다. 이렇게 마무리했다. 나는 따지러 온 부모에게 자녀의 인생에 너무 간섭하지 말고 한 발짝 떨어져서 많은 걸 맡겨 보라고 조언해 주었다. 교무팀에서도 더 이상 문제를 삼지 않았다. 그 후 방학 중 편지 보내기는 더 이상 하지 않았다.

태도가 경쟁력인데… 안타까운 제자들[7]

학기를 시작한지 4주쯤 되었을 때다. 조별 활동으로 조원들은 이미 많이 친해진 상태였다. 엘리베이터에서 어느 조의 조장을 만났다. "○○○ 학생을 잘 돌봐 줘라. 상당히 어려운 상황인 것 같은데……." 그 조장은 엘리베이터에서 내리더니 조용히 얘기를 걸어 왔다. "교수님께도 그랬나요?" 사실 그 주간에 그 학생이 전화를 걸어 왔다. 어머니가 급히 수술을 해야 하는데 수술비가 모자란다며 몇십만 원을 빌려 달란다. 어쩌나 내 제자인데……. 바로 그에게 송금을 해 줬다. 그리고 며칠 되지 않아 다시 수술을 해야 한다며 돈을 더 부탁했다. 송금을 더 해 주었다. 그날 조장을 만나 들어 보니, 그가 조원들에게도 비슷한 방식으로 돈을 빌렸다는 것이다. 보통 문제가 아니었다. 학생들까지 피해를 입을 수 있으니 말이다.

그러던 차에 그 학생의 어머니가 조장에게 전화를 했다고 한다. "우리 ○○에게 돈 빌려주지 마라."라고. 어머니와 통화를 해 보니, 도박에 이미 중독된 상태였다. 군대 생활을 하면서도 '스포츠 토토' 등을 하면서 수천만 원을 날렸다고 한다. 나는 학교 상담실에 문의를 해서 치료 과정을 알아봐 주었다. 동료 학생들에게도 더 이상 피해가 없도록 당부했다. 다행히 학생들에게 빌린 돈은 다 갚아 줬다고 했다. 나는 내게도 빌려 갔다고 했다.

그런데 정작 그 학생은 아무런 일도 없었다는 듯이 조원들과 열심히 활동을 했고, 나를 대했다. 학습 태도도 좋았다. 언제쯤 사과를 하려나 기다리다가 끝내 학기를 마치고 말았다. 학생들을 지도하다 보면 보람만 있는 게 아니다. 그 학생이 치료를 잘 받고 멋지게 살아가길 바란다.

---

7) 이의용

학생들은 참 다양하다. 가장 답답한 학생은 수강신청을 하고도 수업에 나타나지 않는 것이다. 무단으로 3회 결석하면 성적이 나오지 않는다. 그럼에도 수업에 아예 나타나지 않거나, 출석을 하다 말다를 계속하는 이들이 있다. 그럴 경우, 조 활동에도 어려움이 생긴다. 심한 경우에는 학기 말에 나타나, 진단서나 취업 증명서를 제출한다. 어느 학생은 수시로 같은 진단서를 제출하기에 병원에 문의를 해 보니 그 병원이 친척이 운영하는 병원임을 직원이 알려 주기도 했다.

취업 증명서를 제출하는 학생 중에는 작은 규모의 상점에서 아르바이트를 하면서 증명서를 제출하기도 한다. 이럴 때는 여간 난감한 게 아니다. 얼마나 어려우면 이렇게 하면서도 공부를 하려는지 애처롭기도 하다. '취업 인정'을 어떤 규모의 직장까지로 봐야 할지도 애매했다. 나는 이렇게 얘기를 하곤 한다. 중요한 것은 '학생이 취업한 상점(회사)의 규모가 아니라, 학기 초에 이러한 문제를 교수와 상의하지 않은 것'이다. 우리 수업에서는 지식보다는 삶의 태도를 중시한다. 사회생활은 성적으로 하는 게 아니기 때문이다. 공과 사를 구분하면서도 학생의 삶에 대한 바른 태도를 지도하기란 여간 어려운 일이 아니다.

한번은 전에 같은 회사에서 근무했던 이로부터 학기 말에 연락이 왔다. 자기 아들이 이번 학기에 내 수업을 수강했다는 것이다. 출석부를 열어 보니 단 한 번도 출석한 적이 없었다. 그는 사정이 있어 수강을 하지 못했다며 성적을 내어 달라고 간곡히 부탁을 했다. 그는 회사에서 아주 유력한 인물이었다. 그러나 나는 단호하게 거절했다. 우선, 같은 조원들이 수업 불참 사실을 다 알고 있는데 평가가 공정하지 않으면 앞으로 이 수업이 지금까지 쌓아 올린 신뢰가 무너진다고 설명했다. 그리고 이런 부탁이 이뤄진다면 아들의 인생에도 결코 좋은 영향을 끼치지 않을 것이라고 했다. 난 과감히 그에게 'F' 학점을 적었다. 결국 그 일로 그와의 오랜 관계는 끊어졌다. 그와 가까운 이들로부터 "어찌 그럴 수 있느냐?"라면서 나를 탓하는 얘기들이 들려왔다. 공정하게 일을 처리한다는 게 얼마나 어려운가.

"아, 가깝고도 먼 외국인 제자들이여!" [8)]

베트남 국적의 한 여학생이 생각난다. 첫 시간에 그녀는 전체 앞에서 자기소개를 했다. 제일 먼저 자신이 한국인 아버지의 딸임을 선언해서 학생들을 놀라게 했다. 월남전에 참전

8) 이의용

한 한국 군인이 아버지라는 것이다. 아버지는 아직 찾지 못했다고 했다. 그래서인지 다른 학생들보다 나이가 좀 들어 보였다. 아버지를 찾고 싶어서인지 그녀는 이미 한국에 와서 사회생활을 하고 있었다. 그리고 앞으로 한국 직장에서 일하며 살고 싶다고 했다. 그녀는 한국생활을 오래 해서인지 우리말을 매우 정확하게 구사했다. 그 학생은 학생들로부터 많은 박수를 받았고, 학생들과 좋은 친구가 되었다.

이미 오래전부터 우리 수업에는 외국인 학생들이 적지 않다. 가장 큰 문제는 적지 않은 외국인 학생들이 한국어를 제대로 구사하지 못한다는 것이다. 그렇다 보니 수업 진행에도 어려움이 많다. 대학이 학생 확보에만 관심을 갖다 보니, 한국어 구사력이 부족한 외국인 학생들을 수업에 참석시키는 것이다. 그러니 교수들이 그 부담을 안게 된다. 게다가 학기 말에는 그 학생들이 수업 평가를 하게 되니……. 중국 학생들이 가장 많은데, 개강 때 이들이 많을 경우 긴장을 하게 되는 게 사실이다.

한국어 구사력이 약한 외국인 학생들은 휴대전화의 통역 서비스 앱을 이용하여 강의를 듣기 때문에 시선이 온통 휴대전화에 가 있게 된다. 교수로서는 이 학생들의 이런 자세를 좋은 수업 태도로 인식하기가 어렵다. 더구나 외국인 학생들과 한국 학생을 함께 가르치기가 대단히 어렵다. 서로 불만스러워할 수 있기 때문이다.

글로벌 시대에 같은 수업에서 한 학기를 함께 보내는 것은 글로벌 친구를 사귈 수 있는 좋은 '기회'다. 그렇지만 외국인 학생이나 한국 학생 모두가 서로 다가서려고 하지 않는다. 그래서 개강 시간을 마친 후, 나는 외국인 학생들만 따로 모이게 해서 당부하곤 했다. "여러분은 이제 우리 학교의 동문(同門)이다. 그리고 한국어를 빨리 배워라. 그러려면 한국 학생들을 적극적으로 자주, 개별적으로 만나야 한다. 그래야 한국어를 익힐 수 있고, 유학 온 목적도 달성할 수 있다." 그럼에도 같은 국적의 학생들끼리만 어울린다. 참 안타까운 일이다.

외국인 학생들을 위해 조 편성도 다양하게 해 봤다. 첫째는 한국 학생들의 조에 외국인 학생들을 나눠서 편성하기다. 둘째는 외국 학생들로만 따로 조를 편성하기다. 셋째는 외국어를 잘하는 한국 학생을 그 조의 조장으로 세우기 등이다. 그러나 어느 것 하나 제대로 되기가 어려웠다. 그런데 흥미로운 사실은 외국인 학생이 소수인 경우에는 한국 학생들과 잘 어울린다는 것이다.

결국 중국 학생 반(班), 영어권 학생 반을 따로 편성해서 운영하고 있다. 교재도 중국어, 영어로 번역을 하고 있다. 담당도 중국어나 영어를 잘하는 교수가 하고 있다.

한번은 대학원에서 외국인 학생들을 대상으로 특강을 할 기회가 있었다. 30여 명 중 영

어권 2명 외에는 모두 중국 학생들이었다. 마침 한국어를 잘하는 학생 둘이 있기에 사전에 교안을 주고 통역을 부탁했다. PPT도 최대한 중국어, 영어로 보완을 했다. 기대 이상의 효과가 있었다. 수업 후에도 단톡방을 만들어 교류를 하고 있다. 대학원 과정이어서 그럴까?

우리 수업에 참여하는 외국인 학생들이 한국으로 유학 온 목적을 좀 더 명확히 하고, 자신의 인생을 구체적으로 설계하면 좋겠다. 나아가 한국 학생과 외국인 학생이 친구가 되면 좋겠다. 이를 위해서는 교수들과 한국 학생들이 서로 먼저 다가서야 할 것이다. 수많은 외국인 학생, 특히 중국 학생들을 가르쳐 왔지만, 그들의 나라에 갔을 때 전화 한번 걸어 볼 연락처가 없음이 부끄럽다. 아, 가깝고도 먼 외국인 학생들이여! 선생인 내 탓이로다!

〈1박 2일〉의 원조는 20년 전 우리 수업[9)]

어느 TV 방송에 〈1박 2일〉이라는 프로그램이 있다. 젊은이들에게 매우 영향력이 있는 프로그램이다. 우리 수업에도 '1박 2일'이란 게 있었다. 이 프로그램이 방영되기 한참 전에 이미……. 2000년 전후만 해도 학교에 멀지 않은 우이동에 캠프촌이 있었다. 계곡 옆에 숙소를 지어 대학생이나 직장인들에게 캠프장으로 임대해 주었다. 우리 수업에서는 매 학기마다 '1박 2일' 캠프를 나갔다. 저녁에 모여 조별로 준비한 고기를 구워 먹고, 새벽까지 다양한 프로그램을 진행했다. 촛불을 들고 둥그렇게 앉아 자신의 비전을 발표하는 시간은 교수인

9) 이의용

나도 잊을 수가 없다. 그리고 작은 수첩을 들고 모든 동료와 인터뷰를 했다. 인생에 대해, 직업에 대해, 이성관에 대해……. 모든 학생과 인터뷰를 해야 하다 보니 새벽까지 이어졌다. 다들 이 과정에서 좋은 친구들을 많이 사귀었다고 한다. 그때까지만 해도 학생들의 캠프에 빠지지 않는 것이 있었는데 그것은 바로 술이었다. 우리 캠프는 수업의 연장이므로 음주를 금했다. 그 결과, 술 없는 캠프도 재미있다는 인식이 확산되었다. 사실 인터뷰를 진행하다 보면 술을 마실 시간이 없었다.

우리의 '1박 2일' 이후에는 아름다운 후유증도 생겼다. 캠퍼스 커플이 생겨난 것이다. 아마 특별한 공간에서 오랜 시간 대화를 나누고 서로 지켜보다 보니, 호감이 가는 이성을 만나게 되는 것 같다. 진행을 하며 지켜보면 여러 학생들과 인터뷰를 하지 않고 특정인과 오랜 시간 이야기를 나누는 경우가 있다. 대개는 이런 학생들끼리 가까워지는 것 같다. 그래서 우리 수업이 인기가 좋았는지도 모르겠다. 그런가 하면 남학생끼리, 여학생끼리 형제나 자매처럼 친해지는 경우도 많았다. 우리 수업을 통해 학생들이 인생의 좋은 벗들을 만나면 좋겠다. 나아가 평생의 반려자를 만났으면 좋겠다.

우리 학교 전임교수가 되기 전에 나는 중앙대학교 광고홍보학과 겸임교수로 20년간 출강하고 있었다. 담당 과목은 달랐지만, 야외 수업과 '1박 2일' 같은 프로그램을 진행했다. 어느 학기엔가 같은 날에 국민대학교와 중앙대학교 학생들이 우이동 같은 장소에서 '1박 2일' 수업을 하게 되었다. 나는 양쪽을 오가며 진행을 하다가, 양쪽 학생들의 동의를 얻어 한곳에 모여 인터뷰를 하기로 했다. 서로 다른 학교 학생들을 만나니 인터뷰는 더욱 활기를 띠었다. 진짜 추억의 인터뷰였다.

그런데 아름다운 후유증이 생기고 말았다. 우리 수업의 한 여학생이 자신이 인터뷰를 했던 중앙대학교의 한 남학생에게 반한 모양이었다. 오죽하면 같은 조 친구들이 내게 와서 간곡하게 부탁을 했을까? 둘이 만나게 해 달라고……. 그러나 함부로 그 학생의 연락처를 줄 수도 없어서 난감했다. 그 남학생과 가까운 친구에게 알아보니 이미 짝이 있다고 했다. 결국 여학생 친구들에게 사정 이야기를 해 주며 달래던 기억이 난다. 지금 생각해 봐도 참 아름다운 후유증이다. 내게 알려진 일만 이 정도지, 수업 때 이런 후유증이 더 많지 않았을지…….

30학기 기념 '1박 2일'[10]

2018년 6월, 우리 수업이 서른 번째 학기를 마치게 되었다. 나중에 학교의 기록을 보니 계절 학기 7회가 포함되어 실제로는 33학기째였다. 담당 교수들과 학기를 마치며 생일잔치를 열기로 했다. 우리 수업을 담당하는 교수들이 추천한 학생들과 20여 명이 충북 제천의 캠프장을 빌려 1박 2일 여행을 갔다.

그날 밤 제자들과 밤을 지새며 우리 수업에 대해, 그리고 그들이 맞이할 인생에 대해 이야기를 나눴다. 그날 우리는 우리가 가르친 제자들로부터 어디에서도 들을 수 없는 솔직하고도 현실적인 고민거리를 들을 수 있었다. 특히 당시 많은 젊은이가 부모의 과보호와 간섭으로 힘들어한다는 얘기를 들으며, 교수이자 부모로서 많은 성찰을 할 수 있었다.

인생 수업의 연장–결혼 주례[11]

우리 수업은 조별 활동이 활발하고, 모든 학생이 서로 대화할 기회가 많다. 그래서인지 졸업 후 수업 동기와 결혼하는 소식이 오곤 한다. 주례를 부탁받기도 한다. 소속 학과의 교수가 아닌 교양대학 소속의 나에게 주례를 청한다는 것은 결코 쉬운 일이 아니다. 나는 주례를 우리 수업의 연장이라고 생각한다. 그래서 주례를 맡게 되면, 행복한 결혼생활을 위한 일종

10) 이의용
11) 이의용

의 지도 과정이라고 여기고 철저한 준비에 들어간다.

첫 만남에서는 두 사람에게 자장면을 사 주면서 결혼을 결심하게 된 동기와 계기를 묻는다. 한번은 이런 일이 있었다. "자녀는 몇 명쯤 생각하고 있나?" 하고 물었는데, 예비 신랑은 "둘"이라고 했고 예비 신부는 "안 낳을 생각"이라고 답했다. 결혼 예식보다 더 중요한 것은 '결혼생활'이라는 확신이 있기 때문에 나는 주례를 맡을 때마다 예비부부에게 '행복한 결혼생활을 위한 50가지 질문'을 나누어 준다. 그리고 그 항목들에 대해 대화를 나누며, 합의를 해 오도록 한다. 그 질문들은 매우 현실적인 문제들이다. 예를 들어, 자녀는 몇 명을 낳을 것인지, 양가 부모님께 용돈은 어떻게 드릴 것인지, 화장실 청소는 누가 할 것인지 등이다. 많은 부부가 이런 문제들을 충분히 이야기하지 않은 채 결혼생활을 시작하고, 그로 인해 갈등을 경험하는 것을 자주 봐 왔다.

그래서 나는 "이 질문들에 대해 합의하지 못하면 헤어지라."라고 한다. 합의 없이 시작된 결혼생활은 당사자뿐 아니라 자녀에게도 불행을 안겨 줄 수 있기 때문이다. 물론 그 과정을 거치면서 서로 싸우기도 하고 감정이 상하기도 하지만, 결국 서로에 대해 더 잘 알게 되니 결혼 후에 맞닥뜨릴 갈등의 가능성은 줄어든다. 내가 만든 결혼생활 관련 강의 영상도 제공한다.

두 번째 만남에서는 질문 항목들을 잘 해결했는지 점검하고, 합의가 어려운 부분은 중재를 해 준다. 이 과정을 마친 후에야 비로소 결혼식 순서를 함께 준비한다. 합의를 이루지 못해 주례를 거절한 적도 있다. 신랑은 내 제자였지만, 신부는 제자가 아니었다. 그들은 아무리 설득을 해도 서로 입장을 좁히지 못했다. 나는 결국 주례를 맡지 않겠다고 선언을 해 버렸다. 주례자의 역할은 두 사람이 행복한 인생을 준비하도록 돕는 것이라고 생각하기 때문이다. 참 안타까운 일이다.

결혼식은 형식보다는 두 사람에게 초점을 맞춘다. 신랑 신부는 미리 작성한 사랑의 고백문과 10가지 다짐문을 낭독하고, 그것을 담은 액자를 서로 교환한다. 하객들과 시선을 마주칠 수 있도록 동선을 배려하고, 주례사는 '하객을 위한 5분 특강' 형식으로 간단히 진행한다.

잊을 수 없는 주례가 있다. 그 제자는 아버지가 일찍 돌아가시고 어머니가 재혼을 하셨다. 신부의 성은 박 씨였는데, 새아버지의 성은 김 씨였던 것 같다. 청첩장을 만들어야 하는데, '김○○의 딸 박○○'이라고 적는 부분이 아버지도 딸도 고민거리였다. 그런데 어느 날 아버지가 딸과 상의도 없이 청첩장을 만들어 오셨다. 그런데 아버지 성이 '박' 씨로 표기되어 있는 게 아닌가! 딸을 배려한 아버지의 결정이었다. 그리고 자신의 친지들에게는 그 사정을 일일이 따로 적어서 청첩장을 보냈다고 한다. 딸을 사랑하는 아버지의 진심이 가득한 감동

적인 결혼식이었다.

한때는 주례 요청이 많아 바빴지만, 요즘은 잘 들어오지 않는다. '주례 없는 결혼식'이 유행해서일지도 모른다. 그래도 나는 여전히 우리 수업 속에서 인생의 동반자를 만나 결혼하는 제자들을 보면 큰 보람을 느낀다. 한 학기의 100일 동안을 함께하며, 서로의 삶과 가치관, 미래에 대해 진지하게 이야기를 나누니 자연스럽게 친밀감과 신뢰감이 생길 수밖에 없다. 무엇보다도, 누군가와 자신의 미래를 함께 고민하고 이야기 나눌 수 있다는 점에서 이 수업은 인생의 좋은 파트너를 만날 수 있는 특별한 기회다.

캠퍼스에 심은 비전캡슐과 비전트리[12)]

우리 수업은 한 학기 수업을 마치고 나면 남는 게 있다. 두툼한 인생설계도(지금은 자신의 이야기를 가득 담은 워크북)와 VM카드, 미래의 내 직장의 명함 같은 것들이다. 이런 결과물들은 평생 보관하기가 쉽지 않다. 그래서 학기 말에 VM카드를 모아 캡슐에 담아 캠퍼스에 심기로 했다.

작은 항아리를 구해 그 안에 VM카드, 미래 명함 등을 넣고 비닐로 밀봉해서 학교 화단에 파묻기로 했다. 그러자 그 옆에 나무도 하나 심으면 좋겠다는 의견이 있어 '비전트리' 묘목도 함께 심었다. 다른 반들도 따라 했다. 그렇게 하면 학교를 졸업한 후에도 자신이 심은 비전과 비전트리를 기억할 수 있으리라는 생각에서다. 주로 현재의 법학관 부근이었는데, 화단의 위치가 바뀌고 다른 시설물이 들어와 비전캡슐과 비전트리를 찾아보기는 어려웠다. 그럼에도 어쩌다 그 부근에 이르면 삽으로 땅을 파서 캡슐과 묘목을 심던 일, 그 앞에서 구호를 외치며 기념 촬영을 하던 일이 생생히 떠오른다. 아마 다시 삽으로 그 부근을 파 내려가면 분명히 비전캡슐이 있을 것이고, 높이 자란 나무들 중에는 그때 우리가 심은 비전트리가 있을 것이다. 비전은 묻는 게 아니라 심는 것이다. 비전은 캠퍼스 화단이 아니라 청년의 가슴에 심는 것!

12) 이의용

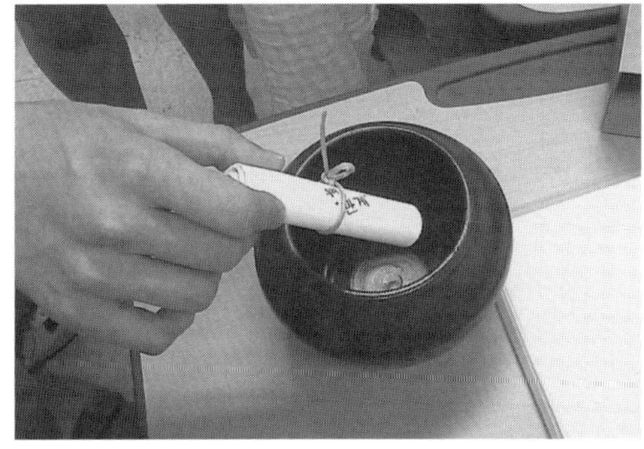

2016년 개교 70주년 기념사업위원회 교육분과위원장을 맡았다. 그 사업의 일환으로 비전캡슐을 심기로 했다. 당시 인설진 수업은 신입생 필수과목이었다. 모든 수강생으로부터 수천 장의 VM카드를 모았다. 그리고 성곡동산 아래 화단에 캡슐을 심었다. 마침 그날 수업이 있던 한건수 교수의 반 학생들과 기념식을 가졌다. 우리 수업에 참여했던 제자들이 학교에 오를 때마다, 이 캡슐을 보면서, 재학 중에 품은 비전을 다시 떠올릴 수 있기를 바란다.

오키나와에서 걸려 온 전화 한 통[13)]

학기를 마친 후였다. 해외에서 전화가 걸려 왔다. 이름은 잊었지만 그 학기 수업을 함께 한 제자였다. 오키나와에 와 있다며 내게 고맙다고 했다. 무엇이 고마운지……. 우리 수업에는 One Change라는 활동이 있다. 한 학기의 약 100일 동안에 작은 목표를 하나 세워 놓고 그것을 이뤄 보는 것이다. 수업을 시작할 때마다 조원들에게 그 목표가 얼마나 진행되고 있는지 점검을 한다. 한건수 교수의 제안으로 시작되었는데, 아주 좋은 성과가 나타나고 있다.

이 활동은 작은 목표라도 성실하게 이뤄 봄으로써 자아 효능감을 키워 보자는 데 있다. 적지 않은 사람들이 자신의 역량을 믿지 못하는 경향이 있다. 자신을 믿지 못하니 성과가 나올리가 없다. 이런 사람들에게는 작은 목표를 세워 놓고 그것을 성공하는 '경험'이 필요하다. 그리고 그것을 습관으로 만드는 것이 필요하다. 그런데 사람들은 이루기 어려운 목표를 정해 놓고 '결국' 이뤄 보지 못하는 경험을 하는 수가 많다. One Change를 성공하다 보면 성공의 경험을 습관화할 수 있다.

오키나와에 간 학생은 학기 초에 커피 덜 마시기를 One Change 목표로 삼았다. 커피를 아주 자주 마시는 학생이었는지 커피값을 적잖이 저축했다고 한다. 그런 자신이 하도 기특해서 자신을 격려하기 위해 돈을 좀 보태어 처음으로 해외여행을 왔다는 것이다. 그러면서 그것을 가르쳐 준 내게 감사하다며 전화를 해 온 것이다. 앞으로도 자주 성공을 경험해 보면서 자신을 믿고 격려하라고 말해 줬다.

한 학생은 매주 여러 장의 사진을 스마트폰에 담아 와 조원들에게 보여 주었다. 그의 목표는 매일 아침 일정한 시각에 일어나, 유리창 밖의 나무들을 똑같은 각도에서 촬영하는 것이었다. 정말 성실하게도 매일 아침 똑같은 시각에 일어나서 똑같은 각도에서, 똑같은 나무의 사진들을 찍었다. 그가 그렇게 하면서 발견한 것은 단 하루도 똑같은 사진은 없다는 것과 하늘의 구름, 나무의 크기와 색깔 등이 늘 다름을 알았다고 했다. 그가 찍은 사진들을 보니 정말 그랬다. 그런 성실함이라면 반드시 성공의 습관을 불러올 것이다.

한 학생은 화초 가꾸기를 목표로 삼았다. 그는 화초에 일정한 시각에 물을 주면 되는 것으로 알고 그렇게 열심히 했다. 그런데 중간에 화초가 시름시름 앓더니 끝내 죽기 직전에 이

---

13) 이의용

르렀다. 같은 조원들에게 상황을 설명하면서 조언을 구했다. 물을 너무 자주 많이 주는 것이 원인이었다. 일정한 시각에 물만 주면 되는 것이 아니라 적당히 줘야 화초가 자라는 것이다. 매주 수업에 그를 만나면, '화초의 안부'를 묻는 동료들의 모습이 생각난다.

요즘 젊은이들 중에는 다른 친구들과 자신을 비교하면서 '믿을 수 없는 나'에 대해 실망하는 이들이 적지 않다. 다른 친구들과 자신을 비교하면서 자신이 타고 난 학습 역량에 실망하고, 목표로 삼은 대학에 진학하지 못함에 실망하고, 원하는 직장에 취업하지 못함에 실망한다. 그런 이들에게 One Change를 권하고 싶다. 결국 이루지 못할 거창한 목표를 세우지 말고, 실현 가능한 목표를 세워서 실패하지 말고 성공해 보는 연습을 해 보기를 바란다. 이 작은 변화가 큰 변화를 이룬다!

'후회 없는 선택'–속력보다 중요한 것은 방향이다![14]

"속력보다 중요한 것은 방향이다!" 라는 말은 '인설진' 수업에서 미래 비전을 설계할 때 강조되는 핵심 가르침 중 하나다. 이는 단순히 빠르게 목표를 향해 달려가는 것보다, 어떤 목표를 향해 나아가고 있는지가 더 중요하다는 의미를 담고 있다. 방향 없이 속력만 높이는 것은 오히려 비효율적이며, 때로는 잘못된 길로 나아가게 할 수 있다.

미래 비전을 설계할 때 우리가 가 보지 않은 길들은 처음에는 서로 비슷해 보인다. 비슷한 방향으로 나아가는 듯하여 단기간에는 차이를 느끼기 어렵고, 마치 수강신청처럼 '나중에 바꾸면 되지.'라고 쉽게 생각하기도 한다. 하지만 처음의 작은 방향 차이는 시간이 흐를수록 점점 더 큰 간격을 만들어 내며, 결국 완전히 다른 결과로 이어진다. 언뜻 보기에는 큰 차이가 없어 보였던 선택들이 10년, 20년 후에는 전혀 다른 삶의 모습으로 나타난다.

많은 학생은 미래 비전이라는 목적지에 대한 고민 없이 대학 생활을 보내다가, 졸업을 앞두고 막연한 불안 속에 주위를 둘러보게 된다. 남들보다 뒤처지고 있지는 않은지 곁눈질하고 걱정하며 자격증을 준비하고 스펙을 쌓지만, 정작 자신이 원하는 비전, 즉 진짜 되고 싶은 모습이나 이루고 싶은 상태가 무엇인지 차분히 살펴볼 여유는 갖기 어렵다.

아마존 창업자 제프 베이조스는 "10년 후에도 변하지 않을 것을 생각하라."라고 말했다. 이 철학에 따라 자신의 비전을 확인하고, 인설진 수업 이후에도 몇 년간 계속 이어진 나와의

14) 우성식

일대일 진로 코칭과 함께 흔들림 없이 "속력보다 중요한 것은 방향이다!"를 실천한 한 학생이 떠오른다.

그 학생은 경영학 전공으로 4학년이 되던 첫 학기에 내 수업을 들었다. 군 복무와 휴학을 거쳐 20대 후반에 접어든 그는, 졸업 후 곧장 취업하기를 기대하는 주변의 시선과 달랐다. 나와의 진로 코칭에서 꺼낸 그의 관심사는 심리학이었다. 1학년 때 '비즈니스 커뮤니케이션' 수업을 들으며 생긴 관심이었지만, "취미로도 할 수 있다." "현실을 알아야 한다." 등의 현실적인 조언에 따라 마음을 접고 경영학에 집중했다. 그러나 인설진 수업과 진로 코칭을 통해 다시 진지하게 고민한 끝에, 자신이 진정 원하는 길은 줄곧 마음에서 지울 수 없었던 심리학이라는 확신을 얻게 되었다. 그 길을 선택하지 않으면 평생 후회할 것 같은 생각이 든다고 했다.

우리 학교에는 심리학과가 없었고, 심리학 강의도 매우 제한적이었기에 그는 여름방학 동안 다른 대학 평생교육원에서 심리학 수업을 듣고 관련 서적을 읽으며 자신을 시험했다. 그 결과, 심리학을 선택한다면 최소한 후회하지 않을 것이라는 확신을 얻었다.

가을 학기에는 졸업 후 심리학 대학원 진학을 목표로 타 대학에서 학점 교환을 통해 부족한 심리학 관련 과목들을 수강했지만, 진로 코칭에서 추천한 직업현장(심리학과 대학원) 탐방과 직업인(심리학과 대학원생, 교수) 인터뷰를 통해 심리학 학사 없이는 원하는 대학원에 진학하는 것은 어렵다는 현실을 마주했다. 나는 경영학과와 연계된 광고 심리학, 소비자 심리학 등을 제안했지만 그는 인지 심리학 연구원이 되겠다는 확고한 비전을 위해 학부 편입을 선택했다.

자소서를 함께 검토하며 준비했던 그다음 해의 편입 시험은 아쉬운 결과로 끝났지만, 그로부터 1년 후에 그는 "교수님, 작년에 연락을 못 드려서 죄송합니다. 올해 ○○대학교 심리학과에 합격했습니다. 저를 궁금해하실 수도 있다고 생각해서 연락드립니다."라는 문자를 보내왔다.

처음에는 미미했던 방향의 차이가 시간이 지나며 인생의 흐름 자체를 바꿔 버린다. 우리가 선택한 길이 되돌릴 수 없는 지점에 이르기도 한다. 그렇기에 매 순간의 선택은 깊은 고민과 신중한 결정이 필요하다. 모든 선택이 옳을 수는 없지만, 후회 없는 선택을 위한 태도는 더 중요하다. 젊은 시절에는 더욱 그러하다.

"속력보다 중요한 것은 방향이다!" 이 말은 단순한 조언이 아니라, 인생을 설계하는 데 있어 가장 중요한 나침반이 될 수 있다.

"왜 이성과의 결혼을 당연한 것처럼 말씀하세요?"[15]

수업이 끝나자 3명의 학생이 교탁으로 걸어나온다. 맨 앞의 여학생에게 내가 말했다. "무엇을 도와드릴까요?" "맨 마지막에 말씀드릴게요." 앞의 2명의 학생이 용무를 마치자 그 여학생이 말했다. "교수님, 우리 반 학생들 중에는 게이도 있고 레즈비언도 있을 수 있는데, 교수님은 왜 이성과의 결혼을 당연한 것처럼 말씀하세요?"

내가 상담 코칭을 배우지 않았으면 어찌했을꼬! 나중에 알게 되었지만 우리나라에서도 성소수자 문제가 사회적 이슈로 등장하고 있었다. 그래서 그다음 학기부터는 '남녀 간 결혼'멘트는 완전히 배제하고, 우리 사회 구성원의 절반이 이성이라는 사실을 강조하게 되었다. 대주제 인간관계의 소주제로서 이성과의 소통지수를 진단하기에 앞서 내가 말한 안내 멘트가 문제였던 모양이다. 내심 좀 놀랐지만 태연한 척 말했다. "우리 학생은 그렇게 생각하시는 모양이군요." 그러자 그 학생은 "네!"라고 말하더니 아무 일도 없었다는 듯이 뒤돌아서서 갔다!

어릴 적 접었던 꿈을 되살리다[16]

경영학과 3학년 여학생이 상담 코칭을 신청해 왔다. 어린 시절부터의 꿈인 큐레이터가 되기 위해서는 미술대학에 진학해야 되는데, 경제적 여건 때문에 경영학을 전공하게 되었다고 했다. 그런데 여전히 어린 시절의 꿈에 대한 미련이 남는다고 했다. 초중고 시절에는 아빠와 함께 전국에 있는 미술관을 섭렵하기도 했다고 한다. 프랑스의 세계적으로 유명한 큐레이터의 이름을 알고 있을 정도로 생생한 꿈을 가지고 있었다.

공감적 경청을 통해 라포를 형성한 다음에, 우리나라의 진로 현실이 자신의 재능이나 소질에 맞춰서 직업을 선택하기에는 여러 가지 장벽이 많다는 사실을 적시하고 나서 수업 중에 소개했던 '꿈을 이루는 법'을 다시 상기시켰다. "내 꿈과 비전에 시한성을 부여하여 목표로 만들고, 그것을 잘게 쪼개어 우선순위를 정함으로써 계획으로 환원하며, 그 계획들을 매일 실천함으로써 내 꿈과 비전을 현실로 실제화한다."

우선, 어린 시절의 꿈을 장기적 인생 목표로 삼고 10년 동안은 일반 기업체에 취직해서 유학 자금을 마련하기로 했다. 큐레이터의 길과 관련한 여러 정보를 획득하기 위해서 내가 알

15) 이현기
16) 이현기

고 있는 국내의 유명한 미술 감독을 소개시켜 줬다. 그 학생은 지금 국내의 S은행에 취직해서 미래의 꿈을 키워 가고 있을 것이다.

구하라! 미래는 도전하는 자의 것이다![17]

세상에는 많은 기회와 복이 널려 있는데 준비된 사람, 도전하는 사람만이 그것을 차지한다는 말에 나도 동의한다. 내가 라이프 코치, 커리어 코치이기에 수강 중인 학생들에게 언제든 상담 코칭을 신청하라고 안내하지만, 그 기회를 활용하는 것은 소수다.

자동차공학과의 한 학생이 상담을 신청해 왔다. 어린 시절부터 자동차를 너무나 좋아해서 자동차 회사의 엔지니어가 되고 싶은데, 어떻게 하면 H자동차에 입사할 수 있겠느냐고 했다. 어려서부터 자동차 장난감을 가지고 놀았고, 그 후 자동차 엔지니어로서의 꿈을 잊은 적이 없다고 했다. 교수가 H자동차 회사 출신이어서 상담을 신청하게 되었다고 했다.

H자동차 연구소 출신으로서 협력업체를 경영하고 있는 지인을 함께 만나 관련 정보를 듣게 하고, H자동차 연구소의 현직 엔지니어를 소개해 달라고 부탁했다. 국내 최고 수준의 커리어 컨설턴트에게 부탁해서 그 회사의 면접 테스트 동향도 알게 했다. 지금 그 학생은 H자동차 연구소에서 연구원으로 근무 중이다. 구하라! 미래는 도전하는 자의 것이다!

'전과(轉科)'를 반대하는 부모님 설득하기[18]

우리 수업을 듣다 보면 자연스럽게 내가 지금 선택하고 있는 길이 어떤 이유로 결정되었는지를 되돌아보게 된다. 그런 의미에서 나는 교수라기보다는 학생들이 자신의 고민을 스스로 해결할 수 있도록 돕는 '코치'에 가깝다. 그래서 첫 시간, 나는 '교수'라는 호칭 대신 '코치'라고 자신을 소개한다. 수업 중 해결되지 않은 고민은 별도의 코칭 시간을 통해 나눌 수 있도록 기회를 열어 두고 있다.

한번은 수업에 성실하게 참여하던 한 학생이 찾아와서 1:1 코칭을 요청했다. 자신이 현재 다니고 있는 학과가 아무리 생각해도 적성과 맞지 않는다는 것이다. 그는 교육학과가 맞을 것 같다고 했다. 교육학 이야기를 나누는 동안에 학생의 표정은 스스로도 느낄 만큼 밝아졌

17) 이현기
18) 한건수

고, 그런 반응은 단지 생각이 아닌 마음에서 우러나온 확신처럼 느껴졌다. 그렇다면 방법은 무엇일까? 답은 비교적 단순했다. '전과(轉科)'였다.

하지만 대안을 말하자마자 그의 표정이 어두워졌다. 어머니의 반대가 심할 것이라는 것을 잘 알고 있었기 때문이다. 나는 조심스럽게 물었다. "어머니와 잘 소통할 수 있도록 도와주실 만한 분이 계신가요?" 그는 아버지를 떠올렸다. "아버지와 먼저 이야기를 나눠 보는 것은 어떨까요?" "괜찮기는 한데… 아버지도 어머니를 설득하긴 어려우실 거예요."

그는 나를 바라보며 도움의 눈빛을 보냈고, 나는 원한다면 어머니와 직접 통화해 보겠다고 제안했다. 그는 흔쾌히 동의했고, 심지어 어머니가 상담 전문가라는 정보도 건넸다. 아마도 학생은 자신의 상황을 코치인 나를 통해 어머니께 잘 전달되기를 바랐던 것 같다.

며칠 후, 실제로 어머니로부터 연락이 왔다. 나는 학생과 나눈 코칭의 내용, 강점, 고민의 본질에 대해 조심스럽게 진심을 담아 말씀드렸다. 어머니는 모든 이야기를 들은 후에, 무언가를 자각하신 듯한 반응을 보이면서 "주말에 가족끼리 식사를 하면서 이야기해 보겠다."라고 말씀하셨다. 얼마 후 학생으로부터 가족 모두가 대화를 통해 합의점을 찾았다는 이야기를 들었다.

대학교에서 교수와 학부모가 직접 통화하는 일은 흔하지 않다. 하지만 단순한 교수의 역할을 넘어 한 사람의 삶의 선택을 돕는 코치의 관점에서 본다면 이 또한 충분히 감당할 수 있는 역할 중 하나일 것이다. 그리고 무엇보다도 다행인 것은 이런 일이 '매우 자주 있는 일은 아니라는 점'이다. 하지만 때로는 그 한 번의 개입이 한 사람의 인생에 '따뜻한 전환점'이 되기도 한다.

간절함으로 두려움을 이겨 낸 교사 후보생[19)]

어느 날, 한 통의 이메일이 도착했다. 몇 년 전에 내 강의를 수강했던 제자가 보내온 것이었다. 오랜 시간이 흐른 뒤에 도착한 제자의 이메일은 보통 두 가지 중 하나다. 감사 인사이거나, 긴급한 도움 요청이거나……. 이번에는 마음 따뜻해지는 감사의 메시지였다.

"교수님, 안녕하십니까? 저는 2021년도에 국민대학교에서 인설진 수업을 들었던 교육학과 졸업생 이수진입니다. 당시에는 코로나 때문에 비대면으로 교수님 수업을 들었습니

19) 한건수

다. 비록 줌이었지만, 학생들을 위한 교수님의 진심이 와닿아서 항상 행복함을 느꼈습니다. 좋은 말씀도 많이 해 주시고, 저를 돌아볼 수 있게 만든 수업이라 대학생활 중에 기억에 많이 남는 수업입니다. 수업 때마다 교수님이 가상대학에 남겨 주시는 코멘트가 제게는 많은 힘이 되었습니다. 영어 교사가 되는 것이 오래된 꿈이었는데, 인설진 수업을 통해서 그 꿈을 더욱 강화시킬 수 있었고, 할 수 있다는 자신감을 스스로 갖출 수 있었습니다. 교수님께서 한 줄 소감문에 남겨 주신 코멘트는 임용고사를 준비할 때 제게 너무 큰 힘이 되었습니다. 캡처해서 힘들 때마다 보고 또 봤던 것 같습니다. 덕분에 저도 2024년 2월에 국민대학교를 졸업했고, 1년 동안 공부하여 합격한 끝에 올해 3월부터 울산에서 중학생들을 가르치는 영어교사가 되었습니다. 합격하고 나서 교수님 생각이 많이 났는데, 이제야 연락을 드립니다. 응원해 주셔서 너무 감사했습니다! 멀리서나마 교수님을 응원하고 또 기억하는 제자가 되겠습니다! 항상 건강하시고 행복하세요. 정말 감사했습니다!"

나는 인설진 수업에서 매주 학생들에게 '한 줄 소감문'을 작성하게 한다. 가능한 한 모든 소감에 피드백을 달아 주려고 애쓰지만, 시간상 어려운 경우도 있다. 그럼에도 모든 글은 반드시 읽는다. 그 한 줄 안에는 학생의 '지금'이 담겨 있기 때문이다. 그 당시 수진 학생이 남긴 한 줄 소감문은 다음과 같았다.

"NCS를 자세히 알아볼 수 있는 정보를 알려 주셔서 감사합니다. 마침 그날 저녁에 부모님과 제 미래에 대해 이야기를 나누며 공기업에 대해 알아보다가 NCS 자료들을 읽어 봤습니다. 저는 교사라는 꿈을 안고 지금껏 달려왔습니다. 다른 학교에서 영어영문학을 전공하다가 이 학교로 편입을 결심한 것도 교원자격증을 따기 위해서였습니다. 합격한 그 순간에 너무 좋았습니다. 제 꿈에 한층 더 가까워지는 것 같아서였습니다. 그러나 부푼 마음으로 편입을 해 보니 다들 현실적인 이유로 비슷한 계열, 혹은 다른 진로로 가기 위해 고군분투하고 있더군요. 제가 교사라는 꿈을 계속 가져도 될지 잘 모르겠습니다. 주위 신경 쓰지 않고 내 꿈을 간직하고 싶지만, 저 역시 현실의 벽은 크고 높아서 저도 모르게 많이 작아진 것 같습니다. 교수님을 이번 학기에 만나지 못했다면 진작에 교사의 꿈을 접고, 저 역시 다른 길로 눈을 돌렸을 것 같습니다. 그러나 그 꿈을 계속 간직하기로 했습니다. 다만, 다음 학기에는 휴학을 해서 교육행정직 준비를 하면서 교사의 꿈을 차근차근 이뤄 나갈 생각입니다. 덕분에 더 넓게, 그리고 부드럽게 세상을 바라볼 수 있게 되었습니다. 두렵지만 그래도 나아가겠습니다."

나는 간절함이 담긴 그 글에 마음을 담아 이렇게 코멘트를 남겼다. "와, 저도 수진 학생을 만나서 너무 너무 감사한걸요. 이 수업을 해야 하는 이유를 상기시켜 주기 때문입니다. 교사의 길이 점점 좁아지고 있지만, 그럼에도 불구하고 수진 학생처럼 진정성 있는 교사가 부족해지는 현실을 감안할 때, 더욱 열심히 해서 꼭 꿈을 이룰 수 있기를 바라요. 인설진 수업을 들었던 다른 제자도 교사가 되었다는 기쁜 소식을 전해 와 참 감사했어요. 수진 학생도 그렇게 될 거라 생각해요. '간절함'으로 '두려움'을 잘 이겨 내길 바랍니다. 응원할게요. 파이팅!"

그 코멘트 하나가 누군가에겐 인생을 버티게 해 주는 문장이 될 수 있다는 것을 수진 학생을 통해 다시금 깨달았다. 피드백은 단순한 조언이 아니라, 때로는 누군가의 어두운 터널 끝에 켜지는 작은 빛이 될 수 있다. 두려움을 마주하고도 나아가려는 누군가의 '간절함'에 '희망'이라는 이름의 불을 켜 주는 일이 이 길을 걷는 우리가 해야 할 일임을 잊지 않게 된다.

좋아하는 일을 찾아 온라인 영어 강좌의 일타 강사가 되다[20]

근영 학생은 국사학과 학생이었다. 인설진 수업 때마다 항상 맨 앞자리에 앉아서 초롱초롱한 눈으로 수업에 집중하는 학생이었다. 특히 수업이 끝날 때마다 질문을 하거나 지난 주에 배운 내용을 실천해 보면서 느낀 점을 말해 주곤 했다. 참 보기 드문 학생이었다.

어느 날은 초콜릿 하드커버 안쪽에 감사편지를 적어 준 적이 있다. 일상의 사소한 깨달음에 대해 감사할 줄 아는 정말 속이 꽉 찬 제자였다. 늘 밝고 긍정적으로 보였는데, 가끔 상담을 해 오는 내용을 보면, 어려운 삶 속에서 하루하루 치열하게 살아가는 것을 알 수 있었다. 힘든 삶의 감정을 긍정으로 승화시키는 제자였다. 어려운 삶을 극복하고 자신만의 길을 닦아 나가라고 하면서 『나는 세계일주로 경제를 배웠다』라는 책을 선물했다. 물론 책 속에 짧은 응원의 글을 적어서…….

근영 학생의 첫 직업은 모델이었다. 처음 나를 만났을 때는 배우를 꿈꾼다고 했는데, 자신의 큰 키와 오랜 운동으로 가꾸어 온 신체의 장점을 활용해 모델 일을 시작했다. 그는 이런저런 시도를 해 보면서 자신만의 방향을 찾아나갔다. 2년간 모델 활동을 하면서도 자신의 길을 계속 고민했다. 그는 대학생 때 독학으로 갈고 닦은 영어 실력을 더욱 성장시키고 싶었다. 그리고 몇 달 후에 강남의 한 어학원에서 영어 강사 일을 시작했다. 3년 동안 강사로서의 티칭 노하우를 쌓은 뒤, 자신만의 커리큘럼을 만들어 1:1 개인 과외를 시작했고, 입소문

20) 한상훈

을 타고 의사, 변호사, 기업 CEO 등의 전문직 맞춤 과외로 영역을 넓혔다. 이후 1:1 과외라는 한계를 넘어, 더 많은 사람에게 '독학으로도 영어가 가능하다'는 사실을 알리고 싶어 강좌를 만들었다. 현재 그 강의는 클래스101에서 4년 연속 1위를 기록하고 있다. 그 후 토종 한국인으로서 영어를 당당히 마스터한 자신만의 노하우를 담아 책을 냈다. 그리고 유튜브에서도 자신만의 영어 학습 노하우를 전하고 있다.

청년뿐만 아니라 누구나 내가 좋아하는 일, 하고 싶은 일, 잘하는 일, 즉 자신의 정체성과 비전에 대해서 고민이 많을 것이다. 근영 학생의 사례처럼 청년일 때는 조금 더 부지런히, 조금 더 시간을 아껴서 다양한 경험을 해 보고, 적어도 짧은 시간이라고 할지라도 도전한 일에 대해 몰입하여, 자신이 하고 있는 일이 나에게 맞는 일인지, 설렘을 주는 일인지 확인을 해 보며 자신만의 적성을 찾는 귀납적 접근을 해 볼 필요가 있다. 근영 학생이 배우의 꿈을 꾸다가 모델, 영어 강사, 작가가 되어 가는 '점과 점을 이어 가는 Connected Dot'은 결국 근영 학생이 자신만의 하나의 선을 만들었는데, 이러한 근영 학생의 자신을 찾아 떠나는 여정은 결국 남들이 가지 않은 길을 택해 그곳을 '길'로 만들어 간 것이라고 생각한다.

아무 도전과 경험도 없이 막연하게 연역적으로 나의 적성에 맞는 일을 머릿속에서만 찾아보려는 것은 불가능한 접근법이다. 오히려 미래에 대한 막연한 불안감에서 오는 낮은 자존감과 회의감으로 고민만 늘어날 수도 있다. 근영 학생의 사례처럼, 전공을 떠나 정말 자신이 하고 싶은 일을 청년일 때에 찾아보는 시도와 노력을 한다면, 분명히 내가 진짜 좋아하는 일, 하고 싶은 일, 잘하는 것, 더 나아가 이 시대가 나에게 요구하는 일을 찾아 가치와 보람을 느끼는 삶을 살아갈 수 있을 것이다. 그런 시간을 가져 보는 것은 전체 인생을 놓고 볼 때, 청년만이 누릴 수 있는 특권인 것 같다.

삶으로 현재진행형 인생설계도를 쓰는 엄마 학생[21)]

2005년 3월 인설진 수업의 강의를 시작하여 2024년 8월까지 19년간 수업을 해 왔다. 그동안 매 학기마다 30명에서 80명까지, 약 1천728명의 학생을 지도하였다. 명품 수업으로 정평이 난 인설진은 수강 신청 시 학생들의 선호도가 매우 높았다. 조금이라도 늦게 신청하는 경우, 수업 정원이 초과되어 수강할 수 없었다. 수강신청이 끝나면 신청에 실패한 학생들의 메일이 쇄도하였다. 수업을 듣게 해 달라는 청탁의 내용이었다. 그러나 대부분 정원이 초과되

21) 함선욱

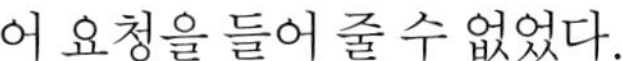

어 요청을 들어 줄 수 없었다.

이 수업과 함께한 제자들이 자랑스럽다. 이 수업을 이수한 대부분의 학생은 참여도와 집중도가 매우 높았다. 수강 전에는 그저 평범한 교양과목으로 생각하던 학생들이 수업이 진행되면서 주도적으로 참여하였다. '나는 누구인가?'라는 화두로 시작하여 자신을 돌아보며 고뇌에 빠지기도 하고, 성찰하며 자신의 인생 비전을 찾아 움직이기 시작하였다.

이렇게 함께한 학생들 중에 수업에서 만난 지 15년이 지나도록 아직도 소통하며 지내는 제자들이 있다. 가장 기억에 뚜렷한 A학생은 이 수업을 들을 당시 20대 초반이었다. 그 당시 아이의 엄마였고, 2학년에 재학 중이었다. 2010년 당시 수업 인원은 70명으로 매우 많았다. 수업은 수강생을 조별로 나누어 발표하고 토의하는 학생 주도 방식으로 진행되었다. 학생들은 매주 자신의 인생설계도를 만들고 수업 시간에 동료들과 공유했다. 이를 통해 서로에게 동기 부여도 주고, 자신의 부족함을 배우기도 한다.

A학생은 설계도를 잘 만들었다. 전공이 경영학인데, 설계도 디자인 실력이 매우 뛰어났다. 보통 학생들은 매주 20~30쪽 분량으로 작업을 했다. 그러나 A학생은 매주 40~50쪽 분량의 일러스트 디자인 파일로 설계도를 만들었다. 내용의 충실도도 매우 높았다. 나는 매주 그 학생의 성실성에 감동하였다. A학생은 세 살배기 아이의 엄마이며, 부모를 가까이 모시는 효녀였다. 그럼에도 어떻게 그리 많은 시간을 투입하여 인생설계도를 만들었을까? 인생설계도 50쪽을 완성하려면 하루 다섯 시간 정도씩 5~6일은 소요된다. A학생은 학업에 매우 충실하였다. 수업에 성실히 참여했던 A학생은 당연히 자신의 인생을 멋지게 설계하였고, 지금은 그 설계도를 바탕으로 행복한 인생을 살고 있다. 현재 자신의 사업을 하고 있고, 부모와 남편을 섬기며, 성인이 된 두 자녀의 엄마다.

또 한 명의 학생이 가슴에 선명하게 남아 있다. 10년 전쯤 수강을 했던, 사회학을 전공한 3학년 여학생이었다. H학생은 교육 분야의 전문인이 되는 꿈을 가졌다. 그녀는 꿈에 대한 이유가 분명했다. 진실된 교육자가 되어 이 사회를 변화시키는 데 참여하고 싶어 했다. 대학에서 공부하면서 교육 분야의 모순과 부족함을 보게 되었고, 그런 현실을 혁신하고 싶어 했다. 그래서 교육부장관이 되어 교육 분야 혁신에 앞장서고 싶다고 발표한 것이 생각난다.

H학생의 수업 참여도 및 성실도는 최고 수준이었다. 자신의 인생설계도를 동료들과 공유하면서 눈물을 흘리기도 했다.

H학생은 국민대학교를 졸업한 후 유명 드라마 제작사의 작가 및 제작자로 일하였다. 세상을 변화시키려는 비전을 가졌던 그녀는 그 비전 달성의 수단으로 드라마를 선택했던 것이다. 그러나 드라마 제작 업계에서 한계를 깨닫고 전직을 했다. 지금은 대학 종합병원 데이터

분석팀에서 인공지능 데이터 분석 전문가가 되어 병원의 환자들을 돌보며 살아간다. 또한 Y 대학에서 인공지능 석사를 마치고, 박사과정을 공부하고 있다. 그녀는 이 사회를 혁신하고 변화하려는 꿈을 지키며 너무도 바쁜 인생을 살고 있다. 사회학을 전공했던 학생이 그 어려운 인공지능을 공부하며 새로운 인생길을 개척 중이다.

인생설계도는 교실에서 완성되는 것이 아니라 삶의 현장에서 늘 미완성인 상태로 완성을 향해 진행되는 현재형이다. 나는 지금도 이 두 학생을 생각하면 즐겁고 감사하다. 그들은 인설진 수업의 진정한 완성자다.

자신을 자랑스러워하게 된 프랑스 청년[22)]

10년 넘게 인설진 수업을 진행하면서, 다양한 학생과 삶을 나눈 것은 의미 있는 기쁨이었다. 진심으로 감사한 마음이다. 대학 1학년 때 입학하자마자 마음속에 품었던 꿈이 있었다. 그것은 이 사회의 문화를 좋은 문화로 바꾸고자 하는 열망이었다. 그 비전을 마음 깊숙이 품고 일기장에 적었다. 그때 그렸던 그림은 대학 강단에서 학생들에게 그들이 얼마나 소중한 존재인지 알려 주고, 가지고 있는 멋진 재능을 발휘하며 서로 더불어 살아갈 수 있도록 돕는 것이었다. 그렇기에 강단에 오를 때마다 가슴 벅찬 시간을 보내고 있다.

나는 한국 학생들뿐 아니라 외국에서 온 학생들을 위한 인설진 원어반(영어)을 담당하고 있다. 북미, 남미, 유럽, 아시아 등 전 세계에서 온 많은 학생이 인설진 수업에 참여하고 있다. 소중한 만남들이 정말 많은 가운데, 한 학생의 이야기를 나누고자 한다.

2017년 1학기, 첫 수업에 아주 키가 큰 여학생이 들어왔다. 프랑스에서 온 교환학생이었는데, 표정이 많이 굳어 있었고 웃음기가 없는 어두운 얼굴이었다. 나중에 안 사실이지만, 그 학생은 자신에 대한 불만이 많았고 자존감이 무척 낮았다고 한다. 인생에 대해 불만이 있던 차에 인설진 수업을 듣게 된 것이었다. 한 주 한 주 지나면서 학생의 표정이 바뀌기 시작했다. 조원들과도 더 많은 이야기를 나누게 되었다. 그리고 수업을 마치며 다음과 같은 소감을 남겨 주었다.

"Grace 교수님께, 이번 학기는 제 인생 여정에서 정말 중요한 이정표가 되었습니다. 처음 이곳에 왔을 때 저는 삶과 선택에서 길을 잃었고, 무엇을 어떻게 해야 할지 몰라서 무척

22) 윤성혜

혼란스러웠습니다. 그런데 수업을 통해 제가 왜 그런 생각을 하고, 왜 그렇게 행동하는지를 조금씩 배우고, 이해하고, 받아들일 수 있었습니다. 특히 긍정적인 태도의 힘을 배웠습니다. 태도는 단순히 기분이나 생각이 아니라 제 행동과 말, 그리고 삶 전체의 바탕이 된다는 것을 알게 되었습니다. 제 강점과 약점도 조금 더 분명히 알게 되었고, 여전히 제가 개발해야 할 가능성이 많이 남아 있다는 것도 깨달았습니다. 무엇보다도 제 자신 전체를 사랑할 수 있게 된 것이 가장 큰 변화입니다. 제 삶에 목적과 비전을 갖게 되었고, 그것이 제게 큰 기쁨과 용기를 주었습니다."

6개월 후에 반가운 연락이 왔다. 다시 프랑스로 돌아가서 즐겁게 학교생활을 하고 있다는 소식과 함께, 우리 수업에서 배웠던 중요한 문구들을 프린트해서 학교 기숙사 방의 벽과 문 곳곳에 붙여 놓은 것을 동영상으로 찍어 보내 온 것이었다. 얼마나 큰 감동이었는지 모른다. 인설진 수업을 듣는 후배 학생들을 위해 기꺼이 인사말도 찍어 보내 주었다.

그로부터 3년 후, 반가운 이메일이 또 도착했다.

"Grace 교수님께, 안녕하세요. 한국에서 한 학기를 보낸 지 벌써 3년이 가까워 오는데, 그때 교수님의 수업 덕분에 좋은 마음을 여전히 간직하며 살아가고 있음을 전하고 싶습니다. 제 길을 찾는 과정은 쉽지 않았고, 지금도 여전히 도전이 이어지고 있습니다. 그 당시 저는 많이 방황했고, 때로는 의미 없이 말만 앞세우기도 했습니다. 제 인생의 목표라고 말했던 '재료과학과 전기 분야의 엔지니어'라는 꿈조차도 사실은 깊이 고민하지 않은 채 무작정 선택했던 것이었습니다. 하지만 지금은 기계공학 학위를 마치고 재료과학을 전공하며, 앞으로 에너지 분야에서 일하기 위해 재생에너지 과정을 시작하게 되었습니다.

돌아보면, 우리 삶에는 우리가 미처 알지 못했을 때에도 하나님께서 준비해 두신 길이 있는 것 같습니다. 예전에는 제가 수업 시간에 글로 적었던 미래가 이루어지지 않을 것 같고, 어쩌면 제가 조금은 꾸며 낸 것 같다고 생각했지요. 그러나 지금에 와서 보니 전혀 거짓이 아니었다는 걸 깨닫게 되었습니다. 이렇게 제 앞에 길이 열려 있음을 느끼니 큰 기쁨과 감사가 밀려옵니다. 저는 제 자신이 자랑스럽습니다. 그리고 무엇보다, 다시 한번 교수님께 진심으로 감사드리고 싶습니다. 교수님께 배운 것들은 지금도 제 삶에 살아 있고, 제 포트폴리오를 다시 읽을 때마다 여전히 큰 기쁨을 줍니다."

인설진 수업에서는 매주 배운 내용을 중심으로 각자의 인생 포트폴리오를 작성하는데,

그 포트폴리오에 적은 내용대로 비전을 이루어 가며 살아가고 있다는 반가운 소식이었다. 한 학기 동안의 만남이지만, 많은 외국인 학생이 인설진을 통해 자신이 어떤 존재인지 알고 이에 따른 비전을 세워 전 세계 방방곡곡에서 리더로서 영향을 미치며 살아가고 있다는 사실을 생각하면 가슴이 벅차오른다. 국적이 다르고 문화가 다르지만, 모두 한마음으로 국민대학교의 인설진 수업을 통해 배우고 느끼고 실천하기로 다짐한 것들을 마음에 새기면서 한 걸음 한 걸음 선한 영향력을 펼치며 나아가고 있음에 감사한다.

사람들에게 안전과 배려, 평등을 선물하는 건널목을 꿈꾸는 자동차 엔지니어[23]

2016년도 1학기에 수강했던 자동차공학과 권석주 학생을 난 잊지 못한다. 그는 농구를 좋아하고, 서든 어택 게임과 물리 과목을 좋아하는 눈이 큰 청년이었다. 시간 약속을 중요하게 생각하며 사회생활의 기초는 약속 시간 엄수라고 생각하기 때문에 자신의 별칭을 '20분 빠른 시계'라고 불렀다. 수업 시간에도 가장 일찍 자리에 앉아 있었고, 과제도 맨 먼저 제출하는 성실한 학생이었다.

그는 자신이 추구하는 목적가치 5가지, 즉 성공, 존경, 행복, 건강, 조화를 이루기 위해 5가지의 수단가치인 겸손, 끈기, 창의성, 최선, 실행을 추구하는 학생이었다. 자신의 강점이 긍정적인 마음가짐과 성실성, 체계적인 사고와 리더십임을 잘 알고 있었다. 자신의 미래 직업은 '자동차 엔지니어'로서 H자동차 회사에 꼭 입사하겠다는 계획을 작성하였는데, 2023년 3월 1일부로 마침내 H자동차 회사에 입사를 하였다.

그 후에도 인설진 수업에 참여하는 후배들을 위하여 자신이 만든 포트폴리오를 공유해 주고, 선배와의 만남 시간에 인설진 수업에 참여하는 자세와 노하우를 전수해 주던 친절한 선배이기도 하다. '10년 후의 나의 모습' 작성에서는 2026년에 자신이 입사한 H자동차 회사에서 신차 출시 대박 기념 회식을 한다거나, 5월 15일 스승의 날에 인설진 멘토교수인 황동조 교수님의 댁을 찾아 비전을 이룬 모습을 보여 드리며 감사인사를 드리겠다는 등의 꿈을 발표하기도 했다.

9년이 지난 현재 그 꿈들이 하나하나 이루어져 가고 있음에 나는 놀라고 있다. '자동차 엔지니어가 되어 사람들에게 안전과 배려, 평등을 선물하는 건널목이 되는 것'이 바로 9년 전에 작성한 VM카드였는데, 그 실현이 생생하게 눈앞에 펼쳐지고 있음을 보여 주는 아름다운

23) 황동조

인생설계의 모습에 나는 가슴이 뭉클하다. 인설진 수업에 성실하게 임하던 대학교 1학년 학생의 노력이 9년 후인 오늘, 가슴 벅차게 행복한 인생을 살아가는 나침반이 되었다니 멘토 교수로서 보람과 감동이 넘친다.

권석주 학생이 인설진 수업 후 9년이, H자동차 회사에 입사한 지 2년 반이 지났다. 그가 이런 편지를 보내 왔다.

"황동조 교수님, 안녕하세요? 교수님께서 건강하게 잘 지내신다니 정말 다행입니다. 저 또한 현업 업무에 적응을 잘하고, 이제는 후배가 생겨 열심히 가르치며 또 다른 직장생활을 하고 있습니다. 파일럿 의장팀 업무와 적성이 잘 맞아 오래 하고 싶습니다. 물론 저의 발전을 위해 여러 업무를 해야겠죠? 그동안은 저희 팀이 새로운 본부로 편입되어 신규 업무에 적응하고, 미국 전기차 공장 신축 관련 업무 지원으로 미국 출장이 잦아 시간적 여유가 없었습니다. 교수님께서는 여전히 후배 새싹들이 꽃을 피울 수 있도록 지도해 주고 계시지요? 더 많은 제자들이 교수님의 지도를 받았으면 좋겠습니다. 건강 유의하시고, 항상 행복하시길 기원드립니다."

나의 답장이다.

"와, 멋집니다. 권석주 연구원! 회사 현업에 잘 적응하고 있고, 이제는 후배까지 가르치는 어엿한 선배로서의 멋진 모습이 감격스럽군요. 권석주 연구원은 나의 전 직장 친정 회사인 H자동차의 큰 보석 같은 인재가 될 거라고 확신해요. 난 권석주 연구원이 사명서대로 인생을 잘 헤쳐 나가리라 믿어요. 물론, 현 직장에서도 다양한 업무를 익혀서 대한민국의 자동차 수출 증대와 성장에 기여하리라 믿어요. 건강하게 회사 생활에 매진하기 바랍니다. 나의 자랑스럽고 사랑하는 제자 권석주 씨의 건강과 행복한 인생을 빕니다. 나와의 상담이나 코칭이 필요하면 언제든 연락 줘요. 영원한 멘토로서 힘이 되어 줄 테니까요."

'나'를 먼저 알고, 방향을 찾은 네 사람 이야기[24]

'나를 찾는 것'과 '미래를 설계하는 것'이 중요하다는 것을 모르는 사람은 없다. 문제는 중

24) 오정근

요한 것에 비하여 그만큼의 시간을 투자하지는 못한다는 점이다. 인생은 긴 여행과 같다. 하지만 우리가 아무런 목적지도 없이, 나침반도 없이 길을 떠난다면 어디로 가는지도 모르고 떠도는 여행이 될 수 있다. 그래서 인생설계에서는 '나'를 먼저 알고, 그다음에 '어디로 갈 것인가'를 생각하는 과정이 매우 중요하다.

1) 왜 '나를 찾는 것'이 먼저일까? 자기 자신을 모른 채 계획을 세우는 것은 남의 신발을 신고 마라톤을 뛰는 것과 같다.

- 어떤 일을 좋아하는지도 모르고 진로를 정하면, 중간에 멈추고 싶은 순간이 온다.
- 내가 중요하게 여기는 가치가 무엇인지 모르면, 선택의 순간마다 흔들리게 된다.
- 나의 성향과 강점을 모르면, 나에게 맞는 길인지 아닌지 판단하기가 어렵다.
- 그래서 '나를 찾는 것'은 인생설계의 출발점이다. 이 과정에서 우리는 질문한다.

  -나는 누구인가?

  -나는 무엇을 좋아하고 잘하는가?

  -나는 어떤 삶을 살고 싶은가?"

이런 질문에 진지하게 답하면서, 우리는 삶의 방향과 중심을 잡게 된다. 이는 '자존감, 자신감'과도 연결되어, 스스로를 믿고 선택하는 힘을 만들어 준다.

2) 왜 '미래를 향해 떠나는 설계'가 필요할까?

AI와 같은 기술이 발달하면서 고용 기회는 갈수록 줄어든다. 그러나 다양한 플랫폼이나 소셜이 등장하면서 세상에 없던 직업이 새롭게 만들어지고, N-잡러의 등장과 같은 Gig경제가 활발해지고 있다. 정부에서도 「1인 창조기업 육성에 관한 법률」로 지원하듯이, 자신이 자신을 고용할 가능성도 높아진다. 이처럼 자신의 삶이나 직업세계를 능동적으로 한발 앞서 준비할 필요성이 커졌다. 자기 자신을 알게 되면, 이제는 '내'가 어디에 속하는 것이 바람직한지를 생각해야 한다. 이게 바로 '미래 설계'다. 미래를 계획하는 것은 단지 취업 준비만을 뜻하지 않다. 그보다 훨씬 더 넓은 개념이다.

- 내가 어떤 일을 하며 살고 싶은지, 어떤 일에 보람을 느끼는지,
- 어떤 삶의 방식을 지향하는지,
- 어떤 사람이 되고 싶은지를 그려 보는 일이다.

미래 설계는 삶에 대한 나침반을 만드는 일이다. 미래에 대한 방향 없이 살아간다면, 그때그때 눈앞의 일에 쫓기고, 남이 정해 준 길 혹은 남을 따라다닐 가능성이 높아진다. 하지만 나만의 방향이 있으면 삶의 선택이 달라진다. 오랫동안 만족한 상태에서 일을 하겠다고 마음먹는 순간에 '나의 가치'와 '비전'이 기준이 되어 흔들리지 않게 된다.

비유적으로 말하자면 '나를 찾는 것'은 나침반을 만드는 일이고, '미래를 설계하는 것'은 그 나침반이 가리키는 방향으로 향하는 일이다. 나침반 없이 방향만 정하면 길을 잃고, 방향 없이 나침반만 있어도 어디로 가야 할지 모른다. 두 가지가 함께할 때 우리는 진짜 나다운 인생을 살아갈 수 있다.

3) 수업 첫 날, 다음과 같은 질문을 한다.

- 자신은 어떤 삶을 살고 싶은가요?
- 지금 배우고 있는 이 전공은 당신이 진심으로 원하는 일인가요?
- 하루하루를 그냥 흘려보내고 있지는 않나요?
- 자신에 대해 얼마나 잘 알고 있나요?
- 인생에서 가장 중요하게 여기는 가치는 무엇인가요?
- 5년 뒤, 10년 뒤의 나는 어떤 모습이었으면 좋겠나요?

"이런 질문에 선뜻 답하기 어렵다면, 이 수업이 자신에게 꼭 필요한 여정일지 모른다."라고 말해 준다. 왜냐하면 이 수업은 단순히 진로를 찾는 수업이 아니라, 삶의 방향과 의미를 찾는 여행이기 때문이다.

4) 인설진 수업을 통해 변화된 학생들의 스토리 소개

(1) 갈피를 못 잡던 나–2학년 준호 씨 이야기

"솔직히 말하면 뭘 하고 싶은지 모르겠어요. 그냥 남들 따라왔어요." 준호 씨는 전공수업에도 흥미를 못 느끼고, 동아리도 그만두었고, 자격증 공부는 시작도 못 한 채 늘 불안함만 안고 있었다. 자기소개서를 쓸 때 '나는 어떤 사람입니다'라는 문장조차 쓰기 어려웠다. 그때 그는 이 수업에서 'One Change' 실천을 통해 매주 아주 작은 행동을 시작했다. 자기 강점을 탐색하고, 처음으로 자신에게 집중하는 질문들을 던지기 시작했다. 준호 씨는 수업 마지막 날 발표를 하면서 "처음에는 그냥 과제라고 생각하고 했는데, 나중에는 그 질문들이 자꾸 생각나더라고요. 그러면서 '나는 누구인가?'라는 질문이 무겁지 않게 느껴졌어요."

준호 씨는 여전히 완벽한 답을 찾지 못했지만, 이제는 자신을 더 잘 알고 있고, 자신이 어떤 방향으로 가고 싶은지 명확한 자기 언어로 말할 수 있게 되었다. 그게 바로 '나를 찾는 것'이 주는 힘이다.

(2) 자기 비하에서 자존감 회복으로–1학년 수진 씨 이야기

"나는 항상 다른 사람보다 뒤처지는 것 같았어요. 그래서 뭘 시작하기도 전에 '어차피 못 할 거야.'라는 생각이 들었죠." 수진 씨는 조별 과제나 발표에서 늘 뒷자리에 앉아 조용히 넘어가기를 바라는 학생이었다. 자신의 장점이나 가능성을 떠올리라고 하면, 도리어 더 움츠러들었다. 그런 수진 씨가 이 수업에서 시작한 건 아주 사소한 'One Change'였다.

One Change 주제로 '하루에 한 번 나 자신을 칭찬하기'로 정하고 수진 씨는 매일 밤 잠 들기 전 작은 성공을 기록하기 시작했다.

- 발표할 때 목소리를 일부러 크게 하여 자신감이 드러나도록 했다.
- 조원에게 먼저 말을 걸었다.
- 강의 끝나고 교수님께 따로 질문을 자주 했다.

3주, 5주가 지나면서 수진 씨는 발표 피드백에 자주 등장하는 이름이 되었다. 수업을 통해 자신의 생각이나 성향이 조금 바뀌었다면서 말했다. "나를 싫어하는 사람은 없었어요. 공연히 내가 안 좋은 모습으로 비치지 않을까 하면서 부정적으로 의식하는 바람에 너무 조심스러웠더라고요." 수진 씨는 다른 사람들을 조심스럽게 대했지만, 이제 '나는 괜찮은 사람이다.'라는 마음을 품고 자신에 대한 긍정 이미지를 떠올리며 하루를 시작한다.

(3) 외향성이 혼란을 준 진로 선택–2학년 민준 씨 이야기

"사람들과 잘 어울리는 성격이라서⋯ 그냥 자연스럽게 서비스 직종으로 진로를 택하겠다고 생각했어요." 민준 씨는 '사람을 좋아하는 외향형'으로, 늘 활기찬 이미지를 갖고 있었다. 그래서 진로 탐색 시간에는 당연히 이벤트, 호텔, 마케팅 분야를 말하곤 했다. 하지만 그는 수업 중 성향 탐색 도구와 강점 인터뷰를 통해 의외의 결과를 보게 되었다.

- 조용한 환경에서 집중력 있게 분석할 때 몰입감이 가장 크다.

- 혼자 고민하고 전략을 짜는 것을 좋아한다.
- 겉으로는 활달하지만, 에너지는 혼자 있는 시간에 회복된다

그때 그는 처음으로 자신에 대해 다시 생각하게 되었다. '내가 외향적인 사람이라고 해서 사람과 많이 어울리는 직업이 꼭 맞는 것은 아니구나.' 민준 씨는 스스로에 대해 탐색하면서 '겉모습'과 '진짜 욕구'가 다를 수 있음을 깨달았다. 지금 그는 데이터 기반 브랜드 전략 일을 준비하며, 진짜 자신에게 맞는 길을 설계하고 있다.

(4) 가치의 발견과 삶의 우선순위 변화–3학년 예린 씨 이야기

"저는 무조건 스펙 쌓기가 먼저라고 생각했어요. 그래서 1학년 때부터 토익, 자격증, 공모전, 스터디… 진짜 열심히 살았죠." 예린 씨는 성실하고 성과 지향적인 학생이다. 하지만 어느 순간에 그는 무언가를 성취해도 공허한 느낌을 자주 경험했다.

"왜 이렇게 바쁜데도 만족스럽지 않을까?" 수업 중 여러 가지 진단을 하면서 예린 씨는 스스로에게 놀라운 발견을 했다. 자신이 진짜 중요하게 여기는 것은 '사람과의 따뜻한 연결'이었고, '혼자서 잘하는 것'보다 '누군가와 함께하는 의미 있는 일'을 원한다는 것을 깨달았다. 그 후, 그녀는 자신이 꾸준히 해 온 봉사활동의 의미를 다시 새기게 되었고, 취업 목표도 단순히 '이름 있는 회사에 입사하기'에서 '사람을 돌보는 일'로 바꾸게 되었다. "이제는 선택의 기준이 스펙이 아니라 '내가 중요하게 여기는 가치'예요. 그래서 제가 전보다 덜 불안하고, 더 단단해진 느낌이에요."

이제, 당신의 이야기를 시작해 볼 차례다. 당신은 누구인가요? 그리고 어디로 가고 싶은가요? 이 수업은 그 여정을 함께하는 나침반이 되어 줄 것이다.

PART 3

변화와 성장의 '인설진' 콘텐츠

08 왜 대학생에게 진로교육이 필요한가?[1]

1. 대학 진학 이전의 문제

이런 동요가 있다. "나는 나는 자라서 무엇이 될까요? 나라 사랑 가르치는 선생님이 될 거야……." 그렇지만 우리의 초 · 중 · 고교 교육과 부모의 학습 목표는 오로지 '대학 진학'이다. 당사자인 아이 대신 부모와 교사가 아이의 장래를 결정한다. 대학 진학 시 전공도 학생이 아니라 주변인들이 정해 준다. 결정 기준도 아이의 특성이 아니라 점수, 등급, 학교 명성이 된다. 첫 단추를 잘못 끼우는 것이다. "의사가 되려는 생각은 한 번도 안 해 봤다. 엄마가 하도 의대에 가라고 해서 할 수 없이 갔다."라는 후회담을 자주 듣게 된다.

2. 대학 진학 후의 문제

대학생 4명 중 3명이 전공 선택을 후회하고 있다. 이들은 진학 후에야 재수, 반수, 전과, 편입, 휴학 등으로 뒤늦게 새로운 진로를 모색한다. 고등학교 3학년이나 다를 바 없는 대학생 현상('고4 증후군'), 2학년 때에야 비로소 진로 앞에서 방황하는 '대2 증후군'을 겪으며 절망감, 불안감, 열등감으로 방황하는 이들이 적지 않다. 원하는 전공이 아니다 보니 학습 태도도 좋지 않다. 교수들은 코로나19로 인한 온라인 교육 이후 학습 태도가 더 나빠졌다고 말한다. 학점을 따기 위해 수강하거나, 경제 활동(아르바이트, 취업)과 수업을 병행하거나, 전공과 다른 분야의 취업을 준비하는 학생들이 늘어나고 있다. 말하자면 뚜렷한 방향을 정하지 못한 채 대학을 다니는 것이다.

3. 취업 과정의 문제

현재 일자리는 매우 부족하다. 취업률도 극히 저조하다. 그러다 보니 '아무 데나 취업' '전공 따로 직업 따로' 현상이 일어나고 있다. 이 과정에서 본인이 아니라 주변인이 취업 결정에 영향을 미치는 일이 나타나기도 한다. 또는 자기에게 맞는 직업, 직장을 선택하기보다는 남들이 가는 길을 따라가는 경향이 있다. 전공과 직업 일치도는 36.8% 수준에 불과하다.

1) 이의용

4. 취업 후 직장생활

우리나라 대학생 중 취업을 하는 수준은 절반에 못 미친다. 그런데도 취업자 중 25%가 1년 내에, 또는 25%가 2년 내에 중도 퇴사한다. 퇴사자가 밝힌 퇴사 사유 1위는 '직무가 맞지 않아서'다. 2위는 '연봉이 적어서'다. 이는 입사할 때 직무, 연봉을 살펴보지 않았다는 얘기다. 반면, 채용 기업이 생각하는 퇴사 이유 1위는 '책임감, 인내심이 없어서'다.

4년제 대학 졸업자 중 2년제 전문대에 재입학하는 비율도 높아지고 있다. 직장인의 직업 만족도나 노동 생산성은 OECD 국가들과 비교하여 현저히 낮은 편이다. 자기에게 맞는 직업, 직장 선택에 실패한 결과다. 대학은 최근 5년 이내에 취업한 졸업생들이 지금 어디에서 어떤 일을 하고 있는지 추적해 볼 필요가 있다.

5. 왜 이런 시행착오 현상이 일어날까?

전공 선택 실패, 직업 선택 실패, 직장 선택 실패라는 시행착오 현상은 '잘못 끼운 단추'의 후유증이라고 할 수 있다. 자신이 아닌 주변인이 전공, 직업, 직장 선택에 영향을 끼치는 것도 큰 원인이다. 이러한 현상은 청소년의 행복, 국가적인 인적 자원 관리 차원에서 매우 불행한 일이다. 고교 과정에서라도 진로 교육을 정상화해야 하는데 그럴 가능성은 거의 없다. 그러니 대학 과정에서라도 신입생 때부터 "내 인생은 내가 설계하고 내가 주도한다!"를 외치며 인생 전체를 설계하도록 지도할 수밖에 없다.

왜 인생설계가 중요한가?[1)]

대학생 시기는 사회에 진출하고 자립을 준비하는 마지막 과정이다. 그래서 사회와 가정은 사회 진출 전의 청년들에게 여러 면에서 인생을 설계할 혜택과 여유를 준다. 그 혜택과 여유가 바로 공부다. 이 시기를 지나고 나면 누구나 경제적으로, 사회적으로, 심리적으로 자립해야 한다. 사회생활을 본격적으로 시작하면 일상이 너무도 숨 가쁘게 진행돼 자기 인생을 차분하게 되돌아볼 시간도, 미래를 설계할 여유도 없다. 그래서 계획 없이 '닥치는 대로' 시행착오를 거듭하며 살아가는 직장인들이 적지 않다.

인생설계는 이를수록 좋다. 대학 전공을 선택한 후 대학의 인생설계는 사실상 늦다. 그래서 일단 대학에 입학한 후, 2학년 올라가면서 전공을 선택하도록 하는 자유학기제(전공자율선택제)가 생겨난 것이다. 어쨌든 대학 재학 중에만이라도 자신의 인생에 대한 설계도를 그려 놓고 사회생활을 시작해야 시행착오를 줄이며 살 수 있을 것이다. 그런 후, 살아가면서 현실에 맞게 설계도를 수정해 나가면 된다. 인생을 설계할 때 가장 먼저 연구하고 분석해야 하는 건 '나'다. 나의 특성, 나의 가치관, 나의 역량, 나의 희망, 내가 처한 환경 등을 기초로 설계해야 한다.

1) 이의용

인생설계를 미리 해 두어야 하는 이유 10가지를 소개한다. 인생설계를 잘해 두면 다음과 같은 유익이 생긴다.

1) 인생의 방향을 알고 있다는 것은 막연한 불안감에서 벗어나 구체적인 선택과 우선순위를 세우기 쉽게 만든다. "나는 어디로 가고 있는가?"라는 질문에 답할 수 있을 때 삶의 주도권이 생긴다.

2) 목표가 명확하므로 시간(Time), 돈(Money), 노력(Passion) 같은 소중한 자원을 효과적으로 사용하고 불필요한 낭비를 줄일 수 있다.

3) 살아가며 수없이 마주하는 기회들 가운데, 무엇이 나에게 맞는 기회인지 분별하고 선택할 수 있다.

4) 희망하는 진로 속에서 작은 목표를 하나씩 이루며 성취감과 자신감, 그리고 지속적인 동기(動機)를 경험할 수 있다.

5) 취업, 결혼, 자녀 양육, 부모 부양, 주택 마련, 자녀 결혼, 은퇴, 노후 준비 등 인생 전반에 걸친 중장기 과제들을 미리 준비하며 안정적인 삶을 누려 나갈 수 있다.

6) 직무 · 직업 · 직장 선택에서의 실패 가능성을 줄이고, 전직과 재교육의 부담도 감소시킬 수 있다. 이는 경력의 연속성을 높이는 데 중요한 역할을 한다.

7) 재무적 독립을 앞당기는 데 도움이 된다. '적자 30년 → 흑자 30년 → 적자 30년'이라는 한국인의 인생 구조를 '적자 30년 → 흑자 30년 → 흑자 30년'으로 개선해 노후에도 안정적인 삶을 누릴 수 있다.

8) 일, 건강, 관계 등 삶을 구성하는 여러 요소들 사이에서 우선순위를 설정하여 균형 잡힌 삶을 추구할 수 있다.

9) 준비된 인생계획은 마음의 안전망이 되어, 예상치 못한 위기 속에서도 흔들리지 않고 스트레스와 불안을 줄이며 살아갈 수 있다.

10) 무엇보다 내가 내 인생의 주인공으로 살아가는 태도를 길러 준다. 남이 정해 준 길을 따라가는 대신, 자신이 선택한 길을 책임 있게 걸어가며 더 의미 있고 만족스러운 삶을 만들 수 있다. "내 인생은 내가 설계하고 내가 주도한다!"

왜 자아 탐색이 중요한가?

'지피지기(知彼知己) 백전불태(百戰不殆)'-"적을 알고 나를 알면 백 번 싸워도 위태롭지 않다."

인생은 내가 누구인지 알아야 미래를 설계할 수 있다. '교육'이란 내가 누구인지를 탐색하고 미래를 설계하고 거기에 맞는 역량을 길러 자립하도록 돕는 과정이다. 그러나 우리나라의 대학 이전 교육 과정은 자신에 대한 탐색 과정과 미래설계 과정을 생략한 채 대학에 진학하는 데 모든 것을 집중하고 있다. 그러다 보니 대학에서의 전공이 자신에게 맞지 않아 여러 시행착오를 겪는 수가 많다. 이러한 현상은 직장 취업 후로도 이어져 조기 퇴직, 이직 등으로 나타난다.

인생 전체로 볼 때 자아 탐색은 결코 생략할 수 없는 과정이다. 자아 탐색은 삶 전체의 방향을 결정하는 기반이기 때문이다. 대학은 사회로 진출하는 마지막 관문이다. 사실 대학에서의 자기 탐색은 늦은 게 사실이다. '늦었다고 생각할 때가 가장 빠른 때'라는 명언은 늦게라도 시작하는 것이 아무것도 하지 않는 것보다 낫다는 뜻이다. 그러나 지금처럼 AI가 일상화하는 빠른 변화의 시대에는, '늦었다고 생각할 땐 정말 늦을 수도 있다'는 현실 인식이 필요하다. 대학생활을 시작하면서 가급적 이른 시기에, 반드시 자아 탐색을 철저히 해야 한다. 다음에서 그 이유를 정리해 본다.

1) 내가 진짜 좋아하는 것(흥미)을 발견하게 한다.

- 어떤 활동에서 기쁨과 몰입을 느끼는지 파악한다.
- 단순한 취미 수준을 넘어, 반복할수록 더 하고 싶은 일로 연결된다.
- 진로 선택 과정에서 포기하지 않고 지속할 수 있는 기반이 된다.

2) 무엇을 원하는지(욕구 · 가치관)를 명확히 한다.

- "나는 왜 이 길을 가려고 하는가?"를 스스로에게 묻는다.
- 돈, 안정성, 명예, 기여, 창의성 등 어떤 가치를 우선시할지 기준이 생긴다.
- 타인의 기대가 아닌 '내 기준'으로 선택하게 된다.

3) 내가 하고 싶은 일을 구체적으로 파악하게 한다.

- 막연한 꿈을 구체화한다.
- 단기 목표(1~3년)와 중장기 계획(5~10년)까지 연결된다.
- 선택과 집중이 가능해지며, 시간 낭비를 줄인다.

4) 강점과 잠재 능력을 발견해 역량 개발을 돕는다.

- 내가 남들보다 더 쉽게 잘할 수 있는 일을 파악한다.
- 강점 기반 진로는 성취감과 성장 속도가 높다.
- 자기 차별화 전략(포트폴리오 · 자격증 · 경험)을 세울 수 있다.

5) 약점을 이해하고 관리 · 보완 전략을 세울 수 있다.

- 회피가 아닌 '관리 대상'으로 보고 발전 방향을 찾는다.
- 어떤 환경에서 능력이 저하되는지 미리 대비한다.
- 실패를 줄이고, 안정적 경력을 설계할 수 있다.

6) 비전과 인생 방향을 설정할 수 있다.

- '어떤 사람이 되어 어떤 영향을 주고 싶은가?'를 정의한다.
- 일상의 선택(학습, 관계, 경험 축적)이 삶의 목적과 연결된다.
- 목표 없는 수동적 대학생활을 능동적인 미래 준비로 전환할 수 있다.

7) 직업 · 직장 선택의 핵심 기준이 된다.

- 직무 적합성뿐 아니라, 조직 문화와 일 방식과의 궁합을 판단한다.
- 연봉만을 기준으로 선택하는 실수를 줄이고, 조기 이직의 리스크를 낮춘다.
- '내가 일하고 싶은 이유'가 분명해지므로 경력의 지속성이 높아진다.

8) 대인관계와 협업 능력을 향상시킨다.

- 나의 성향(내향/외향), 감정 처리 방식, 갈등 패턴을 이해한다.
- 인간관계에서 불필요한 상처와 오해를 줄인다.
- 협업 환경에서 맡아야 할 역할을 명확히 알게 된다.

9) 결혼과 가족 설계에서도 중요한 기준이 된다.

- 배우자 선택 시 가치관 · 생활 방식의 일치 여부를 파악할 수 있다.
- 미래 가정의 비전과 방향을 함께 설계할 수 있다.
- 감정 충돌 상황에서 성장을 향한 해결이 가능해진다.

10) 자존감과 자기효능감을 높인다.

- 스스로를 긍정적으로 이해하게 되며, 선택에 확신이 생긴다.
- 실패하더라도 자신을 믿는 힘이 생긴다.
- "나는 할 수 있다"는 감각이 미래를 여는 원동력이 된다.

11) 변화와 위기 속에서도 중심을 잡는다.

- 취업 실패, 진로 전환, 관계 변화 등의 상황에서도 흔들리지 않는다.
- 새로운 기회를 발견하고 유연하게 재도전할 수 있다.
- 자아는 격변의 시대에서 잃어버리지 말아야 할 나침반이 된다.

11 인설진 프로세스

1. 나를 찾아 떠나는 여행

[제1부]
나를 찾아 떠나는 여행("I'm OK!, You're OK!")

제1부의 수업 목적과 목표, 흐름은 다음과 같다.

1) 수업 목적
(1) 자아 정체성을 확립한다.
(2) 자신의 가치, 재능을 발견한다.
(3) 자부심과 자신감을 회복한다.
(4) 슬기로운 대학생활과 미래를 설계한다.

2) 수업 목표
(1) 대학생활을 성공적으로 이룰 수 있다.
(2) 자신을 다른 사람에게 깊이 있게 설명할 수 있다.
(3) 자신을 좋아하고 자랑스러워하게 된다.
(4) 다른 사람을 존중하게 된다.
(5) 다양한 친구를 사귈 수 있다.

3) 수업의 흐름

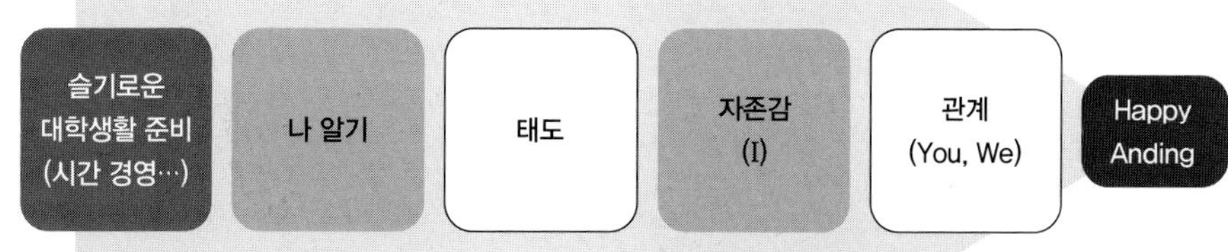

(1) '슬기로운 대학생활 준비' 단계에서는 신입생이 대학생활을 어떻게 설계할 것인지를 다룬다. 대학생에게 가장 어려운 일은 시간을 경영하는 것이다. 시간은 인생의 기본 단위라고 할 수 있다. 스스로 시간표를 짜 본 경험이 부족한 신입생들이 시간을 분배 차원의 '관리'가 아니라 가치 차원의 '경영'을 하는 법을 익힌다. 그리고 대학생활의 목표 세우기, 우리 대학에 대해 알기 등을 다룬다.

(2) '나 탐색' 단계는 제1부의 시작이다. 지피지기 백전불태(知彼知己 百戰不殆) – "적을 알고 나를 알면 백 번 싸워도 위태롭지 않다." 인생이 비록 전쟁은 아니지만, 내가 누구인지 알아야 인생을 설계할 수 있다. 다양한 관점과 방법으로 신체적인 나, 역사적인 나, 사회적인 나, 심리적인 나에 대해 조명해 본다.

(3) '태도' 단계에서는 가치관, 인식, 감정, 성격의 차원에서 자신과 다른 사람에 대한 태도(속마음)를 점검한다. "I'm OK, You're OK!"를 지향하기 위한 과정이다. 아울러 긍정적인 태도를 연습한다.

(4) '자존감' 단계에서는 자존감과 열등감의 차이를 살펴보고, 자신의 장점 찾기를 통해 자존감을 회복한다. 특히 근자감 콘서트를 통해 자신의 긍정적인 정체성을 동료들 앞에서 선언하고 'I'm OK!'를 확신한다.

(5) '관계' 단계에서는 다른 사람들과의 관계를 점검하고 긍정적인 관계를 이루기 위한 방법을 모색한다. 이를 통해 "You're OK!"를 지향하는 삶을 확인한다.

2. 미래를 찾아 떠나는 여행

[제2부]
미래를 찾아 떠나는 여행("내 인생은 내가 설계하고, 내가 주도한다!")

제2부의 수업 목적과 목표, 흐름은 다음과 같다.

1) 수업 목적

(1) 자기 인생을 스스로 주도해 나간다.
(2) 자신에게 가장 적합한 직업을 찾는 방법을 알아본다.
(3) 직업을 통해 사회 공동체에 끼칠 선한 영향력을 기른다.
(4) 그 직업에 필요한 성품과 역량을 찾아 준비한다.
(5) 취업을 준비하는 과정을 미리 경험해 본다.

2) 수업 목표

(1) 직업적 선호와 흥미를 찾을 수 있다.

(2) 자신이 선호하는 직업 가치관을 나열할 수 있다.
(3) 직업에 필요한 성품(인성)과 역량을 찾아 개발할 수 있다.
(4) 직업을 통해 사회 공동체에 선한 영향력을 끼칠 수 있다.
(5) 직업의 세계로 나아가는 본격적인 준비를 시작할 수 있다.

3) 수업의 흐름

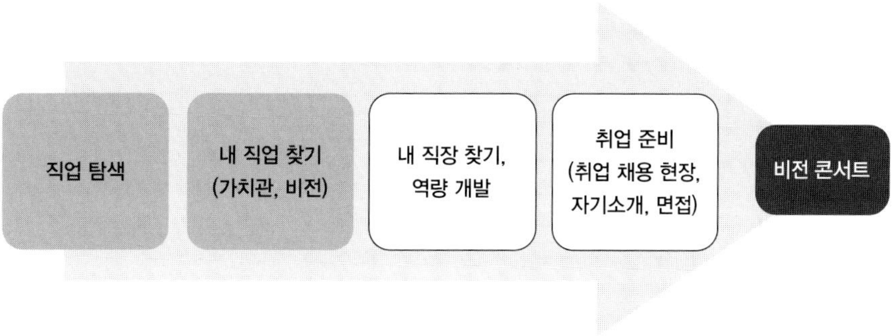

직업 탐색 → 내 직업 찾기 (가치관, 비전) → 내 직장 찾기, 역량 개발 → 취업 준비 (취업 채용 현장, 자기소개, 면접) → 비전 콘서트

(1) '직업 탐색' 단계에서는 동문 선배 초청, 직업 현장 방문 등을 통해 세상의 여러 직업과 그 실태를 알아본다.
(2) '내 직업 찾기' 단계에서는 '직업 선택 3각형'을 통해 나에게 맞는 직업 후보들을 선택한다. '직업 선택 3각형'이란 직업 선택 시 유의해야 할 4가지 조건(앞 · 좋 · 잘 · 왜)으로, 이 직업은 앞으로 어떻게 될 것인가, 내가 좋아하는 일인가, 내가 잘하는 일인가, 왜 이 일을 해야 하는가를 뜻한다. 이 단계에서 자신에게 적합한 후보 직업군을 선정한다. 그리고 그 직업을 통해 무엇을 이루려는지 비전을 정리하여 VM카드를 만든다.
(3) '내 직장 찾기' '역량 개발'의 단계에서는 그러한 비전을 이루기에 적합한 터(場)를 찾는다. 내게 적합한 직장을 찾아 미래의 명함을 만든다. 그리고 내가 희망하는 직업과 직장이 필요로 하는 역량은 무엇이며, 그것을 어떻게 준비할 것인지 계획을 세운다.
(4) '취업 준비' 단계에서는 취업과 채용의 현장이 어떻게 달라지고 있는지 살펴본다. 자기소개서 작성하는 법과 대면 면접, 영상 면접, AI 면접을 대비한다. 특히 모의 면접을 통해 학생들 스스로 면접관과 면접 대상자가 되어 연습을 해 본다.
(5) '비전 콘서트' 단계에서는 제1부, 제2부의 학습 내용을 총정리하여 동료들 앞에서 발표한다. VM카드 내용, 나에게 시급한 역량과 개발계획, 진단 결과 비교, 나의 One Change, 수업 중 기억에 남는 키워드 등으로 제1부와 제2부의 수업을 마무리한다.

워크북 목차와 주차별 수업 계획

1. 워크북 목차

『대학생 인생설계 워크북』은 제1부는 앞면에서, 제2부는 뒷면에서부터 시작하여 가운데서 만나게 편집되어 있다. 제1부와 제2부의 주제가 각각 다르지만, 결국 서로 연결됨을 보여주기 위함이다.

1) 제1부 '나를 찾아 떠나는 여행'의 목차

구분	장	주제	주요 내용
수업 들어가기	제1장	수업 안내	1. 담당 교수와 인사 2. 세계 여행 빙고게임 3. 팀 빌딩 4. 자아 탐색이 왜 중요한가? 5. 수업 안내 6. 수업 진행 원칙 7. 수업 진행 순서 8. 평가 기준
	제2장	진단	1. 수업 전 진단 2. 수업 전 진단 결과 3. 동기 부여 4. 나의 One Change 5. 나에게 미리 보내는 졸업 축하 메시지
슬기로운 대학생활	제3장	시간	1. 어느 날 나의 일과표 2. 인생의 3대 자산은? 3. "Time is gold?" 4. 다음에 해당되는 단어를 찾아 적어 보자. 5. 시간의 길이 6. 내 시간을 갉아먹는 벌레들 7. 시간 사용 설명서 8. 시간을 가리키는 2가지 개념

			9. 인생에서 가장 중요한 3가지 금은? 10. 가장 중요한 때 11. 어제-오늘-내일 12. 내가 고쳐야 할 시간 경영 습관 13. 나의 시간 경영 원칙(10계명) 14. 시간을 말한다
	제4장	인생	1. 인생이란? 2. 인생 = 마라톤 경주? 3. 성공, 행복의 조건은 무엇이라고 생각하는가? 4. 내 인생 Dream List 5. 내가 바꿔야 할 패러다임
	제5장	캠퍼스 생활	1. 나는 왜 우리 대학에 진학했나? 2. 내가 대학생활에서 가장 하고 싶은 것은 무엇인가? 3. 나는 어떤 유형의 대학생활을 기대하는가? 4. 나는 왜 대학에 진학하였나? 5. 대학생활 목표 세우기 6. 대학 선배들이 전하는 '대학생활 잘하는 법' 7. 대학생에게 추천하는 책, 영상
	제6장	우리 대학	1. 우리 학교 알아보기 2. 우리 학교 학사제도 · 생활정보 알아보기 3. 우리 학과 알아보기
나 알기	제7장	나 알기 1	1. 나는 누구인가? 2. '나'에 대한 여러 개념 3. 왜 나(자아개념) 알기인가? 4. '나'를 알아보는 4가지 관점 5. 4가지 자아개념 6. 나 알기 연습 7. '자아 정체감'을 말한다
	제8장	나 알기 2	1. 자문자답 1
	제9장	나 알기 3	2. 자문자답 2
자존감	제10장	긍정적 태도	1. 태도 2. 무엇이 태도를 결정하는가? 3. 진단-나의 태도는?
	제11장	긍정적 태도 연습	1. 긍정적 태도의 중요성 2. 사실과 인식 3. 5가지 대상에 대한 태도 4. 긍정적 태도 연습 5. 태도를 말한다 6. 긍정의 극치-감사

<table>
<tr><td rowspan="3"></td><td>제12장</td><td>자존감과
열등감</td><td>1. 진단-나의 자존감
2. 자존감과 열등감(자존심)
3. 자존감이 낮은 사람과 높은 사람의 특징
4. 자존감 낮은 사람의 특징(원인, 사례, 대안)
5. 열등 프레임에서 벗어나라!
6. 나에게 자존감은?
7. "나는 내가 정말 좋아!"</td></tr>
<tr><td>제13장</td><td>내 장점 찾기</td><td>1. 원석과 보석
2. 1단계-나에게 물어보기
3. 2단계-남에게 물어보기
4. 3단계-나의 장점 정리
5. 4단계-나의 장점 찾기(성격 강점 검사)
6. 5단계-나 (　　　)의 근거 있는 장점 정리</td></tr>
<tr><td>제14장</td><td>근자감 콘서트</td><td>1. 나를 칭찬해 보기
2. "고개를 숙이고 우는 수탉을 본 적이 없다."
3. 근자감 콘서트-자기 정체성 선언</td></tr>
<tr><td rowspan="3">관계</td><td>제15장</td><td>인간관계</td><td>1. 진단-나의 인간관계는?
2. 왜 인간관계인가?
3. 내 인생의 파트너들
4. 달팽이 지도 만들기</td></tr>
<tr><td>제16장</td><td>인간관계 연습</td><td>1. 만남과 관계
2. 관계 회복 6단계
3. 관계 개선의 실제
4. "사람의 행복 90%가 인간관계에 달려 있다."</td></tr>
<tr><td>제17장</td><td>멘토 인터뷰</td><td>1. 멘토 리스트 만들기
2. 멘토 위촉
3. 멘토 인터뷰
4. 멘토의 조언들</td></tr>
<tr><td rowspan="3">1부
수업 마무리</td><td>제18장</td><td>진단,
나 영상 콘서트
준비</td><td>1. 수업 후 진단
2. 수업 전후 진단 결과 비교
3. 나 영상 콘서트 준비
4. 워크북 제출</td></tr>
<tr><td>제19장</td><td>나 영상 콘서트 &
Happy Anding</td><td>1. 나 영상 콘서트
2. Happy Anding!</td></tr>
<tr><td colspan="3">워크북 돌려받기</td></tr>
</table>

2) 제2부 '미래를 향해 떠나는 여행'의 목차

구분	장	주제	주요 내용
수업 들어가기	제1장	수업 안내	1. 담당 교수와 인사 2. 세계 여행 빙고게임 3. 팀 빌딩 4. 왜 〈미래를 향해 떠나는 여행〉인가? 5. 수업 안내 6. 수업 진행 안내 7. 수업 진행 순서 8. 평가 기준 9. 동기 유발
	제2장	진단	1. 미래를 향해 떠나기 전 나에게 묻는다 2. 수업 전 진단
직업 찾기	제3장	동문선배 초청 특강	1. 인사 2. 강의 3. 질의 응답
	제4장	직업현장 탐방	1. 직업현장 선택
	제5장	직업 탐색	1. 왜 직업 선택이 중요한가? 2. 높아지고 있는 신입사원 퇴사율 3. 직업 선택 3각형 4. 홀랜드 직업 선호도 검사 5. 직업 선택 시 따져 봐야 할 점 6. 내게 맞는 직업 찾아보기 (1)
	제6장	AI 시대가 왔다	1. AI 시대에 알아 두어야 할 용어들 2. AI–"이런 건 하지만, 저런 건 못한다." 3. AI를 잘 활용하는 법 4. AI 등장으로 인해 우려되는 영향과 문제점
	제7장	AI 시대의 직업세계	1. 직업 이름 리스트 만들기 2. 직업의 미래 3. 취업자들이 마주하게 될 변화 4. AI 시대, 일자리가 재편된다 5. 직업의 변화 6. 직업 선택 시 주의할 점 7. 1인 다직(Multi-job) 시대 8. 내 전공, 내 직업의 미래는? 9. 내게 맞는 직업 찾아보기 (2)
	제8장	직업 가치관	1. 왜 일을 하는가? 2. 직업 가치관 3. 직업 가치관 탐색 4. 수단 가치과 목적 가치 5. 내 직업의 목적 가치 찾기 6. 국가별 '일의 즐거움'에서 우리나라가 하위인 원인 생각해 보기

비전	제9장	미래의 그림-비전	1. 나의 꿈은? 2. '목표'와 '목적' 그리고 '꿈'과 '비전' 3. 왜 비전이 필요한가? 4. 비전의 사람들 5. 내가 원하는 삶을 스스로 설계하라! 6. '비전'을 말하다
	제10장	비전 만들기	1. 10년 후 오늘 내 모습 그리기 2. 미래 이력서 쓰기 3. 내 비전 만들기 4. VM카드 만들기
	제11장	직장 선택과 미래 명함	1. 내가 원하는 직장의 조건 2. 내가 일하고 싶은 직장 3. 직장 선택을 위한 어드바이스 4. 직장을 선택할 때 주의해야 할 점 5. 내가 취업하고 싶은 직장 6. 미래의 내 명함 만들기
역량	제12장	인재와 역량 1	1. 다음 직업인은 누굴까요? 2. 역량이란? 3. 직업 역량 4. 직업세계의 여러 인재 유형 5. 기업이 본 신입사원 6. 기업이 원하는 인재 7. AI시대의 직업 역량 8. AI 시대 디지털 리터러시 9. AI 시대와 윤리 10. 인문학적 소양 11. 포트폴리오 인생 12. 기술보다 콘텐츠 13. 내 비전-미션에 필요한 핵심 역량은?
	제13장	인재와 역량 2	1. 역량 다면체 만들기 2. 나의 핵심 역량 개발 프로젝트 3. 아는 것이 힘이 아니라, ( ) 것이 힘!
취업	제14장	취업의 현장	1. 노동시장 한파에 '그냥 쉬는 30대' 역대 최다 2. 4년제 대학 취업률 평균 62.4% 3. 2025년 국가공무원 공채 경쟁률 4. 청년층 취업자는 지속적으로 감소 5. 왜 취업이 어려워지고 있는가? 6. 기업은 이제 어떤 청년 인재를 원하는가? 7. AI 시대, 청년 취업 전략 8. 토론 주제 9. 최근의 청년 취업 상황을 파악하는 데 유용한 통계 자료

	제15장	채용의 현장	1. 기업은 창업력을 갖춘 인재를 찾고 있다 2. AI 도입 이후 변화하고 있는 기업의 채용 현장 3. 채용 과정
	제16장	자기 소개서	1. 자기 소개서는 이렇게… 2. 자기 소개서 작성
	제17장	면접	1. 면접 준비하기 2. 면접에 응하는 방법 3. 대면 면접 4. 온라인 면접 5. AI 면접에서 주의할 점 6. STAR 기법(면접에서 효과적으로 답하기) 7. 면접 연습하기
수업 마무리	제18장	진단	1. 진단 2. 수업 전후 진단 결과 비교
	제19장	비전 콘서트	1. 비전 콘서트 2. 종강 Happy Anding 3. 워크북 제출
	워크북 돌려받기		

2. 주차별 수업 계획(15주+15주: 두 학기용)

이 프로그램은 두 학기로 나누어 제1부(주 2시간), 제2부(주 2시간)에 진행할 수 있도록 편성되어 있다. 그러나 한 학기에 제1, 2부 전체를 요약해서 진행할 수도 있다.

1) 제1부 '나를 찾아 떠나는 여행'–주차별 수업 계획

주차	내용	워크북
1	수업 안내(오리엔테이션)	제1장
2	진단	제2장
3	슬기로운 대학생활–시간	제3장
4	슬기로운 대학생활–캠퍼스생활	제5장
	슬기로운 대학생활–우리 대학	제6장
5	나 알기 1	제7장
6	나 알기 2	제8장
7	나 알기 3	제9장

8	중간고사	워크북 중간 점검
9	자존감과 열등감	제12장
10	내 장점 찾기	제13장
11	근자감 콘서트	제14장
12	인간관계	제15장
13	인간관계 방법	제16장
14	진단, 나 영상 콘서트 준비	제18장
15	나 영상 콘서트 & Happy Anding, 워크북 점검	제19장

2) 제2부 '미래를 향해 떠나는 여행' - 주차별 수업 계획

주차	주제	워크북 내용
1	수업 안내와 진단	제1장, 제2장
2	직업 탐색	제5장
3	AI 시대가 왔다	제6장
4	AI 시대의 직업세계	제7장
5	직업 가치관	제8장
6	미래의 그림-비전	제9장
7	비전 만들기	제10장
8	(중간고사)	워크북 점검
9	직장 선택과 미래 명함	제11장
10	인재와 역량	제12장, 제13장
11	취업과 채용 현장	제14장, 제15장
12	자기 소개서	제16장
13	면접	제17장
14	비전 콘서트(기말고사)	제19장, 워크북 점검
15	진단과 피드백	제18장 진단

3. 한 학기(15주)에 진행하는 인설진 수업[1)]

1) 개요

이 과목의 핵심 목표는 학습자가 자신의 현재 상태를 깊이 이해하고, 미래를 설계하는 역량을 기르는 것이다. 자신의 강점, 흥미, 가치관을 반영한 실질적인 진로 목표를 설정하고 역량 개발 계획 등 실행력을 높인다는 점에서 매우 효과적인 접근이다.

이를 위해 제1부에서는 '자기 탐색과 습관 형성'을 통해 내적 성장을 강조하고, 제2부에서는 '진로 탐색과 실행 계획 수립'을 통해 현실적인 미래 설계를 지원한다. 두 개의 축이 유기적으로 연결되면서 단순한 이론 학습이 아니라 워크숍, 자기 진단, 목표 설정, 변화 실천과 습관 만들기, 성찰, 발표 등의 다양한 방법을 활용하여 학습 효과를 극대화한다.

2) 프로세스

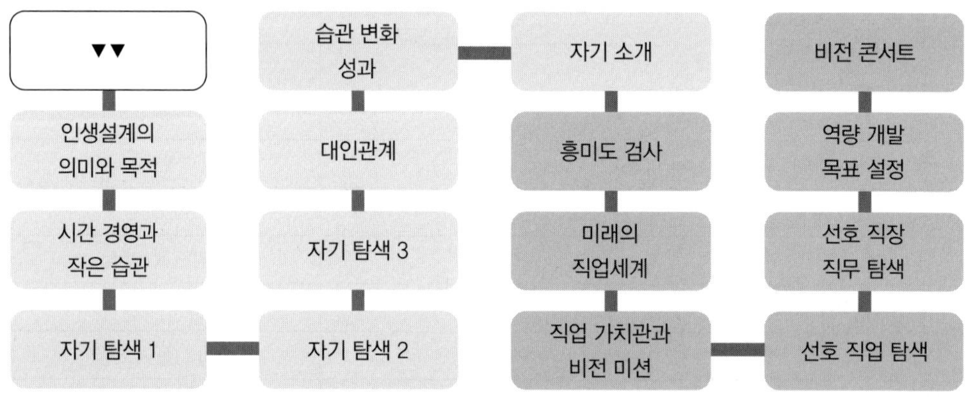

3) 수업 계획

대주제	주차	주제	워크북
제1부 나를 찾아 떠나는 여행	1	인생설계의 의미와 목적	제1장
	2	시간 경영과 작은 습관 변화	제3장
	3	자기 탐색(1)-자기 인식	제7장
	4	자기 탐색(2)-태도와 자존감	제10장, 제12장

1) 오정근

	5	자기 탐색(3)-강점 탐색	제13장
	6	대인관계-인식 오류와 소통	제15장
	7	습관 변화 목표 성과 공유-One Change 성과 공유	
	8	자기 소개 발표-강점 중심으로 학습 성과 발표	제2장
제2부 미래를 향해 떠나는 여행	9	홍미도 검사	제5장
	10	미래의 직업세계 탐색	제6, 7장
	11	직업 가치관과 비전/미션 정립	제8, 9, 10장
	12	선호하는 직업 탐색	제5장
	13	선호하는 직장과 직무 탐색	제11장
	14	역량 개발 목표 설정-NCS-국가직무능력표준의 직업 기초역량	제12장
	15	비전 콘서트 발표-제2부 학습 성과를 모아 발표	제19장

4) 수업 진행 계획

나를 찾아 떠나는 여행(자기 이해와 습관 형성)

(1) 1주차: 인생설계의 의미와 목적

대학생으로서 변화 환경을 이해하고 자신의 인생을 주체적으로 설계할 필요성을 인식하는 단계다.

▶ 기대효과: 학생들이 수동적인 태도에서 벗어나 자신의 삶과 미래를 스스로 만들어 가려는 동기를 갖게 된다.

(2) 2주차: 시간 경영과 작은 습관 변화(One Change) 계획

15주 동안 작은 습관을 성공적으로 만들어 가는 연습을 통해 '작은 변화가 쌓여 큰 성취를 이룰 수 있다'는 자신감을 경험하고, 자기 스토리를 만들어 낸다.

▶ 기대효과: 목표를 설정하고 습관을 형성하는 과정에서 자기효능감을 높이고, 자기 조절 능력을 기르게 된다.

[3~5주차] 자기 탐색

✔ 자기 탐색 → 습관 형성 → 강점/흥미 분석 → 진로 탐색 → 역량 개발 → 미래 설계의 구조가 논리적으로 연결되어 있어서

✔ 학생들이 단순한 이론 학습이 아니라 실제 경험을 통해 학습하는 과정이 되도록 설계되었다.

✔ 특히 목표 설정과 실행, 점검 과정을 포함하고 있어, 자기 주도적 학습과 실행력을 강화하는 효과가 기대된다.

이러한 접근 방식은 단순한 '진로 탐색'에 머무는 것이 아니라, 자기 이해를 바탕으로 능동적으로 미래를 설계하는 역량을 기르는 데 최적화된 커리큘럼이라고 할 수 있다.

(3) 3주차: 자기 탐색 1-자기 인식

이 단계에서는 신체적 · 정신적 · 심리적 · 사회적 측면에서 자신의 현재 상태를 객관적으로 파악하는 과정을 거친다. 다양한 질문지를 활용하여 자기 분석을 수행하며, 자신의 강점과 약점을 인식하는 것이 핵심 목표다.

- ▶ **필요성**: 자신의 출발점을 명확히 알아야 실질적인 변화가 가능하다.
- ▶ **기대효과**: 자기 인식을 통해 현재의 자신을 있는 그대로 받아들이고, 변화를 위한 동기를 형성할 수 있다.

(4) 4주차: 자기 탐색 2-태도와 자존감

이 단계에서는 자신의 삶을 대하는 태도와 자존감을 점검한다. 태도는 주로 긍정 혹은 부정, 낙관 혹은 비관의 형태로 드러나며, 자존감은 자신을 가치 있는 존재로 느끼는 정도를 의미한다. 이 단계에서 부정적인 자기 인식을 긍정적인 방향으로 전환할 수 있도록 지원하며, 성장 마인드셋(Growth Mindset)을 강조한다.

- ▶ **필요성**: 높은 자존감과 긍정적인 태도는 자기 주도적인 진로 탐색과 목표 달성을 위한 필수 요소다.
- ▶ **기대효과**: 실패를 두려워하지 않고 도전하는 태도를 기를 수 있다. 자신의 가치를 인정하면서도, 지속적인 성장을 위한 마인드를 형성할 수 있다.

(5) 5주차: 자기 탐색 3-강점 탐색

이 단계에서는 자신의 강점을 발견하고, 이를 진로와 연결하는 과정을 거친다. 특히 '일 강점(업무 · 직업 관련 강점)'과 '관계 강점(대인관계에서의 강점)'을 구분하여 탐색하는 것이 특징이다.

▶ 필요성: 사람들은 강점으로 성과를 낸다. 흔히 '단점을 보완하는 것'에 집중하지만, 강점을 극대화하는 것이 더 효과적인 자기 개발 전략이다.

▶ 기대효과: 자신의 강점을 명확히 인식하고, 이를 활용하여 자신만의 경쟁력을 개발할 수 있으며, 강점을 바탕으로 진로를 탐색하여, 자신에게 맞는 직업을 보다 전략적으로 선택할 수 있다.

(6) 6주차: 대인관계-인식 오류와 소통

대인관계에서 발생하는 인식의 오류를 이해하고, 효과적인 소통 방식을 익히는 과정이다.

▶ 기대효과: 원활한 인간관계는 직장 및 사회 생활에서 필수적인 요소이므로 학생들이 실생활에 적용할 수 있는 실용적인 역량을 배울 수 있다.

(7) 7주차: 습관 변화 목표(One Change) 성과 공유

앞에서 실정한 '작은 습관 변화(One Change)' 목표의 진행 상황을 공유하고 점검하는 과정이다.

▶ 기대효과: 실행력과 지속적인 성찰 능력을 기를 수 있다.

(8) 8주차: 자기 소개 발표

자기 탐색 과정의 결과물인 상반기의 학습 성과를 정리하여, 강점 중심으로 자기를 소개하는 자료를 만들어 발표하는 시간이다.

▶ 기대효과: 학생들이 자기 탐색을 한 결과를 정리하면서 자기 소개 자료와 스토리텔링을 할 수 있는 표현 능력을 키울 수 있다.

미래를 향해 떠나는 여행(진로 탐색과 설계)

(9) 9주차: 흥미도 검사

자발성 및 열정과 관련된 개인의 흥미를 객관적으로 분석하여 진로 탐색의 방향성을 설정한다.

▶ 기대효과: 학생들이 자신의 관심 분야를 보다 명확히 하고, 이를 직업 선택과 연결할 수 있도록 돕는다.

(10) 10주차: 미래의 직업세계 탐색

빠르게 변화하는 직업 환경과 미래 전망을 탐색하는 과정이다.

▶ 기대효과: 기술 변화 환경과 기업의 니즈에 대한 이해의 폭을 넓히고, 미래 지향적인 사고를 기를 수 있도록 돕는다.

(11) 11주차: 직업 가치관과 비전/미션 정립

자신의 가치관과 인생 목표를 진로와 연결하여 비전과 미션을 작성하는 단계다.

▶ 기대효과: 단순한 직업 선택이 아니라, '나는 어떤 삶을 살고 싶은가?'라는 근본적인 질문을 던지고, 장기적인 목표를 설정할 수 있다.

(12) 12주차: 선호하는 직업 탐색

자신의 흥미와 가치관을 고려하여 구체적인 직업을 탐색한다.

▶ 기대효과: 미래 가능성을 열어 놓고, 보다 이상적인 직업을 그려 직업적 비전을 설정한다.

(13) 13주차: 선호하는 직장과 직무 탐색

직업뿐만 아니라, 자신이 선호하는 직장 환경(기업 문화, 조직 형태 등)과 적합한 직무(업무 내용, 역할 등)를 구체적으로 탐색한다.

▶ 기대효과: 희망 직업에서 한 걸음 나아가 선호하는 직장과 자신에게 맞는 직무 스타일과 조직 문화를 고려하는 역량을 기를 수 있다.

(14) 14주차: 역량 개발 목표 설정

NCS(국가직무능력표준) 기반의 직업기초역량을 분석하고, 자신의 역량을 키우기 위한 계획을 수립하는 단계다.

▶ 기대효과: 직무가 공통으로 요구하는 직업기초역량을 이해하고, 요구 역량 갭을 찾아내어 개발 계획을 세울 수 있다.

(15) 15주차: 비전 콘서트 발표

전체 학습 성과를 정리하여 자신만의 비전과 목표를 발표하는 과정이다.

▶ 기대효과: 학습 성과물을 정리하여 자기 주도적인 인생설계 이후에 실행력을 강화할 수 있다. 자신의 강점과 목표를 효과적으로 표현하는 역량을 기를 수 있다. 타인의 발표를 듣고 피드백을 주고받으면서 협업과 소통 능력 등 시너지를 만들어 낼 수 있다.

인설진 수업의 주요 활동들[1]

1. 우리 학교 알기

① 학교의 역사, 인물, 명소 등을 퀴즈 방식으로 진행
② 수강생들의 소속 학과가 같은 경우에는 학과 홍보 영상 만들어 보기

2. 자화상 그리기

자신의 얼굴이지만 사진을 보지 않고는 그리기가 어렵다. 동료에게 카메라를 주고 가장 멋진 표정을 몇 장 촬영하도록 한다. 촬영된 사진을 보면서 A4 용지에 자신의 얼굴을 그려 본다. 그림을 완성한 후에는 벽에 전시를 하고 그림의 주인공이 누구인지 알아맞히기를 해 보면 좋다. 이 활동에서 자신의 얼굴을 성의 있게, 멋있게 그리는 이가 있는가 하면 그렇지 못한 이도 있다. 이는 자존감과 관련이 있으므로 지도자가 관심을 가져야 할 부분이다.

1) 이의용

3. 자문자답-나에게 묻고 내가 답한다

현대인들은 남에 대해서는 잘 알면서도, 정작 자기 자신에 대해서는 잘 모른다. 자문자답은 자신이 자신에게 묻고 답하는 프로그램이다. 먼저, 워크북에 나와 있는 수십 가지의 질문에 대해 수업 이전에 답변을 일일이 정리해 온다. 그중에는 살아오면서 단 한 번도 자신에게 물어보지 못했던 것들이 많다. "오늘 밤 텅빈 학교 운동장에서 크게 외치고 싶은 한마디는?" "새벽 2시, 우리 집으로 오게 할 수 있는 사람은?"과 같은 질문은 많은 것을 생각하게 해 줄 것이다. 실제로 앞의 질문에 대해 답을 하면서 울컥 하는 신입생이 있었다. 대학에 오기까지 너무 힘들었기 때문이었다고 생각한다. 오늘 청년들은 마음속에서 꺼내고 싶은 생각이 많을 것 같다.

우선, 조원들과 모임을 갖고 자신에게 새로웠고 의미가 있었던 질문에 대해 이야기 나눈다. 그런 다음 전체에게 공유하면 좋을 사례를 각 조에서 선발하여 전체 앞에서 발표를 한다.

4. 근자감 콘서트

내가 생각하는 나의 장점, 주변 사람들이 생각하는 나의 장점, 심리검사를 통해 발견한 나의 장점을 정리한다. 그중 3가지 또는 2가지가 겹치는 장점을 찾아서 나의 '근거 있는 장점'을 정리한다.

이를 토대로 "나 ○○은(는) …한 사람이다."라는 문장을 만든다. 그리고 한 사람씩 전체 동료 앞에 나와 가장 큰 목소리로 자신 있게 문장을 외친다. 그때마다 청중석의 다른 학생들은 "맞아! 맞아!"로 반응해 준다. 다른 사람의 동의가 자신감을 키워 준다.

5. 달팽이 인맥 지도 만들기

포스트잇에 자신과 가까운 50여 명의 이름을 한 사람씩 작성한다. 먼저, 제일 가운데에 자신의 이름을 적은 포스트잇을 붙인다. 그리고 50여 명의 이름을 달팽이 모양으로 자신 있게 가까운 순서대로 붙인다. 하루 정도가 지나면 잊고 있던 사람을 추가하게 되고, 있는 사람을 빼거나 순서를 조정하게 된다. 일주일 정도 그 작업을 진행한 후 최종적으로 확정된 그림을 촬영하여 워크북에 붙인다. 이 작업은 집에서 벽이나 방문 벽을 이용하는 것이 좋다. 자신이 어떤 사람들과 살아가고 있는지, 누가 중요한 사람인지, 누구를 잊어버리고 살아왔는지를 되돌아보게 하는 활동이다. 나아가 나는 누구의 '달팽이 인맥 지도'의 어디쯤에 위치할지를 생각해 보게 된다.

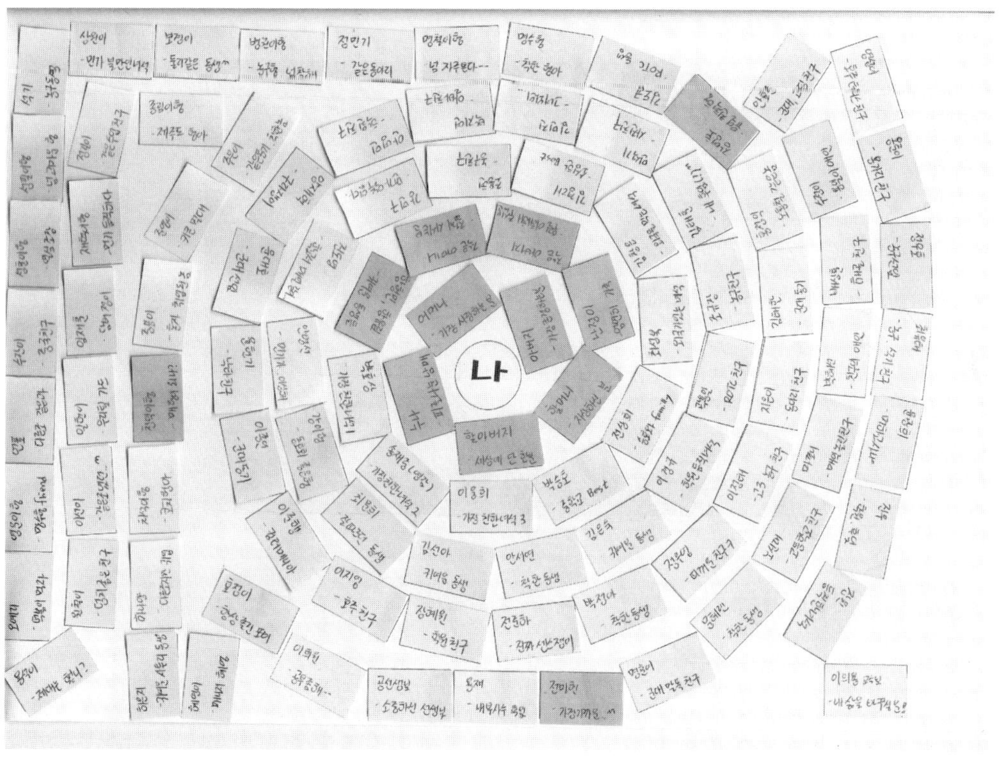

6. 나 영상 콘서트

영상을 이용하여 자신을 적극적으로 소개한다. 다양한 방법으로 '과거의 나, 현재의 나, 미래의 나'로 표현하면 좋다. 영상을 준비하는 과정에서 자신에 대해 깊이 알아보는 기회를 얻을 수 있다. 나아가 전체 앞에서 자신의 장점을 공개함으로써 동료들과 더 깊은 관계를 이룰 수 있다. 영상을 유튜브에 게시하여 5명 이상의 댓글을 받는 것을 목표로 해 봐도 좋다.

7. VM카드 만들기

비전(Vision)에 맞는 직업(Mission)을 찾아 "나에게는 꿈이 있습니다. 그것은 어떠한 직업인이 되어 어떠한 세상을 이루는 것입니다!"라는 문장으로 정리한다. 조원들에게 그것을 발표하고 조언을 얻어 최종 확정한다. 그리고 명함 크기의 카드에 적은 다음 코팅하여 보관한다. 여러 장을 만들어 워크북 속표지에 붙이고, 자신의 책상 위 벽에 붙이거나, 지갑에 넣어 늘 간직한다. 같은 학과 소속이라면 학과 사무실 앞에 게시를 하면 좋다. 또는 학교에 '비전 동산'을 정해 비전캡슐을 계속 심어 나가도 좋다.

8. 미래 명함 만들기

자신의 비전을 실현할 수 있는 직장이 결정되었다면, 원하는 직무를 상상해서 명함을 만들어 본다. 이른바 '미래 명함'이다. 요즘은 기업 홈페이지에 들어가면 명함 샘플을 구할 수 있다. 컴퓨터 기술을 이용하여 얼마든지 실제 명함을 제작할 수도 있다. 어떤 학생은 실제와 똑같은 미래 명함을 100장 정도 인쇄하여 주변 사람들에게 나눠 주면서 자신의 의지를 보이고 응원을 부탁하기도 한다. 물론 졸업 후 미래 명함이 현실이 된 경우가 있다. VM카드와 미래 명함을 면접 때 면접관에게 보여 주면 좋을 것이다.

9. 역량 다면체 만들기

자신의 직업과 직장을 정하는 일은 비교적 쉽지만, 그것을 현실로 이루는 일은 결코 쉽지 않다. 그에 필요한 역량을 갖추고 있어야 가능해진다. 자신에게 시급히 필요한 역량 4개, 6개, 8개를 정리한 후 4면체, 6면체, 8면체를 펼친 그림 중에서 하나를 선택한다. 한 면에 역량을 1가지씩 적어 다면체를 만든다. 이렇게 만들어진 다면체는 역량이 입체적이고, 서로 결합함으로써 시너지 효과를 낼 수 있음을 보여 준다. 오랜만에 가위와 풀을 들고 종이를 오리고 붙이는 작업을 해 봄으로써 자신이 키워 나가야 할 역량을 확실하게 인식할 수 있다. 몸으로 직접 해 본 활동은 쉽게 잊혀지지 않는다. 그런 후에는 본격적으로 역량 개발 계획을 세워 나가야 한다.

10. 모의 면접

모의 면접은 학생들 스스로 면접관과 지원자가 되어 면접을 연습하는 일이다. 면접에는 대면 면접, 온라인 영상 면접, AI 면접, 집단토론 면접 등 다양한 방법이 있다. 이 중 가장 전통적인 방법은 면접관의 질문에 지원자가 답하는 대면 면접이다. 어떤 방식의 면접이든 질문에 대한 적절한 대답, 그리고 적절한 태도가 중요하다. 이를 효과적으로 연습하는 방법이 모의 대면 면접이다. 우선 예상 질문카드를 작성하여 통에 넣는다. 예상 질문은 워크북에 정리되어 있다.

이어 면접 순서를 정한다. 순서가 되면 지원자는 전체 학생의 앞으로 나가 질문에 답할 준비를 한다. 다음 순서의 지원자가 면접관이 되어 질문 상자에서 무작위로 선택된 질문카드를 꺼내어 읽는다. 지원자는 질문에 답한다. 이어서 질문했던 사람이 지원자가 되어 앞에 나와 서고, 그다음 순서자가 질문 상자에서 질문카드를 꺼내어 질문을 한다. 질문카드는 사용 후어 다시 질문 상자에 넣는다.

청중들은 면접관이 되어 미리 준비된 용지(A4 용지를 3번 접은 메모지)에 번호를 적고, 조언을 적는다. 면접을 마치면 청중은 용지를 잘라서 해당 학생에게 전달한다. 단, 직접 전달하지 않고 번호대로 모아서 전달한다. 이런 방식을 통해 다양한 예비 면접관들의 의견을 종합한다면 유용한 피드백이 될 수 있다. 그런 후에 조별로 모여서 더 구체적인 조언을 서로 해 준다면 큰 도움이 될 수 있다. 모의 면접 피드백에서 중요한 것은 잘된 점과 고쳐야 할 점을 균형 있게 조언해 주는 것이다. 자칫 '악평'은 면접에 대한 두려움을 더 키울 수 있기 때문이다.

11. Happy Anding과 비전 콘서트

비전 콘서트는 제1부와 제2부를 통틀어 수업 전체를 종합 정리하는 중요한 순서다. VM카드의 내용 등 그동안의 학습 내용을 정리하여 전체 앞에서 보고하는 순서다. 발표 자료는 미리 담당 교수에게 제출하여 수업 평가 자료로 활용한다. 수업의 마지막 주에 진행되는 만큼, 교수는 모든 발표가 정해진 시간 내에 이루어질 수 있도록 준비를 해야 한다. 가장 중요한 것은 발표 자료(PPT)를 전자탁자에 수업 전에 업로드해 두는 일이다.

비전 콘서트 후에는 수업을 총정리하며 서로 격려하며 인사를 나누는 'Happy Anding (Ending이 아니라 '계속')'이라는 종강식을 진행한다. 전체 기념 촬영을 한 후, 워크북을 제출하거나 이미 제출했던 워크북을 돌려받는다.

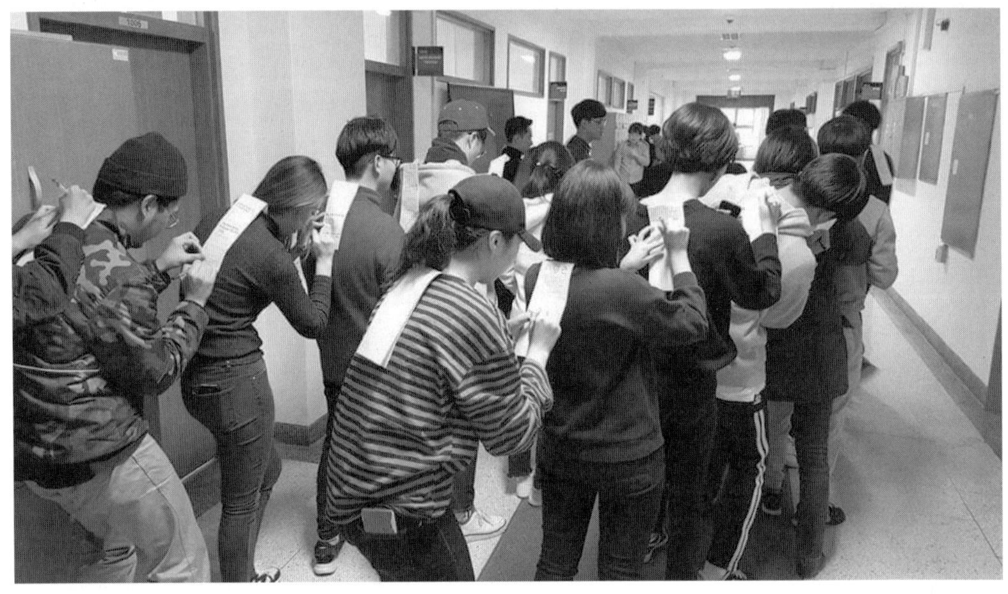

PART 4

변화와 성장의 교수법

14 요즘 대학생들

15 교수법 개론

16 인설진 교수법

17 나만의 교수법

18 AI 시대의 교수법

요즘 대학생들[1]

오늘날 대학생들은 과거 세대와는 다른 독특한 태도와 생활 방식을 보여 준다. 학습 태도, 진로 인식, 인간관계, 가치관과 생활습관은 물론 마음의 성향까지 기성세대와는 뚜렷하게 구분되며, 때로는 "참 신기하다."라거나 "마치 다른 인류 같다." "다른 별에서 온 사람 같다."라는 평가를 받기도 한다. 그러나 이러한 평가는 주관적일 수 있고, 개인마다 다를 수밖에 없다.

1. 학습 태도와 방식

대학생들은 정보를 빠르게 탐색하는 능력을 지녔으나, 깊이 있는 탐구나 비판적 검토에서는 취약성을 보이기도 한다. 검색과 AI 활용에는 능숙하지만 딥 러닝(Deep Learning)에는 익숙하지 않다. 집중 시간이 짧아 긴 강의나 독서를 지루해하며, 긴 이야기를 듣기보다는 짧고 핵심적인 영상 자료를 선호한다. 지루한 상황을 참지 못하고, 싫은 것은 하지 않으려는 태도도 보인다.

학습의 목적이 점수보다는 효율성에 맞춰져 있어, 그들은 최소한의 노력으로 최대의 성과를 거두려 한다. 그러나 공정성을 중요하게 여기기 때문에 민감한 반응을 보인다. 학생들 간에 기초학습 능력의 편차가 심하고, 자신의 틀 안에 갇혀서 학습하는 경우가 많다. 교수와의 관계에서는 권위적이지 않고 수평적이며, 자기주도 학습보다는 가이드가 분명한 환경에서 더 잘 배운다.

2. 진로와 취업

요즘 대학생들은 1~2학년 때부터 인턴, 대외활동, 자격증 등을 준비하며 조기 취업 준비를 시작한다. 그러나 평생직장보다는 다양한 직무와 직종을 경험하며 자신의 적성을 찾는 것을 선호한다. 고소득보다는 워라밸과 안정성을 더 중시하고, 창업이나 프리랜스처럼 자

1) 이의용

율적이고 유연한 직업에도 관심이 크다.

그러나 미래에 대한 불안이 상당히 크다. 취업난이라는 환경적 요인 때문이겠지만 상상력이 부족하고 꿈다운 꿈을 가지지 못하는 경우가 많으며, 단순히 건물주가 되는 것, 혹은 1억을 모은 뒤 2억을 모으는 것처럼 현실적이고 물질 중심적인 목표를 추구하기도 한다. 주 2일 수업이나 절대평가, 일하면서 공부할 수 있는 환경을 선호하며, 비대면 온라인 수업을 더 편안하게 느낀다.

3. 인간관계

대학생들은 대체로 개인주의적이고 자기중심적이라는 평가를 받는다. 좀처럼 마음의 문을 열지 않으며, 자기를 공개하는 것을 어려워한다. 다른 사람들과 가까워지는 것을 두려워하고, 다른 사람을 향한 관심이 부족하다. 다른 사람의 이야기를 잘 듣지 않고, 공유나 협력, 협업에도 약하다. 팀 활동을 힘들어하며, 공동체 정신이 예전에 비해서 훨씬 미흡하다.

그러나 일단 마음을 열면 의외로 순진하고, 정에 굶주려 있으며, 위로받기를 바라는 내적 욕구가 드러난다. 스스로를 칭찬하거나 표현하는 데에는 적극적이고 솔직하다. 동시에 직설적인 화법을 즐기며, 필요 이상으로 예민하게 반응하기도 한다. 오프라인 만남보다는 온라인 교류에 익숙하고, 등교 자체를 두려워하는 학생들도 있다. 또한 남들과 사진 찍히기를 부담스러워하는 'Photo Phobia', 음성 통화를 회피하는 'Phone Phobia', PC로 긴 글을 쓰는 것을 기피하는 'PC Phobia'까지 나타나기도 한다.

4. 가치관과 생활습관

대학생들은 자기 행복과 자기 편의를 우선하며, 개인의 시간과 자유를 무엇보다 중요하게 여긴다. 정치나 사회 문제에는 선택적으로 관심을 가지며, 직접적인 행동보다는 온라인 댓글이나 서명과 같은 간접적인 참여를 선호한다. 소비에는 적극적이고, 저축에는 미온적이며, 현재를 즐기려는 욜로(YOLO) 성향이 강하다.

정신건강과 웰빙을 중시하여 심리상담, 명상, 헬스케어 앱을 적극 활용한다. 그러나 자기 틀 안에 갇혀 살며 상상력이 부족하고, 뚜렷한 꿈이 없는 경우가 많다. 이 때문에 기성세대에게는 개인주의적이고 자기중심적인 세대로 비칠 수 있다. 동시에 디지털 기술에 대한 의존도가 높아 스마트폰이 없으면 불안해하고, 비대면 활동을 더 선호하는 모습도 강하게 나타난다.

종합해 보면, 요즘 대학생들은 개성과 자유를 중시하며 효율을 추구하지만, 공동체적인 가치나 깊은 학습에는 다소 약하다. 그들은 표면적으로는 개인주의적이고 자기중심적이며 예민한 듯 보이지만, 내면에는 순수함과 정서적 교류에 대한 갈망도 존재한다. 즉, 기성세대와는 다른 방식으로 살아가지만, 그 속에는 새로운 세대가 가진 또 다른 가능성과 독특한 잠재력이 숨어 있다고 볼 수 있다.

요즘 대학생들의 특징 요약

구분	특징
정서 · 성격	참 신기하다, 다른 인류 같다, 다른 별에서 온 사람 같다, 지나치게 예민하다, 마음의 문을 잘 안 연다, 자기를 공개하지 않는다, 가까워지는 것을 두려워한다, 정에 굶주려 있다, 위로받고 싶어 한다, 셀프 칭찬을 한다
대인관계 · 공동체	개인주의적이다, 다른 사람에게 관심이 적다, 자기 행복이나 편의를 우선시한다, 팀 활동을 힘들어한다, 공동체 정신이 미흡하다, 협력 및 협업에 약하다, 다른 사람의 이야기를 안 듣는다, 공유를 안 하거나 못 한다
학습 태도	노력에 비해 성적에는 민감하다, 기초학습 능력의 편차가 심하다, 영상으로 이해하려고 한다, 딥 러닝을 안 하거나 못한다, 자신의 틀 안에 갇혀 산다
표현 · 소통 방식	직설적이고 솔직하다, 자기를 잘 표현한다, 긴 이야기를 듣기 싫어한다, 지루함을 참지 못한다
학습 · 수업 선호	주 2일 수업 선호, 비대면 온라인 수업 선호, 절대평가 선호
진로 · 미래관	상상력이 부족하다, 꿈이 뚜렷하지 않다, 건물주 되는 게 꿈?, 돈 모으는 것이 꿈?, 미래에 대한 불안이 크다
생활 · 행동 패턴	싫은 것은 절대 하지 않으려 한다, 일하면서 공부하고 싶어 한다, 등교를 두려워한다
포비아	Photo-phobia(함께 사진 찍히기를 두려워함), Phone-phobia(음성 통화하기를 두려워함), PC-phobia(노트북으로 긴 글 쓰는 걸 두려워함)

교수법 개론[1)]

1. 교육

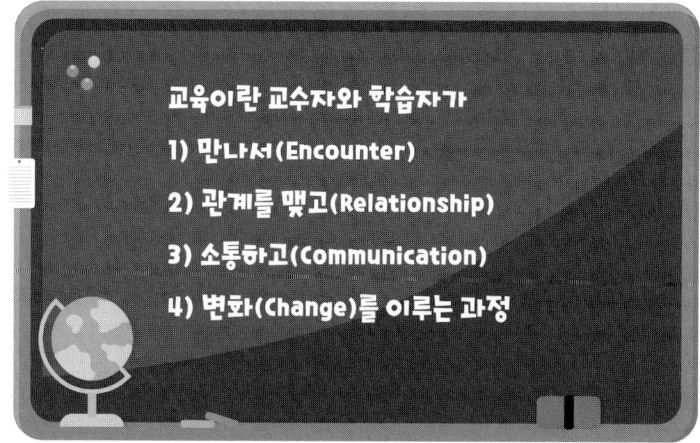

2. 교수법

학습자가 '딴짓'을 하지 않게 교수자가 '별짓'을 다하는 것

3. 교수자의 역할 변화

종전에는 교수자의 역할이 학자, 교육자, 봉사자가 주된 역할이었으나, 오늘날에는 프로듀서, 동기부여 전문가, 코치, 멀티 플레이어, 상담자, 진로 조언자 등 보다 확장된 역할이 요구되고 있다.

1) 이의용

4. 체크리스트-나의 교수 역량은?

1. 나는 학습자를 가르치는 일에서 보람을 느끼며, 대학교수라는 직업에 만족한다.
2. 나는 단순히 지식 정보의 전달자에 그치지 않고 제자들에게 인생을 가르쳐 주는 교육자가 되고 싶다.
3. 나는 '교육'의 본질에 대해 설명할 수 있으며, 학습자가 왜 이 교과목을 공부해야 하는지 설명할 수 있다.
4. 나는 요즘 학습자들의 특징(성), 가치관, 문화 등에 관해 관심이 있고, 어느 정도 파악하고 있다.
5. 나는 잘 가르치는 방법에 관심이 많으며, 매 학기의 수업 내용과 교수 방법을 혁신하기 위해 노력하고 있다.
6. 나는 수업 준비를 충분히 하고 있다. 내 수업의 내용이나 방법은 매 학기에 적어도 10%씩은 개선되고 있다.
7. 나는 수업의 목적, 수업의 내용, 수업의 방법을 학습자의 입장에서 설계하기 위해 노력하고 있다.
8. 나는 수업 시간은 물론 그 외 시간에도 학습자들과 개인적인 관계를 만들기 위해 노력하고 있다.
9. 나는 어떻게 하면 학습자들의 동기를 유발할 수 있을지 고민하고 있으며, 나름대로 방법을 알고 있다.
10. 나는 학습자들이 어떻게 공부하는 것이 효과적인지 알고 있으며, 그것을 알려 주고 있다.
11. 나는 강의를 효과적으로 진행하는 방법을 알고 있으며, 학습자들로부터 좋은 평가를 받고 있다.
12. 나는 수업 시간 내내 혼자 강의만 하지 않고 학습자들을 참여시키기 위해 노력한다.
13. 나는 수업 중 수업 시간의 20% 정도는 학습자들과 상호작용을 한다.
14. 나는 학습자들끼리 서로 소통하며 학습을 하도록 소그룹 활동을 장려한다.
15. 나는 교수자의 역할은 학습자가 학습을 하는 것을 돕는 것으로 믿고, 가급적 학습자가 수업을 주도하도록 위임하는 편이다.
16. 나는 이론 수업이 효과가 적다고 보고, 가급적 체험을 해 보는 식으로 수업을 진행한다.
17. 나는 평가 방법을 혁신해야 한다고 생각하며, 필기시험 외에도 다양한 방법으로 학습자를 평가하려고 노력한다.
18. 나는 필기시험을 매우 객관적으로 출제하고 있으며, 매우 공정하게 평가를 하고 있다고 생각한다.
19. 나는 매 학기 강의 평가 결과나 설문조사를 통해 성찰하며 수업의 개선을 모색한다.
20. 나는 우리 학습자들을 '내 제자'라고 말할 수 있으며, 내가 소속된 대학을 '우리 대학'이라고 자랑스럽게 말할 수 있다.

5. '더 좋은 수업'을 위한 15계명

1. 따뜻한 인사로 수업을 시작하고 마무리하자.
2. 학습자를 존중하고 인정해 주는 언어를 사용하고, 학습자의 이름을 최대한 기억하고 불러 주자.
3. 학기 초에 학습자의 상태를 진단하고, 개인별 학습목표를 세우고, 종강 때 성취도를 진단하자.
4. 수업 내용을 예시(Preview)로 시작하고, 요약(Review)으로 마무리하자.
5. 일방적인 강의를 지양하고 학습자도 말하게 하자. 〈참여〉
6. 학습자가 구경하지 않고 체험하게 하자. 〈체험〉
7. 학습자가 스스로 배우고(學) 익히게(習) 하자. 〈학습자 주도〉
8. 학습자가 배우고(學) 묻게(問) 하자. 〈學問〉
9. 수업 준비는 충실하게, 수업 내용은 항상 업그레이드하자.
10. 평가는 공정하게, 그리고 객관적으로 하자.
11. 목소리만이 아니라 온몸으로 가르치자.
12. 수업 내용이나 진행 방법에 대해 학습자의 의견을 경청하자.
13. 다음 수업을 위해 아름다운 흔적을 남기자.
14. 수업 시작하고 마치는 시각을 잘 지키자.
15. 학습자는 교수자가 가르치는 내용보다 방법과 태도를 배운다는 것을 잊지 말자.

ⓒ이의용 2017

6. 명강사 교수법 18계명

1. 내용보다 학습자를 먼저 연구하라!
2. "나는 왜 이 강의를 하는가?"에 답하라!
3. 강의의 흐름(Flow)을 설계하라!
4. 리허설로 자신감을 튜닝(Tuning)하라!
5. 교재보다 학습자의 마음을 먼저 열라!
6. 학습자를 살피고 반응하라!
7. 읽지 말고 말하라!
8. 언어와 비언어로 궁금함이 없도록 설명하라!
9. 학습자가 오래 기억할 수 있게 전하라!
10. 학습자가 구경하지 않고 체험하게 하라!
11. 학습자가 스스로 배우고(學) 익히게(習) 하라!
12. 학습자도 말하고 참여하게 하라!
13. 학습자가 배우고(學) 묻게(問) 상호작용하라!
14. 온몸으로 별짓을 다해 가르치라!
15. 시각, 시간을 잘 지키라!
16. 名강사보다 明강사가 되라! (소통)
17. 名강사보다 鳴강사가 되라! (공감)
18. 名강사보다 命강사가 되라! (사명)

7. '스승의 날'에 쓰는 교수의 반성문

1. 학생을 '제자'가 아닌 '수강생'으로 대해 온 것을 반성합니다.
2. 사람을 가르치는 스승의 역할을 소홀히 하고, 정보 지식의 유통업자처럼 정보와 지식만 가르쳐 온 것을 반성합니다.
3. 학생들에게 행복한 삶의 가치관이나 태도를 가르치기보다는 성공의 처세술을 가르친 것을 반성합니다.
4. 학생의 잘못된 삶을 보고도 모르는 체하고 방관해 온 것을 반성합니다.
5. 학기를 마칠 때까지 학생들의 얼굴과 이름을 제대로 구분하지 못한 것을 반성합니다.
6. 가슴 두근거림 없이 매년 신입생을 맞이해 온 것을 반성합니다.
7. 학생들의 고민 상담을 귀찮아하고 '바쁘다'는 핑계로 기피해 온 것을 반성합니다.
8. 여러 고민으로 아파하는 제자들을 일으켜 세우기보다는, 획일적인 잣대로 냉정하게 질책하여 넘어지게 한 것을 반성합니다.
9. 제자들이 졸업 후 살아갈 직장이나 사회에 대해 충분히 연구하지 않고 가르쳐 온 것을 반성합니다.
10. 세상은 급변하고 직업이 요구하는 내용도 달라지고 있음에도, 시대에 뒤진 내용을 매 학기마다 그대로 가르쳐 온 것을 반성합니다.
11. 학생들에게 현재 필요한 것, 앞으로 필요할 것보다는 교수가 배운 것, 교수가 연구한 것을 우선적으로 가르쳐 온 것을 반성합니다.
12. 다른 학문과 융합하지 않고 내 전공 분야만 고집함으로써, 학생들을 편협한 학문의 세계에 묶어 두려고 한 것을 반성합니다.
13. 학생들이 학교 밖 학원을 다니며 자신에게 진짜 필요한 것을 따로 배우게 한 것을 반성합니다.
14. 수업 내용과 방법을 제대로 알 수 없는 부실한 수업계획서를 제시하거나, 수업계획서와 다른 내용과 방법으로 수업을 진행해 온 것을 반성합니다.
15. 사명감이나 열정 없이 시간 때우기로 학생들을 가르쳐 온 것을 반성합니다.
16. 실제 수업 시간에도 못 미치는 짧은 시간 동안에 수업을 준비하고 가르쳐 온 것을 반성합니다.
17. 더 많은 학생이 더 쉽게 이해할 수 있도록 수업을 정성껏 설계하여 가르치지 못한 것을 반성합니다.
18. 학생들을 수업에 참여시키지 않고 교수 혼자 수업을 주도하며 가르쳐 온 것을 반성합니다.
19. 학생들과 상호작용하지 않고 일방적으로 수업을 진행해 온 것을 반성합니다.
20. 시간 부족, 진도를 핑계로 체험을 통한 수업 방식을 생략하고 이론을 암기시키는 방식으로 가르쳐 온 것을 반성합니다.
21. 현재의 수업 방식을 개선하지 않고 늘 같은 방법으로 가르쳐 온 것을 반성합니다.

22. 낮은 수업 성과의 원인을 학생의 책임으로만 돌려 온 것을 반성합니다.
23. 학생의 개인 차이를 고려하지 않고, 우수 학생을 중심으로 가르쳐 온 것을 반성합니다.
24. 제 시각에 수업을 시작하고, 제 시각에 마치지 못한 것을 반성합니다.
25. 교과 내용의 암기 수준으로만 학습 성과를 평가하고, 채점하기 쉬운 방법으로 출제를 함으로써 학습자의 학습 풍토를 왜곡시켜 온 것을 반성합니다.
26. 편견이나 개인적인 관계 등 공정하지 못한 기준으로 학생을 평가해 온 것을 반성합니다.
27. 학생의 학습 성과는 철저히 평가하면서, 교수 자신의 교수 성과는 제대로 평가하지 않고 가르쳐 온 것을 반성합니다.
28. 학생이 오랜 시간 작성한 과제물을 성실하게 꼼꼼히 살펴보지 않고 짧은 시간에 대충 평가하고 성의 없이 피드백해 준 것을 반성합니다.
29. 강의 평가 결과에 급급하여 학생들의 눈치를 보며 소신 있게 가르치지 못한 것을 반성합니다.
30. '연구' 때문에 '교육'을 못하고, '교육' 때문에 '연구'를 못하겠다고 변명했으며, 개인적인 연구 실적만 중시하고 가르치는 일은 뒷전으로 미뤄 온 것을 반성합니다.
31. 교수는 '현자(賢者)'라는 고정관념에 빠져서 학생의 창조적인 생각을 존중하지 않고, 교수의 생각을 일방적으로 주입시키려고 한 것을 반성합니다.
32. 학생의 학습보다는 교수의 연구 자료 수집을 위해 과제를 내준 것을 반성합니다.
33. 학생의 창의적인 아이디어나 자료를 교수의 학술 자료로 활용해 온 것을 반성합니다.
34. 교수를 '갑'으로, 학생을 '을'로 여긴 나머지 학생에게 시간적 · 금전적 부담을 부당하게 준 것을 반성합니다.
35. 타과 수강생, 부전공 수강생, 복수전공 수강생을 차별해 온 것을 반성합니다.
36. 소속 대학을 '우리 학교'가 아닌 '이 학교'로 칭함으로써 학생들의 자존감을 손상시킨 것을 반성합니다.
37. 교수 자신과 자신의 영역 외에는 모두 비판의 대상으로 여기며, 대안 없이 비판만 해 온 것을 반성합니다.
38. 커리큘럼과 강사 선정의 최우선 기준을 학생들의 학습 성과에 두지 못했음을 반성합니다.
39. 교수 사이에 서열과 신분을 지나치게 중시했으며, 비정규직 교수를 동료로 충분히 인정하고 배려하지 못한 것을 반성합니다.
40. 교육이나 연구는 부업으로 여기고, 학교 외부 활동을 본업으로 삼아 온 것을 반성합니다.

인설진 교수법[1)]

1. '참-주-체-상'

1) 학습자가 **참**여하게!

학습자를 수업에 참여시키는 가장 좋은 방법은 놀이학습이다. 학습자가 참여할 수밖에 없게 흥미로운 소재와 활동 방식으로 진행한다.

2) 학습자가 **주**도하게!

교수의 이론 강의를 최소화하고, 학습자 스스로 학습하도록 위임한다. 이론을 암기하여 평가하는 상대평가 방식에서 워크북 작성 등을 기초로 하는 절대평가(P/N) 방식으로 전환한다.

3) 학습자가 **체**험하게!

이론 설명보다는 스스로 체험을 해 볼 수 있도록 학습 방법을 설계해야 한다. '아는 수업'을 '해 보는 수업'으로 바꾸려면 '듣는 수업'을 '말하는(토의, 토론) 수업'으로 바꿔야 한다.

4) 교수와 학습자, 학습자와 학습자가 **상**호작용하게!

이를 위해 좌석은 4~6명을 한 조로 하는 모둠형으로 배치한다(긴 의자나 계단식 의자, 고정된 좌석은 이 수업 진행에 적합하지 않다). 교수는 여러 조를 찾아다니며 도움을 주는 것이 좋다.

---

1) 이의용

2. 비행기 여행 같은 수업 진행(TFL)

1) 이륙(Take off)

비행기가 이륙할 때는 전속력으로 하늘 높이 올라야 한다. 적정 고도에 오르지 못하면 비행에 어려움이 생긴다. 수업 중 학습자의 관심이 가장 높은 시각(Peaktime)은 수업 시작 후 5분 간, 종료 5분 전이라는 말이 있다. 수업을 시작하면서 학습자의 관심과 집중을 최대한 끌어올려야 한다.

(1) 구호 외치기

제1부에서는 "I'm OK! / You're OK!", 제2부에서는 "내 인생은 / 내가 설계하고 내가 주도한다!"라는 구호를 외친다. 교수자 또는 조장(매주 돌아가면서)이 앞부분을 선창하면, 학습자들이 뒷부분을 힘차게 외친다.

(2) 탑승 확인(출석 확인)

출석 확인만큼 학습자가 가장 지루감을 느끼는 시간도 없다. 매주 그날의 수업 주제에 맞는 흥미로운 질문을 미리 알려 주고, 이름을 부르면 "예." 대신에 자기 생각을 말하게 한다. 이러한 방식을 통해 자기의 생각을 공개함으로써 서로 친숙해질 수 있다.

(3) 좋아 박수(👏 에서 박수)

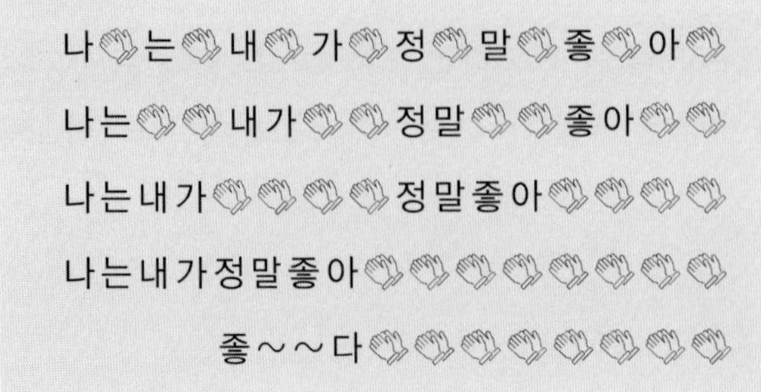

(4) 칭찬샤워

조원 중 1명을 선정한다(자원해도 좋음). 돌아가면서 그동안 관찰해 온 그의 태도, 행동 등을 칭찬한다.

(5) 굿 뉴스

지난 한 주간 고마운 일, 고마운 사람에 대해 이야기한다.

(6) One Change

한 학기 동안 100일 동안 이루고 싶은, 실천 가능한 작은 목표 1가지를 정한다. 매주 그 목표를 얼마나 이루고 있는지 조원들과 이야기 나눈다.

2) 비행(Flying): 교수의 주제 강의, 조별 학습 등 본격적인 수업 활동

3) 착륙(Landing): 오늘 수업 한 줄 소감(조별로), 구호 외치기로 마무리

나만의 교수법

다음은 인설진 교수들이 현장에서 활용하는 독창적인 교수 방법이다. 다음을 참고하여 활용해 보자.

1. 하이-5로 수업의 문을 연다[1)]

인설진 수업만의 독창적인 교육 방법 중 가장 인상적인 것은 수업의 포문을 여는 '하이파이브'이다. 이의용 교수님께서 인설진 수업을 시작할 때 교수와 학생들, 그리고 학생들끼리 하이파이브를 나누며 시작하도록 하신 것이 지금까지 인설진의 소중한 전통으로 이어져 오고 있다.

코로나19 시기에는 손바닥을 마주치는 하이파이브 대신 주먹과 주먹을 마주치는 방식으로 변화했고, 온라인 수업에서는 카메라를 향해 하이파이브를 하였다. 하이파이브를 하기 전 매 학기 첫 1~2주 동안은 하이파이브의 의미를 관련 연구를 바탕으로 잘 설명한 후에 서로를 응원하는 마음으로 하이파이브를 하도록 제안했더니, 학생들이 더욱 적극적으로 참여하는 것을 볼 수 있었다.

하이파이브에는 생각보다 깊은 의미가 담겨 있다. 긍정심리학 연구에 따르면, 하이파이브와 같은 짧은 신체 접촉은 옥시토신 분비를 촉진하여 신뢰와 유대감을 높인다고 알려져 있다(Zak, 2012). 하이파이브는 또한 비언어적 긍정 신호로 작동한다. "우리는 같은 팀이야. 잘했어!"라는 메시지를 즉각적으로 전달함으로써 개인의 인지적 · 사회적 자원을 확장시켜 더 창의적이고 협력적인 행동을 촉진한다고 한다. 스포츠심리학 분야에서도 흥미로운 연구 결과가 있다. 하이파이브, 포옹, 박수와 같은 제스처가 많은 팀일수록 경기 성적이 좋다는 연구가 보고되었다(Kraus, Huang, & Keltner, 2010). 이 연구에서 NBA 팀을 분석한 결과, 시즌 초반에 하이파이브나 포옹을 자주 하는 팀이 더 높은 협동심과 더 좋은 성적을 보였다. 이는 하이파이브가 단순한 동작이 아니라 팀워크를 강화하고 팀의 '심리적 안전감'을 높여 주는

1) 윤성혜

중요한 행위임을 보여 준다. 비언어적 커뮤니케이션 연구에서도 동시에 손바닥을 맞대는 하이파이브와 같은 동시적 제스처는 미러링(Mirroring) 효과를 일으켜서 상호 신뢰와 친밀감을 높인다고 보고하고 있다.

코로나19 이전에는 학생들 한 명 한 명과 수업 시작 전과 마칠 때 하이파이브를 나누며 인사를 했다. 지금은 상황에 맞게 변화하여 모든 학생이 조원들끼리 하이파이브를 한 후에, 멀리 떨어져 있는 다른 조 학생들과도 손바닥을 직접 마주치지는 못하지만 전후좌우를 돌아보며 서로를 응원하는 마음으로 '와이파이 하이파이브(WiFi Hi-Five)'를 꼭 하도록 한다. 비록 잠깐이지만 다른 조 학생들과 눈인사와 손동작을 나눌 때 서로 교감하는 마음이 생기기 때문에, 학생들의 얼굴에 매번 밝은 웃음이 피어나는 것을 볼 수 있다. 긍정적인 마음으로 수업을 시작할 수 있어 교육 효과가 배가되고 있다.

작은 제스처가 만들어 내는 변화는 놀랍다. 이를 통해 학생들은 서로의 마음을 열고, 함께 하는 기쁨을 느끼게 된다. 강의실이라는 공간이 단순히 지식을 전달받는 곳이 아니라, 서로를 응원하고 격려하며 함께 성장해 나가는 공동체로 변화하는 것이다. 이것이 바로 인설진 수업이 지향하는 'I'm Okay. You're Okay. We're Okay'의 모습이라고 생각한다.

2. 조 편성(Team Building)[2)]

수업에서 조를 편성하는 데에는 목적이 있다. 교수가 일방적으로 이론 강의만 하지 않고, 학생들을 수업에 참여시키고 상호 간에 소통을 하도록 하기 위함이다. 이는 중앙집권제 행정보다 지방자치제가 효과적인 것과 마찬가지다. 그러나 교수자의 입장에서는 조별 학습 활동이 일방적인 이론 강의보다 더 번거롭고 어려운 게 사실이다. 학생 입장에서도 부담(?)이 생긴다. 학생이 부담을 느낄수록 수업의 효과는 더 좋을 수도 있다. 조 편성은 학습 성과에 큰 영향을 끼친다. 한 조는 4~6명 정도로 짝수가 더 좋다. 리더십 있는 조장이 필요하며, 무임승차자나 방관자가 생기지 않도록 해야 한다.

조를 구성하는 방법에는 여러 가지가 있다. 첫째는 교수가 여러 가지를 고려하여 일방적으로 조를 편성하는 방법이다. 그러나 교수가 학생을 잘 알지 못하므로 효과가 낮을 수도 있다. 둘째는 자원 편성 방법이다. 조장 자원자를 먼저 모집하여 조원을 모으는 홍보 활동(스피치)을 한 후 조원을 모집한다. 이때 조장 후보자들은 뒤로 돌아서게 하고 그 뒤에 정원 수

2) 이의용

만큼 선착순으로 줄을 서게 하여 마감시킨다. 여성이나 남성의 수가 적거나 외국인 학생이 있다면 소수자들이 먼저 조를 선택하도록 한다. 셋째는 휴대전화 번호의 끝자리나 생년월일 등을 기준으로 편성하는 방법이다. 넷째는 자유 편성이다. 특정 팀에 고정적으로 편성하지 않고 교실에 들어오는 순서대로 자유롭게 조 좌석에 앉는 방법이다. 이 경우 그날만 조 소속이 되므로 지속적인 조 활동은 어렵다. 그러나 보다 많은 학생과 만날 수 있다는 장점이 있다. 학기의 전반기나 후반기에 새롭게 조를 편성하는 방법도 있다.

무임승차자가 생기면 조장의 부담이 커질 수 있다. 이를 예방하기 위해 조장, 사회자, 발표자, 서기, 정보수집자, 시간관리자 등으로 보직을 나누면 좋다. 이 중 정보수집자는 매주 다른 조에 가서 좋은 학습 활동을 배워 오기도 한다. 조 활성화를 위해 조 이름을 정하고, 조 구호를 정하거나 그라운드 룰을 정하기도 한다. 예를 들어, 존댓말 쓰기, 상대방의 말 경청하기, 의견 한 가지 이상 말하기, 상대방 의견에 긍정적으로 반응하기, 지각하지 않기, 조원 역할 분담하기 등이다. 학기 중에 꼭 이루어야 할 버킷리스트를 정하기도 한다. 예를 들어, 1명씩 질문하기, 같은 드레스 코드 맞추기, 함께 식사하기, 학습 모임 갖기, 영화 관람하기, 야구 경기 관람하기, 이성 친구 소개해 주기 등이다.

3. VAK를 통한 다감각적 상상[3)]

첫 시간에 학생들에게 꼭 묻는 질문이 있다. 그것은 "한 학기가 끝났을 때, 여러분은 어떤 모습으로 성장해 있기를 바라나요?"다. 여기서 중요한 것은 단순히 '열심히 하겠다'는 추상적인 다짐이 아니라, 구체적이고 생생하게 이루어진 모습을 그려 보도록 한다는 것이다.

특히 이루어진 모습을 실제 경험하는 것과 같이 상상하도록 VAK(Visual, Auditory, Kinesthetic) 방식을 활용해서 이 목표를 더욱 생생하게 만들어 보도록 한다. "그 목표를 이룬 자신의 모습을 시각적으로 그려 보세요. 어떤 표정을 짓고 있나요? 어떤 옷을 입고 있나요?"(Visual), "주변 사람들이 당신에게 어떤 말을 해 줄 것 같나요?"(Auditory), "그때 자신에게 어떤 말을 하고 있나요?" "그 순간의 기분이나 느낌은 어떨까요?" "몸에서 어떤 느낌이 느껴지세요?"(Kinesthetic)

목표가 이루어진 모습을 상상해 본 후에는 척도 질문을 통해 현재 상태를 점검해 본다. "그 이상적인 모습을 10점이라고 할 때, 한 학기를 마쳤을 때 몇 점이 되고 싶으신가요? 현재의 여러분은 몇 점 정도라고 생각하시나요?" 대부분의 학생이 원하는 모습은 8~9점, 현재 모습은 3~5점 사이의 점수를 매긴다. 스스로 체크하게 한 후, 마지막으로 "그렇다면 10점이 되기 위해서는 무엇을 해야 할까요?"라고 실행 계획(Action Plan)을 묻는다.

---

3) 윤성혜

점수와 실행 계획을 워크북의 빈 공간에 날짜와 함께 기록해 두도록 한다. 그리고 학기 중간중간, 특히 중간고사 전후나 새로운 단원이 시작될 때마다 이 점수를 다시 확인해 보는 시간을 갖는다. "지금은 몇 점 정도라고 생각하시나요? 처음보다 어떤 변화가 있었나요?" 학생들은 대부분 점수가 조금씩 올라가는 것을 경험하며, 이를 통해 자신의 성장을 객관적으로 인식하게 된다.

간혹 점수가 그대로이거나 오히려 떨어졌다고 하는 학생들도 있다. 하지만 이것 또한 의미 있는 발견이다. "목표에 대해 더 현실적으로 이해하게 되었다."라거나 "생각보다 더 많은 노력이 필요하다는 것을 깨달았다."라는 식으로 자신을 성찰하는 기회가 되기 때문이다.

학생들이 '한 학기 후의 나'를 구체적으로 그리는 순간, 학습의 방향성이 뚜렷해지고 실행 의지가 강화되는 것을 매번 목격한다. 또한 뇌과학 연구에 따르면, 우리의 뇌는 생생히 그려 본 미래 경험을 실제 경험과 유사하게 인식한다고 한다. VAK를 통한 다감각적 상상은 이런 효과를 더욱 극대화시킨다. 따라서 자신이 바라는 모습을 반복적으로 떠올리면 무의식적으로 그에 맞는 행동을 하게 되며, 자기효능감 역시 높아진다. 이 과정은 내적 동기를 촉발하는 역할도 한다. 주어진 과제를 '해야 하는 것'이 아니라 '스스로 선택한 것'으로 느낄 때 학생들이 자기 주도적으로 학습에 몰입하게 된다. 척도 질문을 통해 스스로 현재 위치를 진단하고 목표까지의 거리를 측정하는 과정에서, 학생들은 자신이 학습의 주체라는 것을 더욱 명확히 인식하게 된다. 무엇보다 미래의 자신을 그려 보는 것은 정체성의 확립과 직결된다. 학생들은 "나는 단순히 수업을 듣는 학생이 아니라, 내 삶을 설계하는 주체"라는 자각을 갖게 된다. 그리고 중간중간 점수를 확인하는 과정에서 자신의 성장을 가시적으로 확인하며 성취감을 느끼게 된다. 처음에 그린 미래의 모습이 학기 말 즈음 실제로 어느 정도 실현되는 경우를 자주 본다. 워크북에 적힌 점수의 변화 추이를 보면서 학생들 스스로도 자신의 성장 과정을 객관적으로 인식하고 뿌듯해한다. 이렇게 수업 초반에 학생들에게 한 학기 후 바라는 모습을 생생하게 그리도록 하고, 이를 척도로 계량화하여 지속적으로 질문하도록 함으로써 학생들이 저절로 셀프 코칭을 할 수 있는 훈련을 할 수 있다.

4. 여행의 시작-이륙![4]

여행은 설렘으로 가득하지만, '이륙'의 순간에는 누구나 한 번쯤 두려움을 느낀다. 매주 같은 수업을 15주간 반복한다는 것도 마찬가지다. 익숙함 속에서 어떻게 매번 새로운 출발을 만들지, 어떻게 높은 에너지로 시작할 수 있을지 고민하게 된다. 강사도 사람이기에 매주 활기차게 수업의 문을 여는 일은 결코 쉽지 않다. 하지만 첫 장면은 중요하다. 이륙이 흔들리면 여정 전체가 불안해질 수 있기 때문이다. 그렇기에 수업의 '시작'은 그날의 분위기와 몰입도를 좌우하는 중요한 신호가 된다.

1) 호기심 질문: 이륙을 위한 점화 장치

출석 확인만큼 학습자가 가장 지루감을 느끼는 시간도 없다. 인설진 수업에서는 매주 그날의 수업 주제에 맞는 흥미로운 질문을 미리 알려 주고, 이름을 부르면 "예." 대신 질문의 답을 말하게 한다. 이러한 방식을 통해 자기의 생각을 공개함으로써 서로 친숙해질 수 있다. "투명인간이 된다면 어디로 가고 싶은가?" "1시간 안에 가용할 수 있는 현금은 얼마인가?" 등 평소에는 생각하지 않던 질문을 통해 참가자들은 자연스럽게 자신의 내면을 들여다보게 된다.

한번은 "1시간 안에 끌어올 수 있는 돈은 얼마인가?"라는 질문으로 수업을 시작했다. 한 학생이 이렇게 답했다. "수업의 핵심 내용과는 다소 다르지만, 이 질문이 가장 인상 깊었다. 나는 단 한 번도 나의 신용이나 자산, 관계 기반의 신뢰 자본에 대해 진지하게 생각해 본 적이 없었다. 내 삶의 기반이 되는 인간관계와 금전적 여유를 돌아보는 계기가 되었다." 이처럼 낯선 질문은 개인의 자원을 인식하게 하고, 조원 간 대화에 몰입하게 만든다. 어색함은 사라지고, 수업에 자연스럽게 들어올 수 있는 분위기가 형성된다.

다음은 호기심 질문의 예다.

- 내가 투명인간이라면 가장 가 보고 싶은 곳, 하고 싶은 일은?
- 지금 1만 원을 준다면 어디에 쓰고 싶은가?
- 지금 10시간의 휴식 시간을 준다면 무엇을 하고 싶은가?

4) 한건수

- 지금 현금 100만 원과 휴가 100시간을 준다면 어느 것을 택하겠는가?
- 나를 숫자로 표현한다면?
- 나의 One Change 목표는?
- 오늘 희망하는 식사 메뉴는?
- 지금 세상에서 내게 가장 필요한 것은?
- 모든 동료에게 가장 멋지고 반갑게 인사해 보세요.
- 나는 무엇을 다루는 직업에 적합한가? 사람(Man), 지식정보(Information), 도구(Tool) 중 내가 가장 닮고 싶은 사람은?
- 도둑에게 가장 필요한 역량은?
- 가장 뛰어난 나의 역량 하나를 든다면?
- 내가 기업의 면접관이라면 무엇을 물어보겠는가?
- '비전'으로 2행시 짓기
- 앞으로 내 인생의 전성기는 몇 년도라고 생각하는가? 왜 그렇게 생각하는가?
- 지금 내 머릿속을 채우고 있는 생각(단어) 하나는?
- 1시간 내에 동원할 수 있는 현금은 얼마 정도인가?
- 채용 면접관에게 물을 기회를 준다면 무엇을 물어보겠는가?
- 무인도에 갈 때 가져가고 싶은 물건은?
- 이번 학기에 우리 수업 동료 중 친해지고 싶은 사람은?
- 이번 학기에 우리 수업 동료 중 친해진 사람은?

2) 긍정 정서의 전환 스위치-'굿 뉴스'

앞의 호기심 질문에 이어, 지난 한 주간에 있었던 '좋았던 일'을 적어 보는 시간이 이어진다. 사소한 사건이더라도 그것을 '좋았던 일'로 의미화하면서, 참가자들은 자신도 모르게 한 주를 되돌아보고 긍정적인 순간을 재조명하게 된다. 돌아보면 생각보다 좋은 일이 많았다는 것을 발견하게 되고, 그 경험을 나누는 것만으로도 좋은 에너지가 전파된다. 누군가의 이야기에 공감하며 웃고, 함께 축하해 주는 시간은 공동체 내 유대감까지 높여 준다.

3) 작은 실천을 점검하는 루틴-One Change 실천 결과 발표

다음으로 이어지는 활동은 One Change 실천 결과 발표다. 한 주간 자신이 시도했던 변화나 실천을 수치로 표현해 본다. 각자 10점 만점으로 달성도를 평가하고, 결과를 조원들과 공유한다. 이때 타인의 높은 점수에 자극을 받기도 하고, 자신의 작은 실천을 돌아보며 자부심을 느끼기도 한다. One Change는 단순한 점수 매기기가 아니다. 그것은 자신의 변화 가능성을 측정하는 작은 도구이자 자기 점검의 루틴이 된다. 그래서인지 많은 학생이 학기를 마친 후, 가장 기억에 남는 단어로 'One Change'를 꼽는다.

4) 조금 달라진 나, 그 기록의 힘

이륙 마무리에는 한 가지 질문이 따라온다. "이번 주, 내가 조금 달라진 점 3가지는 무엇인가?" 예를 들면, 다음과 같다. "다이어트 중인데 위가 줄어든 것 같다." "조원들과 더 편하게 이야기하게 되었다." "수영 체력이 조금 는 것 같다." 이렇게 구체적으로 작지만 개인적인 변화를 적고, 조원들과 나누며 서로 격려한다. 변화는 나 혼자만 알고 있을 때보다 누군가와 함께 나눌 때 더 강한 의미와 지속성을 갖는다.

5) 작은 변화의 축적이 만드는 큰 힘

하버드 경영대학원 석좌교수 테레사 에머빌(Teresa Amabile)과 그녀의 연구팀은 7개 기업의 26개 프로젝트 팀 구성원 238명을 대상으로 매일 일기 형식의 설문을 진행했다. 24시간 내 설문 회수율은 무려 75%였고, 약 12,000건의 데이터가 쌓였다. 그 결과, 응답자들이 기록한 사소한 사건의 28%가 당일의 내면 상태에 강력한 영향을 미친다는 사실이 밝혀졌다. 이런 사소한 사건은 구성원들의 동기와 행동에 직접적인 영향을 주는 것으로 나타났다. 심리학 연구에서도 이와 유사한 결과가 있다. Mochon, Norton과 Ariely(2008)는 반복적인 종교 활동이나 운동과 같은 소소한 루틴이 단일한 큰 사건보다 더 지속적인 행복 증진 효과를 가져온다고 밝혔다. "작은 변화는 작지 않다. 그것은 오늘의 나를 움직이는 에너지이자, 미래를 바꾸는 가장 확실한 시작이다."

5. "學에 더해 習의 변화를 만들다" – 작은 습관(One Change)의 위력[5)]

인설진 수업에는 1학년부터 4학년까지의 학생들이 함께 수업에 참여한다. 교과목의 제목

---

5) 오정근

이 그렇듯, 자신의 미래를 준비하려는 마음가짐을 갖춘 학생들이 수강한다. 하지만 학습 내용의 실천 여부가 당장 시급하지 않기 때문에 학생들은 변화 행동을 미루기 쉽다. 이를 해결하기 위해 첫째 주에 각 학생은 아주 작으면서도 실천하기 쉬운 '한 가지 변화(One Change)'를 선택한다. 작고 관리하기 쉬운 변화를 지속적으로 반복한다는 생각은 습관 형성의 핵심이다. 간단한 행동으로 시작하면 마음은 최소한의 저항을 경험하게 되고, 시간이 지남에 따라 이를 고수하기가 더 쉬워진다. 이 여정에서 학생들은 성취감과 자신감을 얻게 된다.

각자의 변화 행동은 교실 밖에서 이루어지므로 학생들은 점진적이고 개인적인 성장을 경험하게 된다. 교수자 입장에서는 이를 객관적으로 파악하려는 시도가 필요하다. 이에 대한 대안으로 학생들에게 e-게시판에 '한 줄 소감'을 써서 공유하도록 과제를 부여한다. 이를 통해 학생들이 자신의 변화에 대해 어떻게 느끼고 생각하는지 파악할 수 있다. 이 과정은 공개적으로 이루어지기 때문에 자기 객관화가 되어 시너지를 불러일으킨다. 교수자는 각 학생의 소감을 읽고 이에 답변하여 동기를 강화하고 지속성을 돕는다. 물론 매 수업 시작할 때마다 딤별로 시로 대회를 나눈 기회도 제공한다. 한 주 동안 잘 한 것과 부족했던 것이 무엇인지, 원하는 결과 대비 어느 정도 이루어 가고 있는지에 대해 이야기를 나누면서 서로 자극과 영향을 주고받는다. 이러한 작은 변화가 축적됨에 따라 서로를 강화하여 힘들이지 않고도 지속 가능한 긍정적인 습관을 만들어 나간다. 학생들이 언급한 자신의 변화 사례를 알아보면 다음과 같다,

1) One Change로 '방과 후 바로 집에 가지 않겠다'고 결심을 했던 사례다. 집에만 가면 소모적이고 낭비적인 활동에 시간을 보내게 된다는 점을 인식한 학생은 수업을 마치면 곧장 집으로 가지 않고 반드시 도서관이나 헬스장에 들르기로 하여, 시간을 더 가치 있게 사용하기로 했다. 그런 목표를 갖게 된 이유를 물어보니 첫 수업 때 시간 경영에 대해 학습한 것에서 자극을 받았다고 했다. 이렇게 함으로써 공부나 운동을 규칙적으로 하게 되어 자신의 라이프스타일로 굳어졌다고 하면서 성취감과 자부심을 표현했다. 이 학생의 습관이 성공할 수 있었던 중요한 배경 요인 중 하나는 바로 시간과 장소를 구체적으로 정했다는 점이다.

2) 시간과 장소를 고정함으로써 만족감이 커진 유사한 사례로, One Change로 '당일 복습하기'를 꼽은 학생을 들 수 있다. 이 학생은 한 시간 반이 넘게 걸리는 귀갓길 버스 안에서 당일 복습을 마친다고 했다. 이는 단기기억을 장기기억으로 빠르게 전환시키는

좋은 습관을 생활화한 예시다.

3) 세 번째 학생은 '계단 오르기'라는 간단한 목표를 정했다. 수업 중에 "나의 의도와 달리 제대로 지켜지지 않아서 걱정이에요."라고 말하며 말끝을 흐렸다. 이 학생에게 계단 오르기 행동에 대한 궁극적인 목적을 거듭 질문하니 동기가 명료해져서 실행력이 급상승했던 경우다. 이 학생은 계단 오르기를 단지 체력을 기르기 위한 의도로만 인식하고 있었다. 하지만 연속된 질문에 답하면서 '계단 오르기'가 수업이나 공부할 때 필요한 체력과 지구력, 집중력을 높여 주고, 그 결과 학점 관리에도 도움이 되며, 더 나아가 장학금과 대학생활 중 성취감 맛보기로 이어지는 것으로 알아차리게 되었다고 했다. 이렇게 상위 목적을 찾아보는 것도 변화 습관을 형성하는 데 큰 도움이 된다.

4) 또 다른 예다. 이 학생은 건강과 생활리듬 조절을 위해 '걷기 운동'을 선택했다. 원래는 아침마다 부모님을 자동차로 모셔다드린 뒤 바로 그 차로 귀가했다. 그러다 One Change를 하게 되면서 어머니가 저녁에 빠르게 퇴근할 수 있도록 차를 어머니 직장 주차장에 두고, 자신은 한 시간 정도를 걸어 집 방향의 하천 산책길을 따라 집으로 귀가한다고 했다. "9월 중반에 시작했기에 초기에는 더웠지만 별로 개의치 않았다. 실제로 10월 중순에 접어들면서 몸도 가벼워지고, 주변 풍경과 모습들이 변화하는 모습을 보며 나름대로 뿌듯함을 느끼며 걷고 있다. 시간의 흐름을 느낀다고 해야 하나! 사람들의 모습, 주변 풍경, 날씨, 바뀌어 가는 온도와 바람 등 온몸으로 미세한 변화를 만끽하고 있음에 요새 아침은 항상 상쾌하면서도 느긋한 기분이다."라고 말하는 모습을 보면서 부모된 마음으로 이 학생이 자랑스럽고 대견하게 느껴졌다.

6. 자기 주도적으로 변화를 이루는 One Change[6)]

"인설진에서 가장 기억에 남는 단어는?"라는 질문은 비전 콘서트 발표 때마다 꼭 하게 되어 있다. '강점' '사명' '회복탄력성' '가치' '달팽이 지도' 등 다양한 단어가 오가지만, 수많은 단어가 수업을 통해 소개된다. 그중에서 가장 자주 거론되는 단어는 단연 'One Change'이다.

One Change는 인설진을 진행하며 필자가 제안한 것이다. 내용은 아주 간단하다. 수업과

---

6) 한건수

관련된 내용도 좋고, 그렇지 않은 내용도 좋다. 자신의 삶을 더 발전시킬 수 있는 아주 작은 행동 한 가지를 매일 목표를 세우고 실천하는 것이다.

학기 초에 이번 학기에 세우고 싶은 One Change 내용을 적어 보도록 한다. 예를 들면, 매일 감사한 일 3가지씩 생각하기, 일기 쓰기, 복습 및 과제 당일에 하기, 매일 영어 단어 외우기, 자기 전에 책 5분씩 읽기, 매일 30분 이상 운동하기, 하루에 핸드폰 덮고 1시간 반 이상 공부하기, 하루 10,000보 걷기, 규칙적인 수면 패턴(12시 취침 습관화하기), 경제 뉴스 3개 보기, 수업 100% 출석하기, 과제 100% 즉시 하기, 금연하기, 이번 학기에 영화 10편 보기, 자격증 따기, 이번 학기에 수업 중에 질문 20번 하기, 약속 시각 지키기, 매일 20명과 인사하기, 매일 "고맙습니다"라고 50번 말하기, 매일 내 방 청소하기, 매일 다른 사람과 점심 식사하기, 등 뒤로 X자 양손 닿기, 화초 기르기, 이번 학기 중 매일 운동장 3바퀴 걷기, 엘리베이터 안 타기, 이번 학기 중 학교 뒷산 5번 오르기, 매일 아침 6시에 서쪽 하늘 사진 찍어 앨범 만들기, 규칙적으로 취침하고 기상하기, 욕하지 않기 등이 있다.

그중 한 가지를 선택해서 이번 학기의 One Change로 삼고 매주 One Change를 실천한다. 그리고 다음 수업 시간 오프닝 때 점수를 점검한다. 이때는 10점 만점에 몇 점인지, 이유는 왜 그런지 이야기를 나눈다. 이 점검과 나눔의 과정은 큰 의미를 갖는다. 6인 1조로 나누다 보면, 꾸준히 8~9점 이상을 실행한 사람이 있기 마련이고, 그런 사람의 발표를 보면서 다른 친구들이 자극을 받게 된다. 말하자면 동료 압박이다. 잘한 것에 대해서 서로 인정해 주는 것뿐인데, 매주 이렇게 인정하는 문화를 갖다 보면, 스스로 실천하려는 의지가 생기고, 마지막 비전 콘서트 때는 평균 7~8점 이상의 높은 실행력을 달성한 학생들이 주를 이루게 된다. One Change가 학생들 사이에서 자주 거론되는 이유는 다음과 같다.

① 스스로 목표를 세워서 달성하는 훈련을 지속적으로 15주간 동안 실천해 볼 수 있는 기회가 많지 않다. 목표의 난이도를 스스로 수정할 수도 있고, 목표 자체를 바꿀 수도 있다.
② 책을 한 권도 읽지 않던 친구가 처음으로 완독을 하고, 그 이후로도 책을 계속 읽게 되는 일이 있을 정도로 자신이 무언가를 할 수 있다는 작은 성취감과 효능감을 느끼게 된다. 이런 효능감은 무기력증에서 벗어나 나도 뭔가를 할 수 있다는 믿음으로 다른 활동에도 긍정적인 영향을 미치게 된다.
③ 보통의 수업을 마치면 인지적 변화에서 그치게 되는데, One Change를 통해 건강이 좋아지거나 생활 패턴이 좋아지는 실질적인 변화를 경험하게 되고, 매주 이를 추적하면서 건강한 상태를 유지하는 경험을 하게 된다.

7. 조별 영상 만들기[7)]

이 수업의 성공 포인트는 수업에 참여하는 학생들의 주도적인 자세다. 수업은 학생들이 철저히 주도적으로 자신의 인생을 설계하도록 진행된다. 5~6명의 수강생을 한 조로 구성하여 조별로 자율적인 수업 진행이 이루어진다. 처음 수업하는 날 반 전체 학생들의 투표로 선정된 조장은 토의나 실습의 진행자다. 지도 교수는 매주 수업의 주제에 대한 핵심 내용을 강의하고, 이후 조장의 진행으로 조원들과 함께 주제에 대한 능동적인 의견을 공유하게 된다. 학생들 스스로가 인생설계의 주제를 어떻게 풀어갈지 토의하고 발표하며 작업한다.

이러한 자기 주도적 수업의 일환으로 조별로 영상을 제작하여 발표하는 수업을 진행한다. 요즘은 영상 소통의 시대다. 유튜브 크리에이터가 날로 증가하고 있다. 조별로 인생설계와 관련된 주제를 정하여 그 주제에 대한 영상을 만들고 발표하도록 하였다. 조원 전원이 참여해야 한다. 조원들은 기획, 대본 구성, 촬영, 편집 등으로 역할을 분담한다. 출연진은 모두 조원들이다. 영상은 스마트폰으로 촬영한다. 편집은 스마트폰 앱 및 기타 영상 편집 프로그램을 사용한다.

수업 개강 후 3주 정도의 준비 및 제작 기간을 갖게 되는데, 학생들은 이 기간 동안에 함께 만나서 준비하며 영상을 제작하게 된다. 그리고 학기별로 중간고사 시간에 발표한다. (이 수업은 별도의 중간시험을 치루지 않는다.) 조원들은 이렇게 공동 작업을 하며 서로 소통하게 된다. 더 가까이에서 친밀감을 나누며, 인생의 미래에 대해서도 함께 고민하게 된다. 조원들은 대부분 이 수업에서 처음 만나는 사이다. 소통하기에 서먹하기도 하고, 인생설계라는 큰 주제를 갖고 의견을 공유하는 것이 쉽지 않다. 하지만 이렇게 함께 소통하는 영상 작업을 통하여 서로를 알게 되고, 곤고한 협력 관계가 형성된다.

영상을 매개로 한 이 수업 진행의 진정한 목적은 영상 제작이 아니다. 이러한 제작 과정을 통하여 학생들 스스로의 인생 문제에 집중하게 하고 자신의 인생설계에 깊이 관심을 갖도록 유도하는 것이 목적이다. 주제로는 마포대교 '생명의 다리'부터 시작해서 '인생을 주제로 한 영화 이야기', 조원들의 생활을 돌아보는 '나의 하루'까지 다양한 주제로 많은 영상이 제작되었다. 개인별 영상도 의미가 있지만, 조별로 영상을 제작하는 것은 더욱 의미가 있다. 가급적 학기 초에 시도해 보는 것이 유익할 것이다.

---

7) 함선욱

8. 나만의 이야기책 만들기 프로젝트[8)]

나의 스승이자 멘토이신 이의용 교수님은 매년 한 권의 책을 집필하는 것으로 유명하다. 학창 시절 이의용 교수님의 '인설진' 수업을 들으며 인생 설계도를 작성해 보면서, 한 페이지 한 페이지에 정성을 들여 만드는 과정을 통해 이것이 나의 자서전이 될 수 있고, 미래의 일기장이 될 수 있다는 생각을 하게 되었다. 그때부터 나는 똑같은 한 페이지 과제를 하더라도 내 인생의 자서전을 지금 만들고 있는 과정이라는 생각을 하니 정말 몰입하며 최선을 다해서 내 인생을 마주하게 되었던 기억이 난다.

요즘 시대를 1인 제조 시대, 1인 유통 시대, 1인 홍보 시대라고 일컬을 수 있을 정도로 예전에는 개인 혼자로는 불가능했던 일들을 이제는 얼마든지 개인 혼자 할 수 있는 세상이 되어 가고 있다. 출판 역시 이제는 얼마든지 개인 스스로 독립 출판을 통하여 자신의 책을 출판할 수 있게 되었다.

나는 학생들에게 '나만의 이야기책'을 만들어 가는 시간이 바로 '인설진'라는 수업이라고 소개를 한 후 나만의 자서전을 한 학기 동안 써 보자고 동기를 유발한다. 유명한 사람 또는 무엇인가 성공했거나, 업적을 가지고 있어야만 자서전을 쓸 수 있다는 고정관념이나 선입견을 가지고 있는데, 자서전은 말 그대로 나에 대한 이야기를 쓰는 책이기 때문에 누구나 쓸 수 있는 것이 바로 자서전이다.

나무를 잘라 보면 그 단면에 보이는 나이테를 보면서 나무가 지나온 세월의 흔적을 엿볼 수 있듯이, 한 개인도 인생의 나이테를 매 순간 성실히 만들어 가면 그것을 통하여 한 개인을 조명해 볼 수 있는데, 그 활동이 바로 나만의 이야기를 적어 가는 것이다.

『책을 읽는 사람만이 손에 넣는 것』을 집필한 후지하라 가즈히로의 책 내용에 '퍼즐형 인간'과 '레고형 인간'에 대한 언급이 있는데, 인생의 한 조각조각을 정해진 퍼즐을 맞추어 가는 것이 아니라 나만의 레고를 쌓아 가는 것이 나만의 새로운 이야기를 써 내려가는 것이고, 그것이 나의 인생의 나이테가 되는 것이라는 내용을 학생들에게 강조하곤 한다.

인설진 수업마다 주어진 주제에 대해서 단순히 숙제하는 방식으로 대하는 것이 아니라, 나중에 자신만의 이야기책이 나올 수 있도록 주제에 맞는 자신만의 글을 써 내려가는 것을 강조하였고, 이를 통해 주제별 강의 및 주 단위 과제에 대한 몰입도가 높아지는 결과를 얻을

8) 한상훈

수 있었다. 하루하루 살아가면서 오늘 나만의 이야기책의 한 페이지를 어떻게 써 내려갈까 생각을 하면서 인생을 살아갈 경우, 하루하루 삶을 대하는 태도 또한 진지해지고 목표와 가치 지향적인, 주도적인 삶을 살 가능성이 높아진다. 그러한 내용을 또 나의 이야기로 작성해 보는 과정으로 이어지면 자아효능감이 높아지며, 긍정의 선순환 구조가 나를 더욱 성장시킬 수 있는 원동력이 될 수 있다.

현재는 직접 PPT로 작성하는 설계도 방식에서 워크북 형태로 빈칸을 채워 가는 방식으로 변경되었지만, 수업을 시작하기 전에 꼭 한 번 자신의 이야기책을 만드는 과정이라는 얘기와 함께 수업 마지막 날에는 16페이지의 요약본으로라도 자신만의 이야기책을 만들어 보는 것을 목표로 도전해 보자는 미션을 제시하면서 수업을 시작하는 것도 매우 효과적인 수업 방법론이라고 생각한다.

내 인생의 다음 페이지는…….

9. 직업적으로 도움이 되는 인간관계망 구축하기[9)]

수업 시작에 앞서 다음과 같은 말로 동기 부여를 한다.

"여러분 중에 혹시 '나는 아는 사람이 별로 없어서 직업적으로 도움을 받기가 어렵다.'라고 생각하는 분이 있습니까? 우리나라에서는 어느 누구라도 1~2명만 거치면 연결할 수 있다는 사실이 우리에게 희망을 줍니다."

9) 이현기

그러면서 관계 구축의 7가지 기본 원리를 설명한다.

① 비가 올 때에만 우산을 찾듯이 자신이 필요할 때에만 연락을 하면 긴밀한 관계로 발전되지 않는다. 중요한 지인에 대해 지속적인 관심을 기울여야 한다.
② 받으려고만 하면 관계는 깨진다. 먼저 베풀어야 한다.
③ 사람에게는 다 그럴 만한 이유가 있다는 관용의 자세를 견지해야 한다.
④ 상대방의 단점보다는 장점을 보는 안목을 길러야 한다.
⑤ 농부는 수확을 기대하되 집착하지는 않는다. 상대방과 관계를 증진함에 있어 즉효성을 바라면 안 된다.
⑥ 사람마다 기호와 취미가 다르므로 개별 맞춤형으로 다가가기 위해 창의적인 노력이 필요하다.
⑦ 내적 성품을 가다듬고 역량을 가꾸는 등 끊임없는 자기개발이 필요하다.

아울러 직업적으로 도움이 되는 인간관계망 구축 방법을 다음과 같이 안내한다.

① 1차 지인 중에서 직업적으로 도움이 될 만한 사람 10명 엄선하기
② 각각의 대상에 대해 개별 맞춤형 관계 구축 계획을 수립하기(관계 구축의 7가지 기본 원리 적용)
③ 10명 각각에 대해서 접촉 이력을 관리하며 각별한 관계를 구축해 나가기

앞의 내용을 참고하여 학생 각자가 직업적으로 도움이 되는 인간관계망 구축 계획서를 작성하여 과제로 제출하도록 안내한다.

10. 스토리텔링으로 강점 찾기[10]

1) 강점 찾기의 중요성

대학생 시기는 인생의 중요한 전환점이다. 학업을 마치고 사회로 나가는 과정에서 '나는 어떤 사람인가?' '어떤 일을 해야 의미가 있을까?'와 같은 질문을 스스로 던지게 된다. 이때

10) 오정근

자신의 강점을 명확히 아는 것은 진로 탐색과 인생설계에서 핵심적인 역할을 한다. 수업에서 강점을 다루는 의미는 다음과 같다.

첫째, 강점은 진로 방향을 설정하는 나침반이 된다. 자신의 강점을 알면 자신에게 맞는 직업과 역할을 찾는 데 유리하다. 예를 들어, 창의적인 아이디어를 떠올리는 것이 강점인 학생이라면 마케팅, 디자인, 콘텐츠 기획 등의 분야에 더 잘 맞을 가능성이 높다. 반대로, 꼼꼼함과 논리적인 사고가 강점이라면 연구, 분석, 기획 등의 직무에서 강점을 발휘할 수 있다.

둘째, 자신감과 자기 동기 부여가 이루어진다. 자신의 강점을 모르고 남들과 비교만 하다 보면 자신이 부족하다고 느끼기 쉽다. 하지만 강점을 정확히 알게 되면, '내가 잘하는 것이 분명히 있다'는 확신이 생기고, 어려운 상황에서도 도전하려는 의욕이 생긴다.

셋째, 효과적인 자기 PR과 네트워킹이 가능하다. 대학 생활 동안 인턴십, 면접, 대외 활동 등을 하면서 자기소개를 해야 하는 순간이 많다. 이때 자신의 강점을 명확히 알고 있으면 자신을 더 효과적으로 표현할 수 있다. 또한 강점을 기반으로 한 네트워킹을 통해 자신의 분야에서 좋은 기회를 얻을 가능성도 높아진다.

2) 강점을 찾는 방법

강점을 찾는 방법에는 여러 가지가 있다. 스스로 탐색하는 방법과 타인의 피드백을 활용하는 방법을 함께 시도하면 더욱 효과적이다.

첫째, 자신의 강점을 찾는 가장 좋은 방법 중 하나는 스토리텔링 기법을 활용하는 것이다. 혼자 강점을 찾는 방법으로는 크게 칭찬을 받았거나 성취감을 느꼈던 경험을 떠올려 보거나, 어려움을 극복했던 경험을 정리하며 어떤 능력을 발휘했는지 찾아보는 것이다. 한편, 친구나 가족에게 "내가 잘한다고 생각하는 점이 뭐야?"라고 물어보면서 피드백을 받는 것도 바람직하다.

둘째, 강점 진단 검사를 활용하는 것도 좋은 방법이다. 이런 도구를 활용하는 것은 객관적인 데이터를 통해 강점을 발견할 수 있어 효과적이다. 강점은 단순히 취업을 위한 도구가 아니라, 자기 자신을 깊이 이해하는 과정이다. 또한 강점은 자기소개서나 면접 때 유용하게 활용되므로 좀 더 구체적으로 파악하고 기억하기 위하여 실습을 전개한다.

3) 스토리텔링으로 강점을 찾는 방법

자신의 강점을 발견하는 가장 효과적인 방법 중 하나는 스토리텔링이다. 경험을 이야기로 풀어 보면서 자연스럽게 자신이 가진 능력과 자질을 깨닫게 된다. 수업에서 학생들이 편안하게 자신의 강점 스토리를 찾아낼 수 있도록 미리 질문 세트를 제공하여 짝과 2인 대화를 나누도록 한다. 이후 그룹 토의를 통해 서로 피드백을 주고받으며 강점을 더욱 명확하게 정리할 수 있도록 돕는다.

(1) 1단계: 강점 스토리 찾기

먼저, 학생들에게 다음의 두 가지 질문을 던진다.

- "살면서 가장 크게 칭찬받았던 경험이 있다면 어떤 건가요?"
- "어려움을 극복했던 경험으로 어떤 것이 있나요?"

이와 같은 질문을 통해 학생들이 의미 있는 경험을 떠올릴 수 있도록 한다. 이해를 돕기 위해 어떤 대학생의 답을 예시로 들어 설명한다.

> "저는 대학교 2학년 때 동아리 회장이 되었을 때가 생각나요. 당시 동아리 분위기가 침체되어 있었고, 신입 회원도 거의 없었어요. 모두가 '이제 동아리가 사라질지도 모른다'고 걱정했죠. 그런데 제가 회장이 된 후 동아리를 다시 활성화시키는 데 성공했어요. 그때 선배님들에게 정말 많이 칭찬을 받아서 기분이 좋았어요."

(2) 2단계: 배경 이야기 구성

배경에 대한 질문으로 좀 더 구체적인 스토리를 정리한다.

- "언제, 어디서, 어떤 일이 있었나요?"

> "2학년이 되면서 동아리 회장을 맡게 되었어요. 그런데 코로나 이후 동아리 활동이 거의 중단되면서 기존 회원들도 흥미를 잃고 있었어요. 동아리가 사라지는 것을 막고 싶었지만, 저는 리더 역할을 해 본 적이 없었기 때문에 걱정이 컸거든요."

(3) 3단계: 소망이나 목표 회상

- “그 당시에 되고자(to be) 이루고자(to do), 혹은 갖고자(to have) 간절히 원했던 것은?”
- “그때 본인이 가장 원했던 것은 무엇이었나요?”
- “목표는 무엇이었나요?”

“저는 동아리가 다시 활기를 찾았으면 좋겠다고 간절히 바랐어요. 회원들이 자발적으로 활동에 참여하고, 동아리가 우리 모두에게 의미 있는 공간이 되길 바랐죠. 하지만 어떻게 해야 할지 몰라서 막막했어요.”

(4) 4단계: 장애 요인 탐색

- “목표를 이루는 데 가로막았던 장애 요인은 어떤 것이었나요?” (자기 내면, 외부 환경이나 자원)
- “장애 요인이 아니더라도 당시 자신이 힘들다고 느꼈던 것은?”

“가장 큰 문제는 ‘무관심’이었어요. 기존 회원들은 이미 흥미를 잃었고, 신입 회원 모집도 어려웠어요. 회장으로서 뭔가를 바꿔야 한다는 부담감이 컸고, ‘내가 이걸 해낼 수 있을까?’ 하는 두려움도 있었어요.”

(5) 5단계: 발휘된 강점

본인의 강점을 찾는 단계다. 자기 안의 자원을 확인함으로써 자신감과 미래 가능성에 대해 보다 신뢰하게 된다.

- “성취하거나 극복해 나가는 과정에서 발현된 본인의 강점 단어를 꼽아 본다면?”

“처음에는 막막했지만, 저는 포기하지 않았어요. ‘한 명이라도 동아리에 관심을 가지게 만들자’는 목표를 세우고 작은 것부터 시작했어요. 먼저, 기존 회원들에게 따로 연락해 고민을 듣고, 의견을 모았어요. 그리고 교내에서 동아리 홍보 포스터도 붙이고, 활동을 담은 짧은 영상을 만들어 심리적 부담 없이 쉽게 접근할 수 있도록 SNS에 올렸어요. 예상보다 반응이 좋아서 새롭게 설명회를 열었고, 결국 신입 회원 15명이 들어왔어요! 저는 ‘끈기’와 ‘문제 해결 능력’을 발휘했고, ‘설득력’도 키울 수 있었어요.”

(6) 6단계: 교훈 찾기

사건 속에서 교훈을 찾는 것은 이야기를 듣는 사람뿐 아니라 자기 자신을 다지는 데에도 도움이 된다.

- "자신의 스토리를 통해 주변 사람에게 들려 주고 싶은 교훈은?"
- "처음에는 '내가 할 수 있을까?'라는 두려움이 컸지만, 한 걸음씩 시도하다 보니 변화를 만들 수 있었어요. 가장 중요한 것은 포기하지 않는 태도였어요. 작은 변화라도 꾸준히 만들어 가면 결국 큰 성과를 얻을 수 있다는 것을 배웠어요."

(7) 7단계: 그룹 토의 – 강점 피드백 받기

이후 학생들은 6명씩 모인 그룹 안에서 서로 돌아가며 자신의 강점 스토리를 발표한다. 학생들은 두 번 발표함으로써 스토리를 더 실감나게 다지게 된다. 이때 감정 단어들을 포함하여 발표하도록 화면의 '감정단어 리스트'를 참고하도록 제공한다. 발표자 이외에 5명의 멤버들은 빌표를 들으면서 추가로 찾아낸 강점 키워드를 적어 놓았다가 발표를 마치면 전달해 준다. 예를 들어, 앞의 사례에서 동아리를 변화시킨 경험을 들은 동료들은 다음과 같은 피드백을 전달한다.

- "리더십이 정말 뛰어나네요! 회원들을 하나로 모으는 능력이 대단해요."
- "창의력이 좋아요! SNS 홍보 아이디어가 신입 회원 모집에 큰 도움이 된 것 같아요."
- "포기하지 않고 끝까지 해결책을 찾은 게 인상적이에요. 책임감도 강한 것 같아요."

이 과정을 통해 학생들은 자신이 미처 인식하지 못했던 강점을 더 많이 발견하게 되며, 긍정의 피드백을 전달하면서 서로에 대한 이해의 폭도 넓어지고 학습자 상호 간의 친밀도도 높아진다.

4) 스토리텔링을 통한 강점 발견의 효과

스토리텔링을 활용하면 단순히 강점을 '찾는 것'에서 끝나는 것이 아니라, 그 강점을 실제 경험 속에서 어떻게 발휘했는지 생생하게 이해할 수 있다. 스토리를 구성하는 능력도 생기고 발표 능력도 좋아진다. 또한 다른 사람의 피드백을 통해 자신의 강점이 더욱 선명해지고, 자신감도 커진다. 이렇게 스스로의 경험을 돌아보는 과정은 단순한 강점 찾기를 넘어 자기 자신에 대한 깊은 이해와 자신감을 기르는 기회가 된다.

11. 비전 콘서트 전개 방법[11)]

1) 매주 한 줄 소감 작성

비전 콘서트는 한 학기 동안에 학생들이 자기 탐색과 진로 설계를 해 온 과정을 종합적으로 발표하는 시간이다. 비전 콘서트를 하는 목적은 한 학기 수업의 결과물을 함께 공유하고, 상호 간에 자극을 주고받으면서 내적 동기 부여를 도모함으로써 수업 이후에 미래로 나아갈 힘을 얻고자 함이다. 다만, 종합 발표를 하라고 하면 부담스러워할 수 있다. 이를 완화하기 위해 매주 수업을 마치기 직전에 e-Campus 게시판에 '한 줄 소감'을 작성하도록 한다. 매주 학습 결과를 요약한 '한 줄 소감'을 토대로 마지막 수업(15주차) 때의 비전 콘서트를 준비할 수 있다. 한 줄 소감 작성은 다음과 같이 안내한다.

- 10주차 한 줄 소감 안내문 예시: "오늘도 열심히 참여해 주어서 감사합니다. 오늘은 직업 가치관과 선호하는 직업 찾기 등에 대해 수업을 했습니다. 선호하는 직업명과 그 이유를 소개해 주세요. 수업을 마친 후의 느낌, 어떤 생각이나 실행 계획에 대한 다짐, 그리고 변화된 이야기 등 소감을 남겨 주세요. 'What-Why-How'로 표현해도 좋고, 'Feel-Learn-Do'의 형태를 고려해서 작성해도 좋습니다."
- 11주차 한 줄 소감 안내문 예시: "오늘 수업 만족은 어땠나요? VM 작업을 통해 만든 자신의 비전과 미션을 소개하고, 소감(Feel+Learn+Do)도 남겨 주세요."

2) 비전 콘서트 발표 항목 제시

아울러 비전 콘서트에서 발표할 소항목을 예시로 제공해 줌으로써 지향성 있는 발표가 되도록 한다(각 항목별 목적, 내용, 작성 예시, 기대효과).

(1) 비전 · 미션 설정(11주차)

- 목적: 자신의 직업적 방향성과 핵심 가치를 명확히 정리함
- 내용: 비전 · 미션 카드를 작성하여 자신이 추구하는 일의 의미와 가치를 정의

11) 오정근

- 작성 예시: 나 송○○에게는 꿈이 있습니다. 그것은 재미있는 역사 교사가 되어(직업적 비전) 학생들이 역사를 다양한 관점으로 수용하며, 문화재, 전시 등의 역사 콘텐츠를 접할 때 열정을 느끼게 하도록 교육하는 것입니다.(미션)

(2) 역량 개발 목표 설정(14주차)

- 목적: 현재 자신의 강점과 부족한 역량을 진단하고, 필요한 역량을 개발할 계획을 세움
- 내용: NCS(국가직무능력표준) 직업기초역량 진단 후, 보완할 역량과 개발 계획 수립
- 작성 예시: 의사소통 능력이 부족하다고 진단되어 향후 6개월 동안 발표 연습 및 글쓰기 훈련을 진행할 계획임
- 기대효과: 진로에 필요한 역량을 명확히 이해하고, 장기적인 성장 계획을 세울 수 있음

(3) 자기 발전 평가(학기 초-말 비교)

- 목적: 학기 초 진단 결과와 비교하여 자신의 발전 정도를 점검하고, 부족한 부분을 보완할 계획을 세움
- 내용: 학기 초 '인생설계 준비도 자기 상태 진단' 결과와 비교하여 15주간 발전한 점과 향후 보완할 항목에 대한 실행 계획을 정리
- 작성 예시: "처음에는 나의 강점과 약점을 잘 몰랐지만, 이제는 강점을 찾아 활용하는 방법을 알게 됨" "시간 관리를 잘하지 못했지만, 15주간 작은 습관을 실천하면서 일정 관리가 향상됨, 협업을 요청하는 시도가 더 필요함"
- 기대효과: 자기 성장 과정을 객관적으로 돌아보고, 지속적인 자기 개발 방향을 설정할 수 있음

(4) One Change 경험 공유

- 목적: 작은 변화를 통해 습관 형성과 자기 성장 경험을 나눔
- 내용: 자신이 선택한 'One Change' 목표, 중요성, 진행 과정, 성과 및 어려웠던 점 공유
- 작성 예시: 방과 후 바로 집으로 가지 않고 도서관으로 가기를 택한 이유는 생산적 시간 활용과 꾸준히 학습하는 습관을 만들고 싶었기 때문이었음. 전공과목 복습에 집중할 수 있어서 중간고사 시험을 잘 치르게 되었고, 전공 공부가 재미있어져서 지금은 매우 만족함
- 기대 효과: 작은 성취를 통해 자기효능감을 키우고, 지속 가능한 변화 습관 형성

(5) 미래의 나 상상

- 목적: 1년 후 자신이 어떤 모습이 되어 있을지 상상하고, 목표를 구체화
- 내용: 무엇이든 가능하다는 전제하에 1년 후 자신의 모습과 이루고 싶은 목표를 시각화하여 발표
- 작성 예시: 1년 후 나는 커뮤니케이션 역량을 키워서 동아리에서 리더 역할을 맡아 동기부여를 잘하는 사람이 되어 있을 것이다. 작은 변화인 one change를 통해 일상 속 감사를 의식하고, 의식적으로 긍정적인 사고하는 것이 어느덧 습관이 되었다. 앞으로 간혹 찾아오는 부정적인 감정도 익숙하게 수용하여 나를 좀 더 아낄 줄 아는 사람이 되어 있을 것이다. 어려운 일이 닥쳐도 긍정과 감사를 통해 이겨 내고 반드시 꿈을 이루어 내는 사람이고자 한다.
- 기대효과: 미래의 자신을 구체적으로 그려 보며, 동기 부여 및 자기 주도적 목표 설정

AI 시대의 교수법[1)]

1. AI 시대의 교실 풍경

"수업 중 '찰칵 찰칵'… 놀라지 마세요, ChatGPT로 필기 중이랍니다."

(서울 = 연합뉴스) 정윤주 기자 = 최근 대학생들의 커뮤니티 '에브리타임'에는 ChatGPT로 온라인 강의에서 100점 맞는 비법을 공유한다는 글이 올라왔다. '강의 영상 속 PPT를 캡처해 Chat GPT에게 보여 주면 된다' '핵심만 A4 1장 분량으로 요약해 달라고 해서 제출하면 100점'이라는 것이다.

오프라인 수업에서도 비슷한 일이 벌어지고 있다. 수도권 한 대학의 산업디자인학과 A교수는 요즘 필기하는 학생을 본 일이 없다고 했다. "다 휴대전화로 '찰칵, 찰칵' 하며 PPT와 칠판을 찍어 간다. 그걸 Chat GPT에게 정리해 달라 하면 필기 노트가 되는 것"이라는 설명이다.

ChatGPT에게 영어 논문을 번역해 달라거나 자료 검색을 부탁하는 건 이미 구문이고, 리포트 대필 역시 기본이 됐다. 서울 한 사립대 공대 B교수는 "'다른 방식으로 써 줄까'라는 ChatGPT의 마지막 말까지 그대로 '복붙'하는 학생도 있다"며 "ChatGPT를 쓸 거라고 생각은 했지만, 너무 당당하게 손도 안 대는 느낌"이라고 하소연했다.

발표 PPT 역시 ChatGPT가 모두 만들어 준다. "PPT는 자신 있다"던 복학생들의 푸념이 나올 정도다. 컴퓨터를 사용할 수밖에 없는 '코드 짜기' 시험이 끝나면 "앞자리 학생이 AI 쓰는 걸 봤다"는 신고가 1~2건씩 접수된다고 한다. 작사는 물론, 작곡까지 AI에게 맡긴 음대생이 감점 받은 사례도 교수들 사이에서 공유되고 있다.

학생들 사이에선 ChatGPT 사용이 사실상 거스를 수 없는 흐름이라는 인식이 크다. 편리하기도 하지만, 학점 경쟁을 생각하면 더 그렇다고 한다. 서울 한 사립대 영문과 3학년 조모씨는 "다들 AI를 쓰는데 나만 안 쓰면 뒤처지는 느낌"이라고 했다. 유튜브에는 'ChatGPT 사용 과제 5분 컷 완성', '교수님에게 ChatGPT 안 들키는 법' 같은 영상이 인기를 끌고 있다.

교수들도 점차 바뀌고 있다. "지난해까지만 해도 어떻게 잡아낼지를 고민했다면, 이제는 어쩔 수 없다는 분위기다. 어차피 쓴다."(A교수)라는 것이다. 일부 학교에선 AI 사용을 표절로 간주하고, '탐지 프로그램'을 도입했지만 효용이 크지 않다고 한다. 프로그램이 생성형 AI의 발전 속도를 따라잡기 어렵기 때문이다.

1) 이의용

> 오히려 적극적으로 받아들이려는 흐름도 있다. 한 국립대 신문방송학과 C 교수는 'ChatGPT를 무제한 써도 좋다'는 지침을 학생들에게 내렸다. C교수는 "광고회사 같은 실무 현장에서는 오히려 'AI 잘 쓰는 학생을 추천해 달라'고 한다."라며 "ChatGPT로 똑같은 과제를 시켜도 학생마다 퀄리티 차이가 나는 걸 보면, 결국 잘 활용하는 것도 실력인 셈"이라고 말했다.
>
> 정윤주(연합뉴스, 2025. 4. 29.).

2. ChatGPT의 등장으로 교수가 겪는 당혹스러운 현상

1) 학생 질문 수준의 급격한 변화

학생들이 AI에 의해 이미 다듬어진 '깊이 있는 질문'을 하거나, 반대로 AI의 답변을 그대로 읽어 와서 진정성이 느껴지지 않는 질문을 하기도 한다.

2) 학생의 사전지식 불균형 심화

어떤 학생은 AI를 활용하여 학습을 보충하며 이해도를 높이는 반면, 어떤 학생은 AI에 그대로 의존해 기초가 부족해지면서 격차가 커진다.

3) 과제와 발표의 진정성 의심

학생이 발표를 하거나 보고서를 제출했을 때, 본인이 작성했는지 AI가 작성했는지 구분이 어렵다.

4) 강의 중 즉각적인 검증 요구

교수의 설명이 끝나자마자 학생들이 "AI는 이렇게 답하던데요?"라며 곧바로 반박하거나 비교하는 상황이 발생한다.

5) 학생의 집중력 저하

강의 중에도 학생들이 AI를 켜 놓고 병행하면서 학습을 하거나 검색을 하여 수업 몰입도가 떨어진다.

6) 수업 후 질문 감소

예전에는 교수에게 직접 물어보던 질문들을 이제는 AI에게 먼저 묻고 해결해 버려 교수와의 소통 기회가 줄어든다.

7) 전통적인 평가 방식의 무력화

객관식 · 서술식 시험 문제가 AI로 쉽게 풀려 시험의 신뢰성이 흔들린다.

8) 학생의 학문적 태도 변화

성찰이나 탐구보다는 '빠른 정답'을 원하는 태도가 두드러지게 나타난다.

9) 교수의 권위 약화

'교수님 말씀 vs. AI 답변'이 비교가 되면서 교수의 지식 독점력이 깨진다.

10) 교수의 불안감

본인의 전공 지식조차 AI가 더 풍부하게 정리해 주는 현실에서 "내가 무엇을 더 가르칠 수 있을까?" 하는 위기의식이 생긴다.

3. AI 시대, 대학의 교수-학습 방식 달라져야 한다

ChatGPT를 비롯한 생성형 AI 도구들이 빠르게 확산되면서 대학 교육의 풍경도 크게 달라지고 있다. 지식을 단순히 암기하고 전달받는 방식에서 벗어나서 새로운 기술과 함께 사고하고, 질문하고, 탐구하는 방향으로 전환되고 있다. 이러한 변화는 대학생의 학습 태도와 방식, 교수들의 교수 방식 전반에 영향을 주고 있다.

AI 도구의 등장은 단순히 도구의 확장이 아니라, '지식'의 의미와 '교육' 방식 자체를 근본적으로 바꾸는 계기가 되었다. 대학생은 AI와 함께 배우는 방법을 익혀야 하고, 교수는 AI 시대에 맞는 새로운 교수법을 설계해야 한다.

1) 학습자의 학습 태도와 방식이 달라져야 한다.

대학생들의 학습 방식은 과거에 비해 보다 능동적이고 주체적인 방향으로 변화하고 있다. AI 도구는 정보를 요약하거나 정리해 주는 기능을 넘어서, 생각을 확장하고 아이디어를 탐색하는 데 실질적인 도움을 줄 수 있다. 학생들은 더 이상 '정답'을 외우는 데 집중하지 말아야 한다. 오히려 어떤 질문을 던질 것인가, 어떻게 다양한 시각에서 접근할 것인가가 더 중요한 학습 역량이 되었다.

과제나 리포트 작성에서도 AI를 단순히 복사 도구로 사용할 것이 아니라, 자기 사고를 정리하고 표현하는 데 보조 도구로 활용하는 자세가 필요하다. AI가 제공한 내용을 검토하고 재해석하는 과정 속에서 진정한 학습이 일어나게 된다. 또한 이제는 교수나 교재에 의존하기보다는 AI를 포함한 다양한 디지털 도구를 탐색하고 스스로 학습 계획을 세우는 자기 주도적인 태도가 더욱 요구된다.

AI 시대의 대학생은 '어떻게 AI를 활용할 것인가'를 고민하는 사람이 되어야 한다. AI에 휘둘리는 것이 아니라, AI를 통해 더 깊이 사고하고, 더 넓게 이해하며, 더 창의적으로 문제를 해결하는 사람이 되어야 한다.

AI 등장 이전	AI 등장 이후
정보를 암기하고 재생산하는 방식에 집중	AI와 함께 문제를 비판적으로 분석하고 창의적으로 해결하는 능력 강화
수동적인 자료 수집과 정리	AI 도구를 활용한 정보 탐색, 요약, 비교 분석 등 능동적인 학습 전략 필요
정답 중심의 공부	질문을 만드는 능력과 비판적 사고 중심으로 전환
과제에 AI를 '복사 도구'로만 사용하는 유혹	AI를 학습 파트너로 인식하여 스스로 사고 확장 및 심화 학습에 활용
학습 과정이 평가보다 결과 중심	학습의 과정과 사고의 흐름 자체를 중시하는 태도로 전환 필요
교수나 책에 전적으로 의존	자기 주도 학습(Self-directed learning) 역량이 더욱 중요해짐

2) 교수들의 교수 방식이 달라져야 한다.

교수자의 교수 방식 또한 근본적인 재구성이 필요하다. 더 이상 지식을 일방적으로 전달하는 방식만으로는 교육 효과를 기대하기 어렵다. AI가 대부분의 정보 전달 역할을 수행할 수 있기 때문이다. 그렇기에 교수자는 '지식을 가르치는 사람'에서 '사고를 이끌어 주는 사람' '질문을 함께 탐구하는 사람'으로 역할을 바꿔야 한다.

수업 시간에는 AI가 대신할 수 없는 토론, 프로젝트 기반 활동, 그리고 실제 문제 해결 중심의 수업이 중요해졌다. 정해진 답을 평가하는 대신, 사고의 과정과 논리, 그리고 창의적인 시도를 인정하고 평가하는 방식으로 전환해야 한다. 특히 학생들이 AI를 윤리적으로 올바르게 활용하고, 정보의 진위 여부를 비판적으로 판단할 수 있도록 돕는 교육이 필요하다.

AI 도구를 막고 통제하려는 접근보다는 학생들이 AI를 효과적으로 활용하도록 지도하는 것이 바람직하다. 예를 들어, 리포트 작성 시 AI를 참고하되, 그 결과물을 비판적으로 분석하고 자신의 언어로 새구싱하게 하는 괴제를 제시할 수 있다.

또한 교수자 자신도 AI에 대한 학습과 실험을 게을리하지 말아야 한다. AI는 단순히 기술이 아니라, 새로운 교육 문화를 만들어 가는 도구이기 때문이다. 교수자는 이제 학생과 함께 배우는 사람, 함께 실험하는 동반자가 되어야 한다.

3) 교수가 바꿔야 할 AI 시대의 교수법

기존의 교수법	AI 시대에 필요한 변화
지식 전달 중심	• 탐구 촉진형 수업('왜? 어떻게?'를 함께 탐구) • 단순 정보 전달은 AI가 대신하므로 수업은 '왜? 어떻게?'를 토론하고 탐구하는 공간으로 전환
강의 일방 전달	• 참여 · 토론형 수업(학생 질문 · 토론 중심) • 학생의 질문, 토론, 피드백 중심으로 수업 재구성
결과물만 평가	• 과정 평가 강화(초안, 수정 흔적, 학습 일지) • 결과 평가 → 과정 평가 • 리포트 및 시험만이 아니라, 학습 과정, 토론 참여, 참고 저널을 평가 요소로 반영
교수 주도	• 학생 주도 학습(주제 선택, 발표, 조사 중심) • 교수 중심 → 학생 주도 학습 • 학생이 직접 주제를 선택하고, 자료를 조사 및 발표하는 기회를 확대
정답 중심	• 다원적 해석 수용(비판적 사고, 다양한 관점) • AI는 '정답'을 잘 주지만, 교수는 다양한 해석 및 비판적 관점을 제공해야 함

개별 과제	• 협력 프로젝트(팀별 문제 해결, 협력 역량 강화) • 협동 과제를 통해 AI가 대체하기 어려운 인간 간의 상호작용 능력을 훈련 • 시험 중심 → 문제 해결형 학습(PBL) • 실제 사회 문제 및 사례를 중심으로 팀별 해결안을 설계하도록 유도
시험 위주	• 문제 해결형 학습(PBL)(실제 사례 · 사회문제 해결)
교수 권위 강조	• 멘토 · 코치 역할(학습 가이드, 성찰 지도) • 지식 전달자가 아니라, 학습을 돕는 멘토 · 코치로 전환
AI 배제	• AI 활용 수업(AI 답변과 비교 · 비판 훈련) • 오히려 AI를 보조 도구로 수업에 도입(예: ChatGPT와 토론, AI 답변 vs 교수 답변 비교)
평가 후 종료	• 지속적인 피드백(과제나 시험 후 학습 피드백 제공) • 시험이나 과제 후에 바로 피드백을 주어 학생이 자기 학습을 돌아보게 만들기

AI 도구의 등장은 대학 교육의 본질적 전환을 요구하고 있다. 대학생은 이제 AI와 함께 배우고 사고하는 존재로 성장해야 하며, 교수자는 AI 시대에 맞는 새로운 교수상으로 거듭나야 한다. 이것은 단순한 기술의 문제가 아니라 교육의 철학과 태도의 변화이며, 앞으로의 대학 교육이 나아가야 할 방향이다.

4) AI 등장에 대한 교수들의 걱정거리와 대책

생성형 AI 등장으로 교수-학습 환경이 달라지고 있다. 갑자기 달라진 교육환경에서 교수들은 당황해할 수 있다. 여기서는 교수들이 가질 만한 문제의식과 그에 대한 실질적인 조치 방안을 제안한다.

(1) 과제를 AI가 대신하면 어떻게 해야 할까?

학생들이 AI를 이용해 과제를 제출하면 표절 여부를 확인하기가 쉽지 않다. 따라서 과제를 낼 때는 AI 사용 여부를 반드시 밝히도록 지침을 마련하는 것이 필요하다. 또한 단순히 결과물만 평가하지 말고, 발표, 토론, 면담을 통해 학생이 실제로 이해했는지를 확인해야 한다. 필요하다면, AI 검출 도구도 활용할 수 있다.

(2) 시험을 어떻게 공정하게 치를 수 있을까?

AI가 시험 문제를 쉽게 풀 수 있는 시대에는 기존의 암기형 시험은 더 이상 공정하지 않다. 따라서 논술형, 실습형, 프로젝트 중심 시험으로 평가 방식을 바꾸고, 학생이 개념을 이해하고 분석하는 능력을 평가하는 것이 필요하다. 또한 실시간 질문이나 문제 변형을 통해 부정행위를 예방할 수 있다. 2025년 2학기 Y大, K大, S大의 AI를 이용한 중간고사 부정사건은 종전의 평가 방식에 근본적인 변화가 필요함을 보여 준다.

AI에 '교육'을 먹이면

학습도구 '선'은 어디

AI

'대리 출석'은 옛날

'대리 생각' 부탁합니다

학생들, 활용 심화 양상
대학생 'AI 기준' 골머리
"결과물, 자기화 과정 필수"

요즘 대학에선 수업 시간에 생성형 인공지능(AI) 사용을 제한하고, '과제'를 수업 시간에 하도록 하는 경우가 늘고 있다. 서강대 교양수업 '인문사회와 글쓰기'도 그렇다. 문장을 미리 써 오는게 아니라 자료조사만 해와서 수업 시간에 과제를 하도록 했는데, 일부 학생이 낸 과제물은 챗GPT 표절률이 '기준치'인 15~20%를 넘었다. 이 수업을 강의하는 박숙자 서강대 전인교육원 교수는 "학생들이 AI 첨삭 도움을 받은 뒤 절반쯤 문장을 외워 왔다고 하더라"라고 했다.

2023년 챗GPT 등장을 필두로 생성형 AI의 급격한 발전이 눈앞에 펼쳐지자 대학생들은 AI를 빠르게 받아들였다. 취재 과정에서 만난 대학생 30명에게 수업을 듣고 학습할 때 AI를 얼마나 사용하는지 묻자 이공계 · 인문계를 막론하고 "AI를 선호하지 않을 순 있지만 안 쓰는 사람은 없을 것"이라는 답변이 돌아왔다.

실제로 학생들은 수업 내용 이해와 과제 수행, 시험 대비까지 AI에 광범위하게 의지하는 경향이 뚜렷했다. 이미 AI가 학생들의 필수 교보재로 자리 잡은 가운데 어디??지 AI를 학습에 활용할지, 학생 역량은 어떻게 평가하는 게 맞을지 적정한 '선'을 만드는 작업이 시급한 상황이다.

인천에 있는 경인교대에선 지난 1학기 한 교양수업에서 '질문'이 논란이 됐다. 이 수업은 '교원의 정치적 기본권'처럼 논쟁적 주제에 관해 조별 발표를 하면, 다른 학생들이 질문을 던지는 방식으로 진행됐다. 발표와 질문 모두 평가 대상이었다. 그런데 발표를 맡은 조가 미리 업로드한 발표자료 초안을 생성형 AI에 넣어 질문을 뽑아온 학생들이 나타나면서 2학기부터는 '질문 시 AI 사용 금지'가 담긴 가이드라인이 제시됐다.

지난달 17일 경인교대의 미디어리터러시 수업 시간, 주어진 과제의 주제를 20분 넘게 정하지 못하자 한 학생이 웃으며 "GPT한테 물어볼까?"라고 했다.

학생들에게 AI를 어떻게 활용하느냐고 물었더니 "교수님이 깜짝 놀랄 만한 쟁점과 논리를 뽑아 달라고 부탁한다"거나 "수업에서 이해하지 못한 이미지를 AI에 먹였더니 생각보다 너무 잘 가르쳐 주더라" 등 다양한 비판이 쏟아졌다. 초등학교 임용고시를 준비 중인 학생들은 "학습자료, 기출문제를 AI에 학습시킨 뒤 모의고사 10세트를 만들어 달라고 해서 푼다"고 했다.

출처: 경향신문(2025. 12. 10.).

(3) AI가 수업 자료도 만들 수 있다면 교수의 역할이 줄어드는 것은 아닐까?

AI가 수업 자료를 대신 만들어 준다고 해도 교수의 역할은 결코 줄어들지 않는다. AI는 보조 도구일 뿐이며, 교수는 그 자료를 토대로 토론을 이끌고, 피드백을 주며, 심화 학습을 지도하는 역할에 집중해야 한다. 학생들의 수준에 맞는 맞춤형 지도 역시 교수만이 할 수 있는 부분이다.

(4) 학생들이 AI를 이용해 연구 보고서를 작성하면 윤리는 어떻게 지킬까?

AI를 활용한 연구 보고서는 윤리적 문제를 일으킬 수 있다. 따라서 학생들에게 연구 윤리를 강화해 교육하는 것이 필요하다. 보고서에는 반드시 AI 사용 여부를 명시하도록 해야 한다. 교수는 지도를 할 때 AI 결과물을 그대로 내지 않도록 피드백과 논의를 통해 검증하는 과정을 반드시 거쳐야 한다.

(5) AI 활용 능력도 성적에 반영할 수 있을까?

앞으로는 AI 활용 능력도 중요한 역량으로 평가해야 한다. 따라서 성적을 매길 때 단순히 결과만 보는 것이 아니라, AI를 어떻게 활용했는지, 과정과 결과를 함께 평가하는 것이 필요하다. 다만, 공정성을 위해 명확한 기준을 마련해야 한다.

(6) 강의계획서도 AI가 만들어 주는데, 내가 준비할 필요가 있을까?

AI가 강의계획서 초안을 만들어 줄 수는 있지만, 그 자체로 충분하지는 않다. 교수는 자신의 경험과 전문성을 더해 학생 맞춤형 강의계획서를 만들어야 한다. 따라서 반복적인 자료 제작에만 AI를 활용하고, 중요한 교육적 의사결정은 교수가 직접 맡는 것이 바람직하다.

(7) 학생들이 AI만 사용하면 창의적 사고가 떨어지지 않을까?

AI의 의존이 커질수록 학생들의 창의적 사고가 줄어들 수 있다. 이를 막으려면 AI의 결과물을 그대로 받아들이지 말고 비판적으로 분석하고 확장하는 과제를 설계해야 한다. 토론과 발표 중심의 학습도 효과적이다.

(8) 온라인 수업에서 AI를 이용해서 부정행위를 하면 어떻게 막을까?

온라인 수업 환경에서는 AI가 부정행위를 돕는 도구가 될 수 있다. 이를 막기 위해서는 실시간 질문이나 문제 변형이 필요하다. 또한 발표나 토론 중심의 평가를 확대하면 AI의 의존을 최소화할 수 있다.

(9) 교수 평가 기준에도 AI 활용이 반영될까?

교수 평가 기준에도 AI 활용이 반영될 가능성이 있다. 따라서 수업이나 연구 성과를 기록할 때 AI 활용 사례를 명시하는 것이 필요하다. 학생들의 학습 효과와 교수의 역할을 중심으로 평가가 이루어져야 한다. AI 활용 역량 역시 교수 전문성의 일부가 될 수 있다.

(10) AI 시대에도 교수의 전문성은 여전히 필요할까?

AI 시대가 되었다고 해도 교수의 전문성이 약화되는 것은 아니다. AI는 반복 작업을 돕는 보조 도구일 뿐이다. 교수는 여전히 학습을 지도하고, 비판적 사고를 길러 주며, 학문적 통찰을 제공하는 역할을 맡는다. AI 활용 역량을 전문성의 일부로 포함하면 교수의 가치는 더욱 높아진다.

그러므로 교수는 학생 과제 또는 연구에서 AI 사용 범위를 분명히 해야 한다. 단순히 지식을 확인하는 것에서 벗어나 분석, 창의성, 토론 중심으로 평가 기준을 바꿔야 한다. 교수는 반복 작업은 AI에게 맡기고, 피드백과 심화 지도를 담당해야 한다. AI 시대에는 학문적 윤리를 지키는 것이 더 중요해졌다.

문제의식	대응 방안	비고/포인트
1) 학생들이 과제를 AI에게 맡기면 표절을 어떻게 확인하나?	• AI 사용 여부를 명시하도록 과제 지침을 수정하고, 제출물에 대한 토론, 발표, 면담 등의 확인 절차를 추가 • AI 검출 도구 활용 가능	AI의 활용 범위와 책임의 명확화
2) 시험 문제를 AI가 푸는 경우, 평가가 공정할까?	• 시험 유형을 변경: 개념 이해 중심, 구술형・논술형・실습형・오픈북/프로젝트 기반 평가로 전환 • AI 의존 최소화	부정행위 예방 설계 필수
3) AI가 수업 자료를 대신 만들어 주면 내 수업에서 역할은 줄어드나?	• AI를 보조 도구로 활용: 콘텐츠 제작, 시각 자료 준비 등 반복 작업은 AI에게 맡기고 교수는 토론, 피드백, 심화 학습 지도에 집중	맞춤형 지도 중심
4) 학생들이 AI로 연구 보고서를 작성하면 연구 윤리는 어떻게 지킬 수 있나?	• 연구 윤리 교육 강화, AI 사용 명시 요구, 지도 과정에서 직접 피드백 및 논의. AI의 활용 범위와 책임 명확히 안내	책임과 윤리 강조

5) AI 활용 능력이 수업 성적에 영향을 미칠 수 있나?	• AI 활용 능력 자체를 학습목표로 포함시켜 교육적 활용을 평가 기준에 반영. 단, 공정성 고려	공정성 유지
6) 강의계획서를 AI가 만들어 주면 정작 내가 준비할 필요가 없나?	• AI가 초안을 제공하는 정도로 활용하고, 교수의 전문 지식과 경험을 반영하여 수정 및 보완 • 학생 맞춤형 지도에 집중	반복 자료 제작에만 AI를 활용
7) 학생들이 AI에 의존하면 창의적 사고가 줄어들지 않을까?	• AI는 도구일 뿐이라는 인식 강조 • 학생에게 AI 결과물을 비판적으로 분석하고 확장하도록 과제 설계	AI는 보조 도구임을 강조
8) 온라인 수업에서 AI가 부정행위를 돕는다면 어떻게 막을 수 있나?	• 시험/퀴즈 설계 변경: 실시간 질문, 문제 변형, 발표 및 토론 평가 강화, AI 의존의 최소화	부정행위 예방 전략
9) 교수 평가 기준에 AI 활용이 반영될 수 있나?	• 교수 연구 · 수업 성과 평가 시 AI 활용 사례를 명시하고, 학습효과와 교수의 역할 중심으로 평가	AI 활용 역량도 전문성의 일부
10) AI 시대에 교수의 전문성이 약화되는 것은 아닌가?	• AI는 보조 도구로 인식 • 교수는 학습 지도, 비판적 사고 지도, 학문적 통찰 제공 등의 고유 역할 강화 • AI 활용 역량을 전문성의 일부로 포함	고유 역할 강조

5) "전에는 이랬지만, 이제는 이래야 한다."

최근 고등학교 수업 현장에서 강의를 녹음하는 학생들이 늘고 있다는 보도를 접한 적이 있다. 강의를 녹음해 두면 굳이 필기를 하지 않아도 된다. 녹음 파일을 AI에 입력하면 강의 내용 정리는 물론이고, 시험 예상 문제까지 자동으로 생성할 수 있기 때문이다.

문제는 여기서 그치지 않는다. 일부 학원에서는 학생들로부터 학교 수업의 녹음 파일을 수집해 이를 분석하고, 시험 적중률이 높은 예상 문제를 만들어 낸다고 한다. 여러 반의 강의 녹음을 종합하면 시험 문제를 예측하는 정확도는 더욱 높아질 수밖에 없다. 이는 교육이 기술의 발전 속도를 따라가지 못할 때 발생하는 위기의 한 단면이다.

대학 수업에서도 상황은 크게 다르지 않다. 학생들이 교수의 강의를 필기하지 않고 녹음한 후, 이를 AI를 통해 정리하여 과제와 시험에 대비한다면, 그 수업에서는 '배움의 경험'이 실제로 일어나고 있다고 말하기 어렵다. 이제 교수의 교수법은 부분적인 보완이 아니라 근본적인 전환을 요구받고 있다. 수업 방식과 평가 제도를 새롭게 설계해야 할 시점이다.

AI 시대, 교수자가 지금 바꿔야 할 수업 관점

① 지식 전달 중심 수업에서 벗어나야 한다.

전에는 교수가 지식을 설명하고 학생은 이를 필기 · 암기했다. 이제는 교수의 역할이 지식 전달자가 아니라 사고를 설계하고 질문을 만드는 사람으로 바뀌어야 한다. 핵심은 '이 지식을 어디에, 어떻게 쓰게 할 것인가?'다.

② 정답이 있는 질문 중심 수업을 벗어나야 한다.

전에는 객관식, 단답형, 검색하면 바로 나오는 질문이 많았다. 이제는 해석 · 비교 · 판단 · 적용을 요구하는 질문, 즉 AI를 활용하더라도 사고 없이는 답할 수 없는 문제를 던져야 한다.

③ 결과물 중심 평가에서 벗어나야 한다.

전에는 보고서나 레포트의 최종 결과물만 평가했다. 그리고 AI 사용 여부를 단속하는 데 에너지를 쏟았다. 이제는 과정 중심 평가가 필요하다. '기획 → 수정 → 피드백 → 재작성'에 이르는 학습의 전 과정을 평가의 대상으로 삼아야 한다.

④ '혼자 · 제한 · 통제'형 시험에서 벗어나야 한다.

전에는 자료와 AI 사용을 금지하는 시험이 일반적이었다. 그러나 이제는 AI 활용을 허용하고, 'AI를 어떻게 활용했는지 설명하게 하는 시험'으로 전환해야 한다. 핵심은 도구 사용 여부가 아니라 사고의 책임이다.

⑤ '앉아 있음 = 출석'이라는 생각을 벗어나야 한다.

전에는 출석 체크가 수업 참여의 기준이었다. 이제는 질문, 토론, 피드백, 코멘트 등 참여의 흔적이 출석의 기준이 되어야 한다.

⑥ 교수 혼자 말하는 강의에서 벗어나야 한다.

전에는 90분 내내 교수 중심의 강의가 이루어지고, 마지막에 잠깐 질문을 받았다. 이제는 15~20분 설명 후 즉시 토론, AI 실습, 짝 토의, 사례 적용 등의 활동이 이어지는 수업 구조가 필요하다.

⑦ 표절 단속 중심 관행에서 벗어나야 한다.

전에는 AI가 쓴 글을 적발하는 데 집중했다. 이제는 AI 사용법을 공개적으로 가르치되, 어디까지 허용되는지 명확한 기준을 제시해야 한다.

⑧ 교수만 평가한다는 생각에서 벗어나야 한다.

전에는 교수 혼자 점수를 매겼다. 이제는 자기 평가, 동료 평가, AI 피드백을 병행하여 학습자의 메타인지와 책임감을 키워야 한다.

⑨ '동일 과제, 동일 답'의 틀에서 벗어나야 한다.

전에는 모든 학생이 같은 주제, 같은 형식의 과제를 수행했다. 이제는 학생의 관심사, 전공, 진로에 따라 개인화된 주제를 선택하도록 허용해야 한다..

⑩ 수업 목표에서 학습 목표로 이동해야 한다.

전에는 '무엇을 가르쳤고, 무엇을 배웠는가?'가 기준이었다. 이제는 '이 수업 이후에 학생이 무엇을 할 수 있게 되는가?'가 목표가 되어야 한다.

이제 대학 수업은 AI가 대신할 수 있는 것을 가르치는 공간이 아니라 AI가 대신할 수 없는 학습 경험을 설계하는 공간이 되어야 한다. 우리가 익숙했던 수업 방식에서 한 걸음 벗어날 때다. 교수자는 학기 초 수업을 시작하면서 또는 수업계획서를 통해 이 수업이 AI를 활용한다는 것을 다음과 같이 선언할 필요가 있다.

AI 활용 수업 선언문
이 수업은 AI를 활용합니다. 이 수업에서 AI 사용은 금지 대상이 아니라 학습 도구입니다. 다만, 이 수업의 목적은 AI가 좋은 답을 내놓게 하는 것이 아니라, 여러분이 스스로 생각하는 힘을 기르는 것입니다. 따라서 이 수업에서는 AI 사용을 허용합니다. 그러나 AI가 대신 만들어 준 답을 그대로 제출하는 것은 인정하지 않습니다. 이 수업에서는 결과보다 과정을 묻겠습니다. AI에게 무엇을 질문했는지, AI의 답을 어떻게 판단하고 수정했는지, 본인의 생각이 최종적으로 어떻게 형성되었는지를 파악하겠습니다. 평가의 기준은 정답 여부가 아니라 사고의 깊이, 질문의 질, AI를 사용하는 데 대한 책임성입니다. 이 수업은 AI를 피하는 법을 배우는 수업이 아니라 AI와 함께 생각하는 법을 배우는 수업입니다.

6) AI 활용을 허용하는 시험 · 과제는 이렇게!

AI를 잘 활용하는 학생은 AI의 답을 그대로 믿는 학생이 아니라 AI 답을 바탕으로 스스로 생각하고 판단할 줄 아는 학생이다. "AI는 사용해도 된다. 하지만 생각과 판단은 학생 몫이다."

(1) AI 활용 오픈북 시험

① 운영 방식

시험 중 AI 사용이 가능하다. 대신, 답안에 반드시 다음의 내용을 포함해야 한다.

- AI의 답변을 요약
- AI의 의견에 대한 나의 판단(동의하는지/왜 동의 · 비동의하는지)

② 평가 기준

- 질문의 적절성과 깊이(30%)
- 판단의 논리성과 근거(40%)
- AI의 답변을 자신의 언어로 재구성한 정도(30%)

※정답보다 '생각 과정'이 중요

(2) AI 비판 과제

① 과제 내용

- AI의 답변을 그대로 제출하는 것은 허용되지 않는다.
- AI의 답변을 분석하여 문제점, 한계, 빠진 내용을 3가지 이상 지적한다.

② 기르는 핵심 역량

- 비판적 사고력
- 책임감 있는 AI 활용 태도

※ 'AI가 맞다'가 아니라 'AI의 답은 과연 충분한가?'를 묻는 훈련이다.

(3) AI 협업 보고서

① 제출 과정

- 문제 정의(학생이 직접 작성)
- AI가 만든 초안
- 교수의 피드백을 반영한 수정본
- 최종 보고서 + 성찰문

② 성찰문 질문 예시

- AI가 도와준 부분은 무엇인가?
- AI가 대신할 수 없었던 부분은 무엇인가?

※ AI는 도구, 사고의 주체는 학생이다.

(4) AI 비교 분석 과제

① 동일한 질문을 여러 AI에게 제시한다.

② 각 AI의 답변을 비교·분석한다.

③ 답변에 차이가 나타난 이유를 설명한다.

※ AI의 답변 또한 하나의 해석이자 의견임을 이해하는 것을 목표로 한다.

(5) AI 활용 구술 평가 방식

① 준비 과정에서는 AI 사용을 허용한다.

② 발표·구술 평가는 현장 즉흥 질문을 포함하며, 사고 과정에 대한 설명을 필수로 한다.

※ 외운 답변보다 '왜 그렇게 생각했는지'를 설명하는 것을 중시한다.

PART 5

AI 시대의 직업세계

AI 시대의 직업세계, 어떻게 달라질까?

1. 사회에 진출할 대학생들이 마주하게 될 변화[1)]

AI 도구가 산업과 생활 전반에 적용됨으로써 취업자들은 다음과 같은 커다란 변화에 직면하게 될 것이다.

1) AI와 자동화의 확산

반복적이고 단순한 업무는 AI와 로봇이 대체하고, 사람은 창의적이고 융합적인 업무에 집중하게 된다.

2) 평생직장의 종말과 평생직업의 시대

하나의 직장에서 오래 근무하기보다는 다양한 경력과 경험을 쌓으며 커리어를 발전시키는 방식이 보편화된다.

3) 유연한 고용 형태의 확산

정규직보다는 계약직, 프로젝트 단위의 일, 프리랜서 형태의 유연한 고용이 확대된다.

4) 원격근무와 하이브리드 근무의 정착

사무실과 원격근무를 병행하거나 장소와 시간에 구애받지 않는 유연한 근무 방식이 확산된다.

---

1) 이의용

5) 디지털 역량의 필수화

모든 산업에서 디지털 역량이 기본 역량으로 요구된다. IT 활용 능력, SNS 및 포트폴리오 관리 등 개인의 브랜드와 역량을 드러내는 능력이 취업에 큰 영향을 미친다.

6) 신직업의 등장과 기존 직업의 소멸

기술 변화에 따라 데이터 분석가, 메타버스 디자이너, AI 트레이너 등 신직업이 빠르게 생겨난다. 메타버스 디자이너, AI 트레이너와 같은 신직업이 생기고 기존의 전통 직업은 점차 사라진다.

7) 기업 가치와 윤리의 중시

연봉보다 ESG 경영, 기업 문화, 사회적 책임을 고려하여 직장을 선택하는 경향이 강해진다.

8) 워라밸(Work-Life Balance)의 강조

높은 연봉보다는 자율성과 삶의 질을 중시하며, 균형 잡힌 기업 문화와 근무 환경을 선호하게 된다.

9) 글로벌 경쟁과 다문화 역량의 필요성

국내외 인재들과 협업하고 경쟁하기 위해 언어 능력과 다양한 문화 이해가 중요한 경쟁력이 된다.

10) 퍼스널 브랜딩 중심의 취업

학벌보다는 개인의 실력과 포트폴리오, 온라인 활동 등 스토리와 브랜드 가치가 취업 경쟁력을 좌우하게 된다.

11) 실력 중심의 채용 문화 확산

학벌보다는 실무 역량, 직무 경험, 프로젝트 성과 등을 중시하는 채용 방식이 확대된다.

12) 지속적인 자기 개발과 학습의 필수화

기술의 변화 속도가 빠르기 때문에 평생 학습, 리스킬링, 업스킬링이 경력 유지와 발전의 핵심이 된다.

13) 멀티 잡(Multi-jobs)의 보편화

현재 내가 선택한 직업의 수명은 짧다. 언제든 대체할 수 있는 직업을 개발하고, 그에 필요한 역량을 개발해야 한다.

이러한 변화는 결과적으로 고용에 큰 영향을 끼칠 것으로 예상된다. 직종은 소멸과 진화, 생성을 통해 다양해질 것으로 예상된다. 취업 준비생들이나 대학의 진로교육에 매우 중요한 변화가 아닐 수 없다.

2. AI 시대, 일자리가 재편된다[2)]

사회 진출을 앞둔 취업 준비생이라면 'AI 시대, 직업세계는 어떻게 달라질까?'라는 질문을 던져 봤을 것이다. 고용이 줄어들 거라는 불안감, 그럼에도 불구하고 새로운 직업이 생겨날 거라는 막연한 기대감 사이에서 우리는 혼란을 느끼게 된다.

과연 AI는 우리의 일자리를 빼앗아 갈까, 아니면 새로운 기회를 안겨 줄까? 결론부터 말하면, 고용은 '축소'되기보다는 '재편'될 가능성이 훨씬 높다. 물론 단순하고 반복적인 업무는 AI와 로봇으로 대체될 것이다. 예를 들어, 은행 창구 직원의 역할은 줄어들고, 키오스크나 모바일 앱을 통한 업무 처리가 보편화되고 있다. 공장에서는 피지컬 로봇이 조립 라인을 장악하고, 물류 창고에서는 자율 운반 로봇이 물품을 분류하고 배송하는 모습을 흔히 볼 수 있

2) 오정근

다. 이러한 변화는 이미 우리 주변에서 진행되고 있다.

하지만 동시에 AI는 인간의 생산성을 극대화하고, 과거에는 상상하기 어려웠던 새로운 가치를 창출하며, 그 과정에서 새로운 직업들을 탄생시킨다. 예를 들어, AI 기반의 헬스케어 시스템이 발전하면서 AI 진단 보조 전문가, AI 기반 맞춤형 운동 처방사, 심지어 AI 의료기기 개발 및 유지보수 전문가와 같은 직업들이 등장할 수 있다. 과거에는 '데이터 과학자'라는 직업이 생소했지만, 이제는 가장 각광받는 직업 중 하나가 된 것처럼 말이다. AI 시대에는 데이터를 분석하고, AI 모델을 개발하며, AI가 생성한 결과물을 인간의 언어로 해석하고, AI 시스템을 윤리적으로 관리하는 등 AI와 인간을 잇는 가교 역할을 하는 직업들이 더욱 중요해질 것이다.

그렇다면 우리 대학생들은 이러한 변화에 어떻게 대비해야 할까? 핵심은 '인간이 더 잘 할 수 있는 일'에 집중하는 것이다. AI는 아무리 발전해도 인간 고유의 창의성, 공감 능력, 비판적 사고, 그리고 복잡한 문제 해결 능력은 완벽히 대체하기 어렵다.

예를 들어 보자. 만일 마케팅을 전공하고 있다면, 단순히 데이터를 분석하고 보고서를 작성하는 능력보다는, AI가 분석한 데이터를 바탕으로 고객의 감성을 자극하는 스토리텔링을 기획하고, 새로운 캠페인을 창조하는 능력이 더욱 중요해질 것이다. 의료 분야에서는 AI가 진단한 결과를 바탕으로 환자와 소통하고, 그들의 정서적인 부분까지 고려하여 최적의 치료 계획을 세우는 능력이 더욱 가치를 가질 것이다.

결국, AI 시대에는 학습이 용이한 만큼 끊임없이 배우고, 새로운 기술을 습득하며, 다양한 분야의 지식을 융합하여 새로운 가치를 창출할 수 있는 유연한 사고 방식이 필요하다. 또한 혼자서 모든 것을 해결하려고 하기보다는 AI를 도구로 활용하고 다른 사람들과 협력하여 시너지를 내는 능력이 중요하다.

불확실한 미래 앞에서 불안감을 느끼는 것은 당연하다. 하지만 AI 시대는 동시에 우리에게 무한한 기회를 제공한다는 것도 잊지 말자. 중요한 것은 이 변화의 흐름을 정확히 이해하고, 자신만의 강점을 찾아 끊임없이 발전시키는 것이다. 과거의 성공 방정식에 얽매이지 않고, 유연한 사고로 미래를 준비한다면 AI 시대는 분명 또 다른 도약의 발판이 되어 줄 것이다. 이제 나침반은 자기 손에 있다. 이 나침반을 들고 어떤 방향으로 나아갈지 진지하게 고민할 때다.

참고 자료

약자 일자리 먼저 삼키는 AI, 은행 콜센터 직원 감원 행렬

너무 빨리 다가온 AI

준비 덜 된 한국

〈1〉 일자리 지우는 AI

AI 도입 이래 5대 은행서 CS 줄어
정보 전달 등 단순 발신 98% 대체
자치단체 민원 상담도 '침공' 조짐

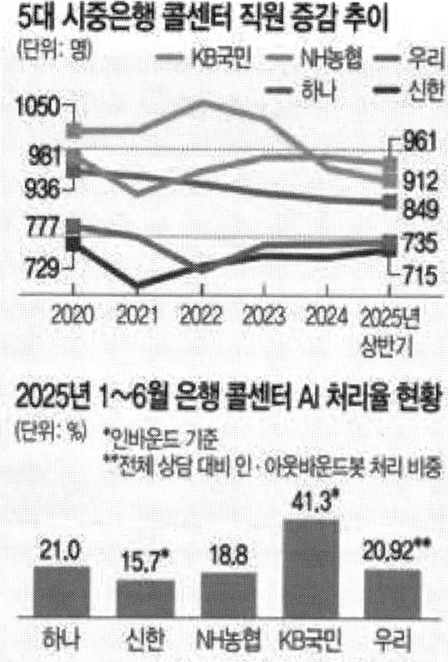

인공지능(AI)의 전환의 파도가 '약자'의 일자리를 삼키고 있다. 상대적으로 취약한 지위에 있는 은행 콜센터 직원들만 해도 최근 몇 년간 대폭 감축되는 상황이다. AI가 사람의 업무를 빠르게 대체해 가는 상황에서 AI가 더 높은 능률을 발휘하는 직종부터 근로자들의 설 자리가 사라져갈 것이라는 경고가 나온다.

27일 이정헌 더불어민주당 의원실이 5대 시중은행(하나, 우리, 신한, NH농협, KB국민은행)으로부터 받은 자료에 따르면 고객서비스상담(CS) 업무에 AI가 도입된 이래 콜센터 인원이 가파르게 줄고 있다.

2020년부터 올해 상반기까지 5대 은행에서 1만 1,955명의 콜센터 직원이 짐을 쌌다. 우리은행이 3,181명으로 퇴직자가 가장 많았고, 가장 적은 하나은행도 1,904명에 달했다. 한 시중은행 관계자는 "퇴직자 규모에는 못 미치지만, 상당 부분이 신규 채용자로 대체됐다"고 해명했다.

이런 흐름은 비정규직과 하청업체 직원들에게서 더 뚜렷하게 나타났다. 신한은행의 경우 콜센터 정규직은 53명으로 변동 없었지만 외주(하청)업체 직원은 14명 줄었다. NH농협은행도 정규직이 31명에서 38명으로 느는 사이 도급 인원은 되레 20명 감축됐다.

이 같은 감원의 배경에는 AI 도입이 있는 것으로 분석된다. 정해진 프로세스에 따라 업무를 수행하는 콜센터 상담원은 AI에 대체되기 쉬운 직종으로 꼽힌다. 실제 KB국민은행은 고객이 은행에 전화하는 수신 상담의 41.3%를 AI로 처리했다.

정보 전달 등 비교적 단순한 발신 상담은 AI 처리율이 98%(신한은행)에 달하는 곳도 있다. 과거 '깡통 챗봇' 수준이 아닌 자연어처리(NLP)·거대언어모델(LLM)·감정분석 같은 기술로 무장한 프로그램의 영향이다. 김명주 서울여대 정보보호학과 교수는 "콜센터 업무는 대부분 특정 루틴에 따라 응답하는 시스템"이라며 "생성형 AI까지는 아니더라도 기초 AI가 상담 직렬 감원을 이끌고 있다는 간접적 해석이 가능하다"고 설명했다.

AI의 일자리 침공 조짐은 공공 영역에서도 나타난다. 국민일보가 전국 광역자치단체를 상대로 정보공개를 청구한 결과, 서울시의 경우 120다산콜센터에 스피치 투 텍스트(STT·2023년), 채팅&상담도우미(2024년) 등의 AI 기능을 도입한 것으로 파악됐다. 올 상반기 AI가 대체한 민원상담 건수(실시간 채팅상담 기준)는 313만6,828건 중 5만1,637건이었다. 전체의 약 1.6%로 아직 미미한 수준이지만 지난해 0.2%에서 비율이 8배 급증했다. 해당 기간 담당인력은 총 424명에서 414명으로 감소했다. 신규 채용 인원은 2020년 29명에서 지난해 21명까지 줄었고, 올해는 아직 2명에 불과하다.

이 의원은 "AI 기술의 발전은 피할 수 없는 흐름이지만 가장 먼저 일자리를 잃는 것은 사회적 약자와 현장 노동자"라며 "국회와 정부는 'AI 고용쇼크'를 방치하지 말고 사회적 안전망을 만들어야 한다"고 말했다.

출처: 국민일보(2025. 8. 28.).

직업의 변화[1)]

1. 새로 등장할 직종

1) 데이터 · AI 기술 전문 직군

직업명	설명
AI 엔지니어	AI 모델 개발, 알고리즘 설계 및 최적화 담당
머신러닝 엔지니어	데이터로부터 학습하는 시스템 설계 및 운영
데이터 사이언티스트	데이터 분석을 통해 인사이트 도출 및 AI 모델 개발
데이터 엔지니어	데이터 수집 · 가공 · 파이프라인 구축 담당
AI 윤리 전문가(AI Ethics Officer)	AI 개발 및 활용의 윤리 · 공정성 · 투명성 확보 담당
모델 트레이너(AI Trainer)	AI 학습을 위한 데이터 준비 및 모델 성능 개선
AI 옵스 엔지니어(MLOps)	AI 모델의 배포, 운영, 유지관리 담당

2) 창의·콘텐츠 분야

직업명	설명
프롬프트 엔지니어 (Prompt Engineer)	AI에게 원하는 결과를 얻기 위한 최적의 입력(프롬프트) 설계
AI 콘텐츠 크리에이터	AI를 활용하여 텍스트, 이미지, 음악, 영상 등을 제작
가상 인플루언서 매니저	AI 기반 가상 인플루언서 운영 및 마케팅 담당
AI 기반 작곡가 · 디자이너	AI와의 협업을 통해 음악, 디자인 등 창작물 제작
디지털 휴먼 디자이너	AI 기반 가상인물(디지털 휴먼)의 외형 · 성격 설계

1) 이의용

3) 융합 · 비즈니스 · 전략 분야

직업명	설명
AI 비즈니스 컨설턴트	기업의 AI 도입 전략 및 비즈니스 모델 개발 지원
AI 트랜스포메이션 매니저	기업의 조직 문화 및 업무 방식을 AI 중심으로 전환 추진
AI 프로젝트 매니저	AI 기반 프로젝트의 기획 · 관리 · 성과 도출 담당
AI 정책 전문가	AI 관련 법 · 제도 연구 및 정책 개발
AI 투자 분석가	AI 스타트업 및 기술 트렌드 분석, 투자 판단 지원

4) 윤리 · 사회적 책임 · 법률 분야

직업명	설명
AI 윤리 컨설턴트	AI 활용의 윤리적 리스크 점검 및 가이드라인 제공
AI 법률 자문가	AI 관련 법적 분쟁 대응 및 규제 준수 자문
알고리즘 감사관	AI 시스템의 공정성 · 책임성 검증 및 개선 권고

5) 교육 · 훈련 분야

직업명	설명
AI 리터러시 강사	일반인 · 직장인 대상 AI 이해 및 활용 교육 담당
AI 데이터 라벨러	AI 학습용 데이터에 정확한 라벨(정답) 부여
AI 심리상담사(Emerging)	AI 기반 멘탈케어 · 심리상담 서비스를 설계 · 운영

6) 사회 · 일상 적용 분야

직업명	설명
AI 헬스케어 전문가	AI를 활용한 진단 · 치료 · 건강관리 솔루션 개발
AI 교사 · 교육자	AI 보조 학습 도구를 활용한 맞춤형 교육 제공
AI 동반자 기획자	AI 기반 감정 교감 로봇 · 앱 설계 및 콘텐츠 개발

2. 진화 중인 직종

AI는 기존의 직업을 소멸시키기만 하지 않고 진화시켜 주고 있다. 단순하고 반복적인 업무는 AI가 맡고 인간은 창의력, 윤리 판단, 감정 소통 등 고차원 역할에 집중한다. 따라서 미래를 준비하려면 AI와 협업할 수 있는 능력이 중요하다.

기존 직업	AI로 인해 바뀐 점	구체적 변화 사례
의사	진단 보조와 의료 데이터 분석	AI가 X-ray, MRI 판독을 보조하며, 진단 정확도 향상. 환자 맞춤형 치료 계획 설계에 AI 사용
교사	맞춤형 학습 지도와 평가 자동화	학생 개별 성향 분석 후 맞춤 과제 제공. 에세이 채점, 출석 확인 등 행정 업무를 AI가 담당
기자/ 에디터	기사 작성 자동화, 팩트 체크 보조	스포츠, 주식, 날씨 기사는 AI가 작성. 사실 확인 자동화 도구 사용 증가
디자이너	생성형 디자인 도구와 협업	로고, 광고 시안 등을 AI가 자동 생성 → 디자이너는 아이디어 조율과 감성 조정 역할로 이동
회계사	반복 업무 자동화, 리스크 분석 강화	세금 보고서 작성, 거래 기록 정리 등 자동화. 이상 거래 탐지에 AI 분석 도입
변호사	판례 검색 · 계약서 검토 자동화	대량의 문서 리뷰 업무를 AI가 빠르게 수행. 법률 상담용 챗봇도 등장
마케터	타깃 분석 및 콘텐츠 자동 생성	고객 데이터 분석을 통해 맞춤 광고 제공. 마케팅 문구나 이메일을 AI가 생성
HR 매니저	AI 면접, 인재 추천 시스템 도입	이력서 분석, 면접 평가에 AI 도입. 적합 인재 자동 추천 시스템 운영
운전기사	자율주행 기술과 업무 보조 시스템 등장	물류 · 택배에서 자동운전 트럭 실험 중. 차량 관리 · 운행 효율 분석도 AI가 담당
영업직	고객 분석과 예측 영업	CRM과 AI 분석으로 잠재 고객 예측, 고객 맞춤 제안. 고객 대화 요약 자동화 도구 활용

3. 소멸 · 대체 중인 직종

1) AI의 등장으로 기존의 직종들은 점차 사라지고 있다. 자동화와 디지털 전환이 소멸의 핵심 원인이다. 정형화된 업무, 반복적인 작업, 낮은 창의성 요구가 특징인 직무일수록 AI에 의해 쉽게 대체된다. 앞으로는 융합적 사고력, 창의력, 문제 해결 능력, 인간 중심 역량이 직업 생존의 관건이 된다.

번호	직업명	소멸 원인(간단 설명)
1	전화 교환원	음성 자동 연결 시스템 보급으로 완전 대체됨
2	주차 안내 요원	무인 주차 시스템, 자동결제 도입
3	은행 창구 직원	모바일 뱅킹, ATM, 챗봇 확산
4	타자수	문서 자동 작성, 음성 인식 기술의 발달
5	필름 사진 인화 기술자	디지털 사진과 자동 편집 기술의 대중화
6	콜센터 상담원	AI 챗봇과 음성 응대 시스템으로 대체 중
7	지하철 · 버스 매표소 직원	전자 교통카드 및 모바일 티켓 도입
8	도서관 사서(기초 업무)	자동 대출기, 검색 시스템으로 단순 업무 감소
9	공장 조립원(단순 작업)	로봇 팔 및 자동화 설비로 대체
10	전통 회계 입력 요원	회계 자동화 소프트웨어 도입
11	전통적인 여행사 직원	온라인 여행 플랫폼, AI 여행 추천 서비스 등장
12	캐셔/계산대 직원	무인 계산 시스템(셀프 계산대) 확대
13	통역사(일부 언어)	실시간 AI 번역기 성능 향상
14	교통 정보 안내원	실시간 교통 앱과 내비게이션 서비스로 대체
15	편집 교정자(초벌 교정)	AI 문법 및 스타일 검사기의 발전
16	잡지/신문 배달원	디지털 구독 확산으로 인쇄 수요 급감
17	주식 중개인	AI 알고리즘 기반 자동 투자 서비스 확대
18	라디오 음악 DJ(선곡 담당)	AI 선곡 알고리즘과 스트리밍 서비스 대체
19	우편 분류원	OCR(문자 인식) 및 자동 분류 시스템 도입
20	표준 문서 작성자(계약서 등)	자동 문서 생성 AI 서비스 증가

2) AI로 인해 소멸(대체) 중인 업종에는 공통점이 있다. 표준화된 업무로서 반복적으로 진행된다는 점, 오프라인 중심이고 디지털 전환에 느리다는 점이다. 이러한 업종이 살아남기 위해서는 고객 맞춤화, 체험 중심, 창의 · 감성 서비스를 강화해야 한다. 아울러 AI와 결합하거나 AI를 활용하는 업종으로 전환해야 한다.

직업과 직장의 선택[1)]

1. 직업을 선택할 때 주의해야 할 점

AI 기술의 빠른 발전은 직업세계에 커다란 변화를 불러오고 있다. 이제 직업을 선택할 때는 단순히 '지금' 필요한 일이 아니라, '미래'에도 지속 가능한 일인지를 고려해야 한다. 다음은 AI 시대에 직업을 선택할 때 주의해야 할 핵심적인 기준들이다.

① AI에 의해 쉽게 대체될 수 있는 직업은 피해야 한다. 단순하고 반복적인 업무나 기계적 분석만을 요구하는 직업은 자동화의 대상이 될 가능성이 크다. 이러한 직무는 안정성이 낮고 미래 경쟁력이 약해질 수 있다.

② 인간 고유의 창의성과 공감 능력이 필요한 직업을 우선적으로 고려해야 한다. 창의적 사고, 감정적 교류, 비판적 판단과 같은 인간적 요소가 중심이 되는 직무는 AI가 모방하기 어려운 영역이다.

③ 기술 변화에 유연하게 적응할 수 없는 직종은 신중하게 판단해야 한다. 기술이 급속히 바뀌는 환경에서 변화에 둔감하거나 고정된 시스템에 갇힌 직업은 도태될 위험이 높다.

④ 평생학습이 불가능하거나 자기계발이 제한된 직업은 피하는 것이 좋다. AI 시대에는 지식을 지속적으로 갱신하고 새로운 기술을 익히는 능력이 생존의 조건이 된다.

⑤ 데이터 리터러시가 필요 없는 직업은 위험할 수 있다. 데이터를 읽고 해석하며 활용할 수 있는 능력은 모든 산업에서 점점 더 기본적인 역량이 되고 있다.

⑥ 윤리적 논란이 많은 직업은 선택에 있어 신중해야 한다. AI 윤리, 알고리즘 편향, 개인정보 침해와 같은 문제가 빈번한 분야는 사회적 신뢰와 직업의 안정성 측면에서 불리할 수 있다.

⑦ 특정 플랫폼에 과도하게 의존하는 직업은 리스크가 크다. 한 기업이나 시스템의 정책 변화에 따라 생존 여부가 좌우되는 직종은 불안정성을 내포하고 있다.

1) 이의용

⑧ 창업이나 독립 가능성을 배제한 직업 선택은 위험할 수 있다. 고용 형태가 유연해지는 시대에는 자신의 이름과 역량으로 독립할 수 있는 준비도 필요하다. 퍼스널 브랜딩과 네트워크 확장에 대한 인식이 중요하다.

⑨ 다양한 직무 스킬을 쌓을 수 없는 환경은 성장의 한계가 있다. 하나의 역할에 고정된 직무보다는 여러 기능과 역량을 융합적으로 개발할 수 있는 직업이 미래의 경쟁력을 높인다.

⑩ AI와 관련된 기초지식 없이 선택한 직업은 미래 대응이 어렵다. 모든 산업과 직무에 AI의 영향력이 확산되는 만큼, AI의 기본 원리와 흐름을 이해하는 태도는 필수적인 소양이 되고 있다.

이와 같은 기준은 단순한 직업 선택의 팁이 아니라, 미래를 준비하는 전략적 사고의 출발점이다. 지금의 결정이 10년 후의 나의 가치를 결정할 수 있다.

2. 1인 다직(Multi-job) 시대

1) AI 시대, 왜 1인 다직 시대가 올 수밖에 없는가?

AI의 급속한 발전은 산업구조를 빠르게 바꾸고 있다. 단순하고 반복적인 업무는 자동화되고, 하나의 직무만으로는 생계와 자아실현을 모두 충족하기 어려운 시대가 도래하고 있다. 과거에는 한 가지 전공, 한 직장에서 평생 일하는 것이 일반적이었다면, 이제는 여러 가지 직업을 병행하거나 주기적으로 직업을 바꾸는 것이 보편적인 현상이 되고 있다.

기술의 변화가 빠르고, 경제구조가 유연해지며, 개인의 삶의 양식도 다양해졌다. 직업의 안정성이 줄어든 반면, 자신만의 브랜드나 전문성을 활용해서 여러 가지 일을 병행할 수 있는 기회는 많아졌다.

게다가 AI는 인간의 업무를 '보완'해 주는 역할을 하며, 1인 기업, 크리에이터, 프리랜서 등 개인 중심의 경제 활동을 가능하게 만드는 기반이 되고 있다.

2) 1인 다직 시대, 실제로 어떤 사례들이 있을까?

이미 사회 곳곳에서는 1인 다직의 흐름이 눈에 띄고 있다. 예를 들어, 다음과 같은 경우들이 대표적이다.

- 대학 강사이자 유튜브 운영자: 전공 지식을 강의하면서 동시에 관련 콘텐츠를 제작하여 온라인 수익을 창출하는 사례
- 공기업 직장인이자 에세이 작가: 퇴근 후 글을 써서 출판하거나 브런치, 전자책으로 활동하는 사례
- 회사원 겸 디지털 노마드: 재택근무나 시간제 근무를 활용하여 온라인으로 다른 일을 병행하는 경우
- 개발자이자 온라인 강사: 본업 외에 AI, 코딩 관련 강의를 플랫폼에 개설하여 수익을 얻는 사례
- 카페 사장이자 일러스트 작가: 한 공간을 오프라인으로 운영하면서 동시에 디자인 작업을 병행하는 경우

이처럼 전통적인 '하나의 직업' 모델이 아닌, 다양한 역할을 병행하며 수익과 정체성을 확장하는 방식이 새로운 표준으로 자리 잡고 있다.

3) 대학생과 취업 준비생들은 무엇을 어떻게 준비해야 할까?

1인 다직 시대에 진입하려면 단순히 취업을 위한 스펙을 넘어서 자기 주도적이고 유연한 역량을 갖춰야 한다. 구체적으로 다음과 같은 준비가 필요하다.

① 전공 밖의 역량도 함께 개발해야 한다. 본인의 전공뿐 아니라, 디지털 도구 활용, 콘텐츠 제작, 커뮤니케이션, 협업 능력 등 다양한 실무 역량을 기르는 것이 중요하다.
② 디지털 플랫폼을 활용하여 자신을 표현하고 실험해 보아야 한다. 블로그, 브런치, 인스타그램, 유튜브, 노션 등 자신을 표현하고 타인과 연결할 수 있는 디지털 공간에서 작은 프로젝트를 꾸준히 시도해야 한다.
③ AI 도구와 자동화 툴을 활용하여 일의 효율을 높여야 한다. ChatGPT, Canva, Notion AI 등 다양한 AI 도구를 익히면 혼자서도 여러 역할을 감당할 수 있는 능력이 생긴다.
④ 자기 브랜딩과 평생학습의 태도를 갖추어야 한다. 하나의 직장이 아니라, 다양한 사람들과 연결되며 살아가는 시대인 만큼 자신의 전문성과 관심사를 브랜드로 확립하고,

끊임없이 배우는 습관이 중요하다.

⑤ 사이드 프로젝트나 부업을 두려워하지 않아야 한다. 작은 실험이 커리어의 또 다른 기회로 연결될 수 있다. 틈틈이 실천하며 경력을 쌓고, 수익과 경험을 병행하는 태도를 가져야 한다.

결론적으로, AI 시대는 단일한 정체성과 경력으로는 버티기 어려운 시대다. 한 사람이 여러 가지 역할과 직업을 가지고 살아가는 시대, 그것이 바로 1인 다직 시대다. 이런 시대에 청년들이 경쟁력을 갖추기 위해서는 다양한 역량과 자기 주도성, 디지털 활용 능력, 인문학적 성찰이 동시에 필요하다. 대학 교육 역시 하나의 전공, 하나의 진로에만 초점을 맞추는 것이 아니라, 복합적이고 유연한 진로 설계를 지원하는 체계로 전환되어야 한다.

2. 직장을 선택할 때 주의해야 할 점

종전의 직장 선택에는 연봉이나 복지가 중요한 기준이었다. 그러나 AI 시대에는 그 이상의 안목을 필요로 한다. 기술, 사람, 가치의 균형을 갖춘 직장이 미래를 함께할 수 있는 좋은 선택이 될 것이다. AI 시대에 직장을 선택할 때는 다음과 같은 점을 고려해야 한다.

1) AI 기술을 적극적으로 도입·활용하는 기업인가?

빠르게 변화하는 기술 환경에서, AI 도입에 소극적인 기업은 경쟁력 확보에 어려움을 겪을 수 있다. 기술 변화에 민감하고 미래지향적인 기업을 선택해야 한다.

2) 직원의 역량 개발과 학습 기회를 지원하는가?

AI 시대에는 지속적인 학습과 스킬 업그레이드가 필수다. 사내 교육, 리스킬링(reskilling)·업스킬링(upskilling) 프로그램을 잘 갖춘 직장이 중요하다.

3) 내가 맡게 될 업무가 AI로 대체되기 어려운가?

단순하고 반복적이나 규칙 기반의 업무는 AI에 의해 빠르게 대체될 수 있다. 인간의 창의성, 판단력, 공감 능력이 필요한 직무인지를 확인해야 한다.

4) 윤리적 기준과 데이터 보호 정책이 명확한가?

AI를 활용하는 기업이라면 특히 데이터 보호, 알고리즘 투명성, 윤리 기준 등을 분명히 하고 있는지 살펴보아야 한다. 신뢰할 수 있는 기업 문화가 중요하다.

5) 직원 간의 협업과 소통이 활발한가?

AI 시대에도 협업과 커뮤니케이션 능력은 더욱 중요해진다. 부서 간 벽을 허물고 창의적 협력이 가능한 조직 문화를 가진 직장을 선택해야 한다.

6) AI가 업무 효율을 높이는 방향으로 사용되는가?

AI를 활용하여 직원의 업무를 지원하고 생산성을 높이려는 기업인지, 아니면 감시와 통제의 수단으로 사용하는지를 구별하는 것이 필요하다.

7) 직무 유연성과 다양한 역할 수행의 기회가 보장되는가?

한 가지 역할에 고정되기보다는 다양한 직무 경험을 쌓고 전환이 가능한 구조인지를 확인해야 한다. 변화에 적응할 수 있는 유연성이 중요하다.

8) 기술 변화에 대한 적응을 장려하는 문화가 있는가?

실패를 학습의 기회로 보고 새로운 시도를 격려하는 기업은 AI 시대에 지속적으로 성장할 수 있다. 보수적이고 폐쇄적인 조직은 피하는 것이 좋다.

9) 사회적 책임과 공익에 관심을 가지는 기업인가?

단순히 수익을 추구하는 데 그치지 않고, 기술을 통해 사회에 기여하려는 기업은 장기적으로도 안정성과 신뢰를 유지할 가능성이 크다.

10) 기업이 속한 산업 분야가 AI 발전과 함께 성장 중인가?

쇠퇴하거나 정체된 산업보다는, AI 기술과 함께 발전할 가능성이 있는 산업군의 기업을 선택하는 것이 미래 경쟁력 확보에 유리하다.

PART 6

AI 시대 직업인의 역량

AI 시대에 취업자가 갖춰야 할 역량[1)]

AI 기술이 일상과 일터를 빠르게 바꾸고 있는 시대다. 단순한 기능 습득만으로는 경쟁력을 갖기 어려운 시대에 청년들이 준비해야 할 것은 무엇일까? 다음의 역량들은 지금과 미래를 살아갈 모든 청년에게 필수적이다.

1. 디지털 리터러시

이제는 스마트폰만 다룰 줄 알아서는 부족하다. AI 도구, 데이터 분석, 기본적인 코딩까지 다룰 수 있는 디지털 이해력은 기본이자 출발점이다. “디지털 언어는 이제 또 하나의 공용어다.”

2. AI 이해력과 실용 활용 능력

AI가 단순히 똑똑한 기계가 아니라, 어떤 구조로 작동하고 어디까지 가능한지를 아는 능력이 중요하다. ChatGPT, 생성형 AI, 자동화 툴을 어떻게 업무에 접목시킬 수 있는지를 아는 실용감각이 필요하다.

3. 창의적 문제 해결력

AI가 하지 못하는 일은 바로 창의적인 생각이다. 정해진 답이 없는 문제 앞에서 새로운 해법을 떠올릴 수 있는 유연한 사고가 핵심 경쟁력이 된다. “틀 안에서 벗어날 수 있어야 기회가 보인다.”

---

1) 이의용

4. 비판적 사고력

AI가 내놓은 답을 그대로 믿어선 안 된다. 정보의 오류, 편향, 출처 등을 점검하며 스스로 판단할 수 있는 힘, 바로 비판적 사고력이 필요하다.

5. 융합적 사고와 협업 능력

한 분야의 지식만으로는 부족하다. 기술과 인문학, 디자인과 비즈니스 등 다양한 영역을 넘나들며 연결하고, 다른 사람과 협력해 시너지를 낼 줄 알아야 한다. "AI는 혼자 일하지만, 사람은 함께 일한다."

6. 데이터 해석 및 활용 능력

데이터는 새로운 시대의 '언어'다. 숫자와 그래프를 읽고, 의미를 파악해 전략적 판단을 할 수 있는 능력이 필요하다. 엑셀 활용부터 데이터 시각화까지 기본 역량으로 챙겨야 한다.

7. 프롬프트 설계 능력

생성형 AI에게 똑똑한 질문을 던질 줄 아는가? 질문 하나에 따라 AI가 내놓는 답은 완전히 달라진다. 좋은 답을 얻기 위한 '질문 설계 능력', 이젠 필수 스킬이다.

8. 지속적 학습력

한 번 배운 것으로 평생 써먹던 시대는 끝났다. 새로운 기술, 새로운 트렌드가 매일같이 쏟아지는 시대. 끊임없이 배우고 업데이트하는 습관이 경쟁력을 만든다. "학습은 선택이 아니라 생존이다."

9. 윤리 감수성과 책임의식

AI를 잘 쓰는 것만큼이나 제대로 쓰는 것이 중요하다. AI 편향, 프라이버시 침해, 가짜 정보 등 기술이 가져올 사회적 영향에 대해 민감하게 반응하고 책임감 있게 행동할 수 있어야 한다.

10. 공감, 소통, 인간다움

아무리 기술이 발달해도 진심 어린 소통과 공감 능력은 기계가 따라올 수 없다. 팀워크, 고객과의 신뢰, 감성적 관계 형성이야말로 인간만이 가질 수 있는 무기다.

AI 시대에 알아 두어야 할 용어들[1)]

1. AI의 기본 개념

용어	설명
인공지능(AI)	사람처럼 생각하거나 판단하는 컴퓨터 기술
머신러닝	AI가 데이터를 통해 스스로 배우는 기술
딥러닝	뇌를 닮은 구조로 더 똑똑하게 배우는 머신러닝
생성형 AI	글, 그림, 음악, 영상 등 새로운 콘텐츠를 만들어 내는 AI
AGI	인간처럼 모든 일을 할 수 있는 AI(아직 개발 중)

2. AI 기술 · 모델 관련 용어

용어	설명
트랜스포머	AI가 글을 이해하고 만드는 데 뛰어난 뇌 구조
GPT	트랜스포머를 기반으로 글을 잘 만드는 AI 모델
LLM	많은 글을 배운, 말을 잘하는 큰 AI 모델
멀티모달 AI	글, 그림, 소리 등 여러 자료를 동시에 다루는 AI
제로샷 러닝	배우지 않은 일도 추론해서 해내는 AI 능력
파인튜닝	기존의 AI를 나의 목적에 맞게 다시 학습시키는 작업

3. AI 개발 · 운영 관련 용어

용어	설명
프롬프트	AI에게 던지는 질문이나 명령문
프롬프트 엔지니어링	원하는 답을 얻기 위해 질문을 똑똑하게 만드는 기술
MLOps	AI 모델을 개발하고 관리하는 방법론

1) 이의용

데이터셋	AI가 배우는 재료가 되는 데이터 모음
데이터 라벨링	AI가 정답을 알 수 있도록 데이터에 꼬리표 붙이기

4. AI 윤리 · 사회적 영향 용어

용어	쉬운 설명
AI 윤리	AI를 공정하고 안전하게 만들기 위한 규칙
알고리즘 편향	AI가 특정 사람들에게 불리한 결정을 내리는 문제
휴먼 인 더 루프	AI가 판단할 때 사람이 확인하고 조정하는 구조
딥페이크	AI로 얼굴이나 목소리를 위조하는 기술
AI 투명성	AI가 어떤 기준으로 판단했는지 알 수 있어야 함

5. AI 활용 · 응용 관련 용어

용어	설명
AI 헬스케어	병을 진단하거나 치료를 돕는 AI 기술
AI 챗봇	자동으로 사람과 대화하는 프로그램
디지털 휴먼	사람처럼 말하고 행동하는 가상 인물
AI 동반자	외롭지 않게 말동무가 되어 주는 AI
AI 추천 시스템	나에게 맞는 콘텐츠나 상품을 골라 주는 AI

6. 일상 속 AI 관련 용어

용어	설명
AI 비서	일정 관리, 정보 찾기 등을 도와주는 AI(예: Siri)
AI 검색	질문을 하면 요점만 뽑아 주는 똑똑한 검색 방식
AI 생성 이미지	글로 입력하면 AI가 그림을 그려 주는 서비스
가상 인플루언서	AI가 만든 가상의 SNS 스타
AI 피로	AI가 너무 많아 피곤하거나 불신하게 되는 현상

디지털 리터러시[1)]

1. 디지털 리터러시

1) 디지털 리터러시란 무엇이며, AI 시대에 왜 필수적인가?

디지털 리터러시는 단순히 스마트폰이나 컴퓨터를 다루는 능력을 의미하지 않는다. 디지털 리터러시(Digital Literacy)는 디지털 기술과 정보를 이해하고, 활용하고, 비판적으로 평가하며, 창의적으로 생산할 수 있는 종합적인 능력을 말한다. 현대 사회에서 디지털 리터러시는 글을 읽고 쓰는 '문해력'처럼 필수적인 기본 역량이다. 정보를 '읽고' '판단하고' '활용하고' '표현할 줄 아는 능력'이 없다면 디지털 시대에 제대로 적응하기 어렵다.

디지털 리터러시는 다음과 같은 5가지 요소로 구성된다.

(1) 디지털 기기 활용 능력

컴퓨터, 스마트폰, 태블릿 같은 기기를 능숙하게 다루는 것은 기본이며, 문서 작성, 파일 관리, 클라우드 서비스 활용, 온라인 협업 도구 사용까지 포함된다.

(2) 정보 탐색 및 평가 능력

검색 엔진을 이용해 필요한 정보를 빠르게 찾을 수 있어야 하며, 동시에 그 정보가 신뢰할 만한 것인지 출처를 확인하고 비판적으로 해석할 수 있어야 한다. 가짜 뉴스와 허위 정보에 휘둘리지 않으려면 이 능력이 꼭 필요하다.

(3) 디지털 소통 능력

이메일, 메신저, 영상회의 등의 도구를 통해 효율적이고 예의 바른 소통이 가능해야 한다. 또한 온라인 커뮤니티나 SNS에서도 상대방을 배려하고 디지털 문화와 윤리를 지키는 태도가 요구된다.

1) 이의용

(4) 콘텐츠 제작 및 창의적 활용 능력

문서, 이미지, 영상, 프레젠테이션 등 다양한 형식의 콘텐츠를 직접 만들고 표현할 수 있어야 한다. 나아가 블로그나 유튜브, SNS, 그리고 ChatGPT 같은 AI 도구를 활용하여 업무나 학습의 효율을 높이는 방법도 익혀야 한다.

(5) 디지털 윤리와 보안 인식

개인정보 보호와 온라인 보안 수칙을 지키는 것은 기본이며, 저작권을 존중하고 AI 윤리와 디지털 격차 같은 사회적 이슈에 대해서도 책임감을 가져야 한다.

2) 디지털 리터러시는 왜 중요한가?

AI와 빅데이터, 클라우드 기반의 사회에서는 디지털 리터러시가 곧 생존 능력이다. 정보가 넘쳐나는 시대에서는 어떤 정보가 유용하고 믿을 만한지를 판단할 수 있어야 하며, 스스로 필요한 정보를 선택하고 활용할 줄 알아야 한다. 또한 디지털 기술에 익숙하지 않으면 사회나 일터에서 소외되기가 쉽다. 디지털 격차를 줄이기 위해서도 모든 사람이 디지털 문해력을 갖춰야 한다. 특히 청년층은 이러한 능력이 직업 세계에서 경쟁력을 확보하는 데 중요한 요소가 된다. 아울러 개인정보를 스스로 보호하고, 가짜 정보나 해킹으로부터 자신을 지킬 줄 아는 능력은 누구에게나 필요한 자기 방어 수단이다.

3) 디지털 리터러시는 이렇게 준비해야 한다.

기본적인 문서 작성, 엑셀, 프레젠테이션 도구를 익히고, 검색 능력을 기르며, 출처 확인과 교차 검증, 정보 판단의 습관을 들여야 한다. 영상회의나 메신저 소통 방식에 익숙해지고, 콘텐츠 제작도 실습을 통해 자연스럽게 배워야 한다. ChatGPT와 같은 AI 도구를 직접 사용해 보며 실용적 감각을 키우는 것도 좋다.

더불어 저작권을 지키고, 개인정보를 소중히 여기며, 온라인에서의 예절을 지키는 윤리적 감수성도 함께 길러야 한다.

결론적으로, 디지털 리터러시는 AI 시대를 살아가기 위한 새로운 기본 문해력이다. 단순히 기술 사용을 넘어 정보를 이해하고 판단하며, 창의적으로 표현하고 안전하게 사용하는 능력이 바로 디지털 리터러시의 핵심이다. 앞으로 어떤 직업을 선택하든, 어떤 삶을 살아가든 디지털 리터러시는 누구에게나 꼭 필요한 삶의 도구가 될 것이다.

AI 시대와 윤리[1)]

1. 비윤리적인 문제, 해결이 어려운 문제

AI 시대가 본격화하면서 미처 생각하지 못했던 비윤리적인 문제, 해결하기 어려운 문제들이 나타날 수 있다. 예를 들면 다음과 같은 일이다.[2)]

(1) 생명을 위협하는 잘못된 AI의 진단

지영 씨는 건강 앱의 조언을 믿고 병원 방문을 미뤘다. AI는 '단순 피로'라고 말했지만, 실제로는 폐렴이었다. 며칠 뒤에 증상이 악화되어 응급실로 실려 갔다. AI의 한 문장으로 목숨이 오갈 수 있다는 사실을 뒤늦게 깨달았다.

(2) 집 안까지 침투한 도청

민수 씨는 스마트 스피커를 믿고 사용했지만, 해커가 대화를 도청해 민감한 금융 정보를 빼냈다. 일부 중국제 로봇 청소기가 보안 위험이 있다는 뉴스도 있다. 그제야 깨달았다. AI 기기는 편리한 만큼 사생활을 완전히 노출할 수 있는 문이기도 하다는 사실을…….

(3) 보이지 않는 차별

수진 씨는 AI 채용에서 탈락했다. 이유는 알려 주지 않았다. 나중에 알고 보니 알고리즘이 특정 대학 출신을 우대하도록 설계되어 있었다. 공정해 보였던 AI가 오히려 더 교묘한 차별을 하고 있었던 것이다.

(4) 창작자의 권리를 삼키는 AI

경훈 씨의 그림 스타일이 유명 AI 이미지 사이트에서 무단으로 복제되었다. 수년간 갈고

---

1) 이의용

2) 실제로 일어난 일이 아니라 가상의 사례를 예상하여 구성한 것이다.

닦은 예술적 정체성이 'AI 학습 데이터'라는 이름으로 아무렇지 않게 이용당했다. 창작자는 사라지고, AI만 남았다.

(5) 딥페이크, 한순간에 무너진 명예

지우 씨의 얼굴이 합성된 음란 영상이 퍼졌다. 삭제를 요청해도 이미 수백 번 공유된 뒤였다. "아닌 걸 아는 사람은 몇이나 될까?" 그날 이후 지우 씨의 사회생활은 송두리째 무너졌다.

(6) 아이의 무방비 노출

현정 씨의 아들이 AI 챗봇과 대화하다가 폭력적인 대사를 보고 따라 하기 시작했다. 아이들은 스스로 걸러 낼 힘이 없다. 어른들이 AI를 믿은 대가가 고스란히 아이들에게 떨어졌다.

(7) 사고 후 책임은 누구의 것인가?

자율주행차 사고로 사람이 다쳤다. 피해자는 '운전자 책임'을, 운전자는 'AI 책임'을 주장했다. 그러나 법은 답을 내리지 못했다. 책임의 공백은 피해자와 가해자 모두를 더 깊은 혼란 속으로 밀어넣었다.

(8) 나도 모르게 팔린 내 정보

혜진 씨의 건강 데이터가 보험사로 넘어가 보험료가 폭등했다. "내 정보를 누가, 언제, 어디에서, 팔았을까?" AI가 모은 데이터는 이미 여러 손을 거쳐 돌아다니고 있었다. 개인은 그 흐름을 추적할 힘조차 없다.

(9) AI 오류가 만든 파국

준호 씨는 AI 일정 관리에 의존했다. 하지만 시스템 오류 하나로 중요한 보고서를 제때 내지 못했고, 회사 프로젝트는 날아갔다. 상사는 차갑게 말했다. "AI가 아니라 네 책임이야." 편리함 뒤에는 항상 책임의 무게가 숨어 있다.

(10) 사람보다 AI가 더 편해질 때

지현 씨는 외로움을 달래기 위해 AI 챗봇과 대화했다. 언제부터인가 친구들과의 모임은 귀찮아졌고, 가족과의 대화도 줄어들었다. 'AI가 더 편하다'는 생각이 들었을 때, 이미 현실 인간관계는 무너져 있었다.

2. AI 시대의 그림자 – 윤리적 문제들

AI는 이제 선택이 아니라 일상과 사회 구조전반을 관통하는 필수 기술이 되었다. 우리는 AI를 통해 학습 자료를 추천받고, 의료 진단의 정확도를 높이며, 교통 흐름을 예측하고, 범죄 위험을 사전에 경고받는다. 그러나 기술의 편리함 이면에는 우리가 쉽게 간과할 수 있는 윤리적 문제가 숨어 있다. 잘못된 데이터 학습으로 인한 편향, 개인정보 침해, 책임 공백, 그리고 악의적 활용의 가능성은 우리 사회의 신뢰를 무너뜨릴 수 있는 잠재적 위험 요소다. 그렇다면 인간이 AI 도구를 윤리적으로 사용하기 위해 갖추어야 할 조건과 풀어 가야 할 과제는 무엇인가?

1) 윤리적 사용을 위한 선결 조건

(1) AI 윤리에 대한 공통된 이해

AI는 전능하지 않다. 인간이 설계한 데이터와 알고리즘에 의존하기 때문에 편향이나 오류에서 자유로울 수 없다. 사용자는 AI의 한계와 위험을 인지해야 하며, 맹목적인 신뢰가 가져올 결과를 경계해야 한다.

(2) 데이터와 개인정보 보호 의식

AI 활용의 핵심은 데이터다. 데이터가 안전하게 보호되지 않는다면 개인의 사생활은 손쉽게 노출되고 상업적 · 정치적 목적으로 악용될 수 있다. 따라서 개인은 자신의 데이터 흐름을 이해하고 관리할 권리와 책임을 가져야 하며, 기업과 정부는 이를 제도적으로 보장해야 한다. 2025년 쿠팡 사태가 이를 보여 준다.

(3) 알고리즘의 투명성 확보

AI의 결정은 종종 '블랙박스'처럼 작동한다. 결과가 왜 나왔는지 설명할 수 없는 상황에서 신뢰는 구축되기 어렵다. 따라서 일정 수준의 설명 가능성과 검증 가능성을 확보해야 하며, 이는 기술 개발자와 사용자 모두가 공유해야 할 기준이다.

(4) 책임 소재의 명확화

AI의 결정으로 피해가 발생했을 때 책임의 주체가 모호한 상황은 심각한 사회적 혼란을

야기한다. 개발자, 사용자, 기업, 정책 기관 간의 책임 범위를 사전에 규정하는 것이 윤리적 사용의 출발점이다.

(5) 윤리교육과 디지털 리터러시

윤리적 감수성은 자연스럽게 생기지 않는다. 체계적인 교육을 통해 기술 사용의 도덕적 맥락을 이해하고, 옳고 그름을 판단할 수 있는 역량을 길러야 한다. 디지털 리터러시는 단순히 기술 활용 능력이 아닌 책임 있는 기술 사용의 능력을 포함해야 한다.

2) 윤리적 사용을 위한 과제

(1) 공정성 확보

AI는 학습 데이터의 편향을 그대로 재생산한다. 특정 성별, 인종, 사회 계층에 불리한 결과를 만들 수 있다. 공정성을 보장하기 위해서는 데이터 수집부터 모델 검증, 결과 활용까지 전 과정에서 편향을 점검하고 수정하는 노력이 필요하다.

(2) 악용 방지 및 안전 장치 마련

딥페이크 범죄, 해킹, 사기와 같은 AI 악용 사례는 빠르게 증가하고 있다. 기술적 차단 장치와 법적 규제가 병행되어야 하며, 사회 전반의 감시 체계도 갖추어야 한다.

(3) 인간 중심 설계

AI 기술의 목적은 인간의 삶을 돕는 데 있어야 한다. 효율성만을 추구하다 보면 인간의 존엄과 가치가 훼손될 수 있다. 따라서 인간의 의사결정을 완전히 대체하지 않고 보조하는 방향으로 설계해야 한다.

(4) 사회적 합의와 거버넌스

AI 윤리는 개인이나 기업의 판단만으로 정할 수 없다. 사회적 합의를 통해 공통의 기준을 세우고, 이를 국제적 수준에서도 조율해야 한다. AI 기술은 국경을 넘어 작동하기 때문이다.

(5) 지속적인 감시와 개선

AI 윤리 가이드라인은 고정된 규범이 아니라, 기술 변화의 속도에 맞추어서 끊임없이 수정되고 보완되어야 한다. 이를 위해서는 독립적인 윤리 검증 기구와 시민 참여형 감시 체계가 필요하다.

윤리 없는 AI는 기술적 진보가 아니다. AI는 도구일 뿐이다. 문제는 그 도구를 사용하는 인간의 태도와 책임 의식이다. 윤리성이 결여된 AI의 활용은 편리함을 넘어 심각한 피해를 초래할 수 있으며, 사회적 신뢰를 근본부터 흔들 수 있다. AI 시대의 경쟁력은 기술력만으로 평가되지 않는다. 인간다운 가치와 윤리를 내면화한 상태에서 기술을 다루는 능력이야말로 진정한 경쟁력이다.

인문학적 소양[1)]

1. AI 시대, 왜 인문학적 소양이 더 중요해지는가?

AI 시대는 데이터를 기반으로 빠르고 정확한 분석과 처리를 가능하게 한다. 하지만 기술이 아무리 발달하더라도 인간만이 할 수 있는 것이 있다. 바로 '사람을 이해하고, 의미를 찾고, 더 나은 방향을 고민하는 일'이다. 이런 일은 AI가 아닌 인간의 인문학적 소양에서 비롯된다.

2. 인문학적 소양이란 무엇인가?

인문학적 소양이란 인간과 삶에 대한 본질적인 이해를 바탕으로 비판적으로 사고하고, 타인을 공감하며, 가치를 판단하는 능력을 말한다. 철학, 문학, 역사, 예술, 종교, 언어 등의 인문학 분야를 통해 인간의 존재, 사회, 문화에 대해 깊이 있게 이해하는 것이 핵심이다. 이러한 소양은 단순히 책을 많이 읽는 것이 아니라, 사람과 사회에 대해 성찰하는 태도, 깊이 있는 질문을 던지는 사고 방식, 그리고 타인과의 관계에서 존중과 공감으로 소통하는 자세를 포함한다.

3. 왜 AI 시대에 인문학이 더 중요해졌는가?

AI는 방대한 데이터를 바탕으로 정보를 분석하고 예측하는 데 강점을 가진다. 그러나 그것만으로는 충분하지 않다. 다음과 같은 이유에서 AI 시대에 오히려 인문학이 더 절실해졌다.

① 기술의 윤리적 사용을 위해 인문학이 필요하다. AI의 판단이 공정한가? 인간의 권리를 해치지 않는가? 이런 질문은 기술적 사고만으로는 해결할 수 없다. 철학과 윤리, 법과 사회적 맥락을 이해하는 인문학적 감수성이 있어야 한다.

② 인간 고유의 능력은 인문학에 기반한다. 창의력, 공감 능력, 감성, 관계 형성 능력 등

1) 이의용

은 기술로 대체할 수 없다. AI가 아무리 똑똑해도 맥락적 이해, 감동을 주는 이야기, 예술적 영감, 진심 어린 위로는 인간만이 할 수 있다.

③ 의미를 찾는 능력은 기술이 제공하지 못하는 영역이다. AI는 '어떻게 할 것인가'를 알려 주지만, '왜 그것을 해야 하는가'에 대한 답은 줄 수 없다. 인간의 삶과 일에 대한 방향성을 제시하는 데에는 철학적 성찰이 필요하다.

4. 인문학적 소양을 기르기 위한 방법

인문학적 소양은 단기간에 외워서 익힐 수 있는 지식이 아니다. 생활 속에서 천천히, 그러나 꾸준히 길러 가는 태도와 습관이 중요하다. 다음과 같은 실천 방법들이 도움이 될 수 있다.

① 질문하는 습관을 기른다. 일이나 공부를 하면서도 "왜?" "무엇을 위한 것인가?"를 스스로에게 묻는 습관이 중요하다. 단순한 정답보다는 배경과 맥락을 이해하려는 태도가 인문학적 사고의 시작이다.

② 책과 가까워진다. 철학, 문학, 역사, 예술 등 다양한 인문학 분야의 책을 읽으며 사람과 사회에 대한 이해의 폭을 넓힐 수 있다. 고전을 읽는 것도 좋고, 현대 인문학자가 쓴 대중서부터 시작해도 좋다.

③ 사람을 깊이 이해하려고 노력한다. 공감하는 태도는 인문학적 소양의 핵심이다. 다양한 사람들의 경험, 생각, 감정을 열린 마음으로 듣고 이해하려는 자세를 가지는 것이 중요하다.

④ 문화예술을 체험한다. 공연, 전시, 영화, 시, 음악 등 예술을 접하면서 감성을 기르고, 인간의 다양한 표현 방식에 대해 이해할 수 있다. 예술적 경험은 생각의 깊이를 넓히는 데 큰 도움이 된다.

⑤ AI와 기술을 인문학적 시선으로 바라본다. 기술을 단순히 도구로만 보지 않고 사회적 영향, 사람과의 관계, 삶의 변화에 어떤 의미를 주는지를 고민해 보는 훈련이 필요하다.

결론적으로, AI 시대는 기술만으로는 충분하지 않다. 기술과 인간의 조화를 이루기 위해서는 사람을 이해하고, 가치를 분별하고, 삶을 성찰할 줄 아는 인문학적 소양이 반드시 필요하다. 지금은 기술을 넘어 '무엇이 인간다운가?'에 대한 질문을 던지는 사람이 더욱 빛나는 시대다.

포트폴리오 인생[1)]

한 가지 직업에 얽매이지 않고 여러 가지 일을 동시에 하거나, 시기에 따라 다양한 역할을 수행하며 살아가는 형태를 '포트폴리오 인생'이라고 한다. 우리에게 닥친 현실이다. 그렇다면 우리는 무엇을 준비해야 할까?

1. 마인드셋 변화: 안정성에서 유연성으로

'좋은 직장에 들어가면 안정적인 미래가 보장된다'는 생각은 옛말이다. 지금은 변화가 너무나도 빠르다. 이직과 전직은 흔한 일이 되었다. 파트타임, 프로젝트 계약 등 다양한 형태의 고용이 늘어나고 있다. 심지어 IT 기술과 소셜 플랫폼의 발달로 스스로를 고용하는 '1인 기업가' 시대가 열리고 있다. 이제는 '한 가지 직업이 아니라, 다양한 직업을 경험하는 것이 당연하다'는 인식으로 전환해야 한다. 안정이라는 안주에서 벗어나서 변화에 유연하게 대처하는 마음가짐이 필요하다는 말이다.

2. 태도: 자기 주도적 커리어 개발

포트폴리오 인생에서는 누가 자신의 커리어를 정해 주지 않는다. 정해진 길도 없고, 변화는 더욱 가속화될 것이다. 따라서 스스로 배우고, 기회를 찾아 나서는 태도가 필수적이다.

첫째, "나는 어떤 일을 하고 싶은가?"라고 스스로에게 묻고, 원하는 커리어를 탐색하는 습관을 만들자. '어디에 소속되어, 어떤 강점을 활용하여, 어떤 기여를 할 것인가?'에 대한 고민이 필요하다.

둘째, 새로운 기술과 트렌드에 대한 호기심을 잃지 말고, 끊임없이 배우는 자세를 갖자. 세상은 계속 변하고, 새로운 기술은 계속 등장한다. 배우지 않으면 도태될 수밖에 없다.

셋째, 도전과 실패를 두려워하지 않는 태도가 필요하다. 실패는 끝이 아니라, 다음 도전을 위한 소중한 경험이다. 많이 시도하고, 때로 실패하면서 배워 나가야 한다.

1) 오정근

3. 자기 탐색 및 브랜드 구축

포트폴리오 인생에서는 '나'라는 사람이 하나의 브랜드가 된다. 나의 경우를 예로 들면, 『오정근의 커리어 코칭』『오정근의 감정 코칭』이라는 저서를 통해 자기 브랜드를 만들어 자기가 어떤 사람이고, 무엇을 잘하며, 어떤 가치를 줄 수 있는지 명확하게 보여 주는 것도 하나의 방법이다. 그러기 위해서는 자신이 잘하는 것, 좋아하는 것, 그리고 의미를 느끼는 것을 깊이 있게 분석해 보자. 이것은 자기 안의 보석을 찾아내는 과정이다. 자신의 흥미나 강점을 살려 자신만의 전문성을 만들고, SNS나 블로그 등을 통해 브랜드를 구축해 보자. 예를 들어, 글을 잘 쓰는 사람이라면 블로그나 뉴스레터를 꾸준히 운영하고, 강연을 하면서 '콘텐츠 크리에이터'로서의 역할을 추가할 수 있다. 자신이 가진 재능을 세상에 알리는 통로를 만들 필요가 있다.

4. 다양한 수입원 창출

하나의 직업에만 의존해서는 불안할 수밖에 없다. 여러 가지 경로에서 수익을 창출하는 역량이 필요하다. 정규직 외에도 프리랜서, 투자, 강연, 컨설팅, 창업 등의 다양한 방법으로 수입을 얻는 방법을 배워야 한다. 예를 들어, 프로그래밍을 전공한 학생이라면 본업 외에도 사이드 프로젝트를 진행하거나 온라인 강의를 제작하고, 오픈소스 프로젝트에 기여하는 등을 통해 추가적인 기회를 만들 수 있다. 수입의 파이프라인을 여러 개 만들어 두는 것이 중요하다.

5. 네트워크 구축 및 협업 역량

혼자만의 힘으로는 포트폴리오 인생을 성공적으로 구축하기 어렵다. 다양한 분야의 사람들과 교류하며 네트워크를 구축하고, 기회를 공유하는 능력이 중요하다. 온 · 오프라인 커뮤니티, 세미나, 멘토링 프로그램 등을 적극적으로 활용하자. 혼자서는 알 수 없었던 정보나 기회를 얻을 수도 있고, 함께 프로젝트를 진행하며 시너지를 낼 수도 있다. 결국 사람과의 관계 속에서 새로운 기회가 생겨나는 법이다.

6. 지속적인 학습과 자기계발

포트폴리오 인생에서는 평생 학습이 필수다. 세상은 계속 변하고, 새로운 지식과 기술은 끊임없이 쏟아진다. 관심 분야의 새로운 기술을 배우고, 다양한 경험을 쌓자. MOOC(온라인 강의), 독서, 워크숍 등 다양한 학습 기회를 적극적으로 활용하자. 배움을 멈추는 순간, 자신의 포트폴리오는 낡은 것이 될 수밖에 없기 때문이다.

포트폴리오 인생은 단순히 여러 직업을 갖는 것을 넘어, 자기의 삶을 자기가 주도적으로 디자인하는 과정이다. 처음에는 막막하고 불안할 수도 있지만, 이 6가지 준비를 차근차근해 나간다면 분명 변화하는 시대 속에서 자기만의 빛나는 포트폴리오를 만들어 갈 수 있다. 그런 자기를 응원하고 격려하자!

기술보다 콘텐츠[1)]

"Technology is not the solution(기술이 해결책은 아니다)."

AI 시대에 어떻게 살아가야 할 것인가? 요즘 자신의 현장 또는 미래에 AI가 어떤 영향을 줄지에 대한 고민이 깊어지면서, AI 시대의 생존 전략에 대한 논의가 어느 때보다 활발하게 이루어지고 있다. 결론부터 말하면, 기술보다는 콘텐츠가 더 중요하다. 기술 자체가 해결책이 될 수 없는 것이다. 오히려 자신만의 강점을 콘텐츠나 역량의 형태로 부가가치를 만들어내고, AI 시대에 나만의 강점을 활용하여 새로운 기회를 찾는 레버리지(leverage) 방식의 접근이 필요하다.

몇 년 전의 일이었다. 대전 대덕단지에서 제4차 산업혁명과 관련된 강의 요청을 받은 적이 있다. 다양한 연령층의 CEO가 참석하는데, IoT, AR/VR, AI, 빅데이터 등 기술 트렌드에 대한 강의를 하는 것이 최선일지 고민스러웠다. 그래서 딱 한마디 메시지만을 전달하기로 했다. 바로 '서핑'에 관한 것이었다.

파도는 매일 매 순간 밀려오며, 어떤 때는 엄청 큰 파도가 덮쳐서 어쩔 수 없이 짠물을 많이 먹었던 적도 있고, 어떤 파도에는 밀려오는 파도를 즐겼던 기억이 있다. 세상의 이치는 어느 영역에서나 보편적으로 똑같은 것 같다. 기술뿐만 아니라 이 세상은 '변화'라는 파도가 매일, 아니 매 순간 닥쳐온다. 하지만 파도가 올 때 어떤 사람은 물을 먹지만, 어떤 사람은 더 큰 파도가 오기를 기다렸다가 그 파도를 타고 즐겁게 서핑을 한다. '서핑'하는 능력을 길러야 한다. 즉, 새로운 기술을 배우는 것보다 더 중요하고 우선시되어야 하는 것이 바로 나에 대해서 정확하게 알고, 나만의 강점인 나만의 콘텐츠를 찾고 만드는 것이다. 그것이 바로 나만의 경쟁력이다. 나만의 콘텐츠를 가져야, 신기술이라는 파도가 왔을 때 내 콘텐츠를 세상에 널리 알리며 신기술을 즐기며 서핑할 수 있다.

또한 최근 트렌드가 무조건 정답이라고 볼 수도 없다. 문제의 본질에 대한 고민, 즉 본질적인 원인을 파악하는 것이 중요하다. 현재 가려운 부분(pain point)이 무엇이며, 이러한 가

---

1) 한상훈

려운 부분을 내가 가지고 있는 강점과 역량을 바탕으로 어떻게 나만의 방법으로 창의적으로 해결할 수 있을지, 이러한 해결과정에서 어떤 적정 기술이 어떻게 활용될 수 있는지를 검토하는 순서로 진행을 할 때, 문제해결을 넘어 가치 창출(value-making)을 할 수 있게 된다.

콘텐츠를 쌓아 가기 위한 Tips

1) 자신만의 강점과 역량을 바탕으로 기회 영역에서 자신만의 산출물(콘텐츠)을 만들어 본다.
2) 자신의 콘텐츠를 기록/보관(Archiving)하고, 개인 브랜드(Personal Brand)로 발전시킨다.
3) 자신의 일상이나 업무 중 반복적이거나 기능적인 일에 대해서는 AI를 활용하여, 평소에 AI 기술과 친숙해지고 자신의 업무 효율성도 높여 본다(AI 에이전트 활용 업무 최적화).[4)]
4) 다음 3가지 영역에 대한 자신만의 생각을 정리한 후 어디에 집중할 것인지, 어떤 영역을 어떻게 대비할 것인지에 대한 전략적 사고를 해 본다.
   (1) AI 시대에 여전히 존재하는 영역
   (2) AI를 활용해서 전환해야 할 영역
   (3) AI로 인하여 새롭게 생성되는 영역

AI 시대가 도래함에 따라 오히려 자신만의 강점을 알고, 그것을 역량과 콘텐츠로 만든 사람들, 즉 준비된 사람들에게는 더 많은 성장의 기회가 생겼다. 평상시 본인이 해야 했던 반복적이고 기능적인 업무를 AI 에이전트에게 맡기게 되었다. 그 대신 본인은 보다 중요하고 고부가가치의 일에 집중할 수 있기 때문에 생산성과 효율성이 더 높아졌다. 또한 각종 기술 발달로 인하여 1인 제조 시대, 1인 유통 시대, 1인 홍보 시대가 됨에 따라 이제는 대기업만 할 수 있는 일을 개인도 얼마든지 할 수 있는 시대가 되었다. 그만큼 글로벌 진출 문턱도 낮아졌다. 특히 K콘텐츠에 대한 세계 반응이 뜨겁기 때문에 나만의 콘텐츠를 가지고 있으면 AI 시대에 그 전망은 더욱 밝을 것이다.

4) AI 에이전트 활용 업무 최적화: 고객 서비스, 일정 관리, 문서 작성, 데이터 분석, 금융 · 의료 · 이커머스 등 다양한 산업에서 반복 · 복잡 업무를 자동화하는 역할 수행

멀티 잡 시대의 대학 진로교육

1. 대학이 도와야 할 진로 지도[1)]

지금까지 대학은 주로 대기업이나 공채 위주의 '취업'에 초점을 맞춰 왔다. 하지만 이제는 한 직장에 평생 몸담는 시대가 아니다. 변화하는 시대에 맞춰 학생들이 스스로 길을 개척할 수 있도록 돕는 '조력자'가 되어야 한다. 그렇다면 대학은 무엇을 도와줄 수 있을까?

프리랜서, 1인 기업가, N잡러 등 다양한 형태로 일하는 사람들이 늘어나고 있다. 따라서 대학도 이러한 변화를 인식하고, 단순히 이력서 쓰는 법이나 면접 스킬을 가르치는 것을 넘어, 학생들이 자기 주도적으로 커리어를 설계하고 실행할 수 있는 역량을 키워 주어야 한다.

학생들이 아이디어를 현실로 만들 수 있도록 적극적으로 지원해야 한다. 단순히 창업 강연을 듣는 것을 넘어, 실제로 창업을 시도해 볼 수 있는 기회와 환경을 제공하는 것이 중요하다. 경험 많은 창업가나 전문가들이 학생들의 아이디어를 다듬고, 비즈니스 모델을 구축하는 데 실질적인 도움을 주는 것이 바람직하다. 아이디어를 구체화하거나 사업화 멘토링을 제공하는 것이 보다 효과적이다. 아이디어를 현실로 만들 수 있는 작업 공간이나 장비, 시제품 제작 비용 등을 지원하여 학생들이 부담 없이 도전할 수 있도록 도울 필요가 있다. 가능성 있는 아이디어에는 엔젤 투자자나 벤처 캐피탈과 연결될 수 있는 기회를 제공하여 학생들이 초기 자금 문제로 꿈을 포기하지 않도록 도와야 한다.

점점 더 많은 사람이 프리랜서나 N 잡러로 활동하게 될 것이다. 하지만 이들에게는 회사원이 겪지 않는 새로운 종류의 어려움이 따른다. 대학은 학생들이 이러한 새로운 형태의 노동시장에 잘 적응할 수 있도록 실질적인 교육을 제공해야 한다. 프리랜서 계약서 작성, 저작권, 세금 등 개인사업자로서 알아야 할 기본적인 법률 및 재무 상식을 배울 기회를 제공할 필요가 있다. 자신을 효과적으로 알리고, 고객을 유치하며, 지속적으로 일을 만들어 내는 방법도 알아야 한다. 그리고 여러 프로젝트를 동시에 진행하거나 스스로 업무 스케줄을 관리하는 노하우 등을 교육할 필요성이 커졌다.

---

1) 오정근

이제는 한 우물만 깊게 파는 것만으로는 부족하다. 여러 분야의 지식을 연결하고 융합하는 능력이 중요해지므로 대학은 학생들이 특정 전공의 틀에 갇히지 않고 다양한 분야를 접할 수 있도록 도와야 한다. 학생들이 자유롭게 여러 전공을 넘나들며 자신만의 전문성을 구축할 수 있도록 복수전공 및 융합전공을 장려하고, 전공과 무관하게 모든 학생이 데이터 분석, 디자인 사고(Design Thinking), AI의 기본 개념과 활용법을 배울 수 있는 교양과목을 필수로 제공해야 한다. 또한 실제 문제를 해결하는 과정에서 다양한 전공의 학생들이 협력하여 배우는 프로젝트 기반 학습(PBL)을 확대하여 실질적인 융합 역량을 키울 수 있도록 해야 한다.

혼자서는 알기 어려운 현실적인 정보와 기회를 얻는 데 멘토링과 네트워크는 필수적이다. 대학은 학생들이 다양한 분야의 선배들이나 산업 전문가들과 연결될 수 있는 기회를 적극적으로 제공해야 한다. 이미 포트폴리오 인생을 살고 있는 졸업생 선배들과 연결하여 그들의 경험과 노하우를 직접 들을 수 있는 선배 멘토링 프로그램을 운영하고, 특정 분야의 전문가들을 초청하여 최신 트렌드를 공유하고 실무적인 조언을 들을 수 있는 기회를 자주 마련할 필요가 있다. 더불어 학생들이 자유롭게 교류하고 아이디어를 나눌 수 있는 온·오프라인 커뮤니티나 네트워킹 행사를 정기적으로 개최하여 인적 네트워크를 확장할 수 있도록 도와야 한다.

대학은 더 이상 지식만을 전달하는 상아탑이 아니다. 변화하는 시대에 학생들이 스스로의 길을 찾아 나설 수 있도록 돕는 '미래 역량 배양의 허브'가 되어야 한다. 이러한 지원들이 뒷받침된다면, 우리의 대학생들은 불안함 대신 설렘을 안고 자신만의 빛나는 포트폴리오 인생을 펼쳐 나갈 수 있을 것이다.

2. 교육 체계를 바꿔야 한다[2)]

1인 다직 시대에 대비하기 위해서는 대학의 교육 체계를 바꿔야 한다. 지금의 대학 교육은 여전히 전공 하나에 집중하는 방식에 머물러 있다. 그러나 1인 다직 시대에는 '다중 역량 중심의 교육 체계'로의 전환이 필요하다. 구체적으로 다음과 같은 변화가 필요하다.

2) 이의용

(1) 복수전공, 융합전공 제도의 활성화

다양한 분야의 지식을 연결할 수 있는 제도적 지원이 필수다. 하나의 전공을 기반으로 기획, 디자인, 경영, AI 등 다른 분야와의 연결성을 갖춘 학제 운영이 필요하다.

(2) 직무 기반 교과목 확대

'직업세계'에서 실제 필요한 능력을 배양할 과목들이 늘어나야 한다(예: 디지털 마케팅, UX 기초, 데이터 해석, 콘텐츠 제작, AI 활용 실습 등).

(3) 비정규 교육과정과 마이크로 러닝 도입

단기간에 실무 능력을 기를 수 있는 스킬 중심의 마이크로 강좌나 AI 기반 추천 강의 등을 통해 학생 스스로 학습 설계를 할 수 있는 환경이 마련되어야 한다.

(4) 자기 주도형 포트폴리오 중심 평가 도입

지필 시험보다는 학생의 프로젝트, 콘텐츠, 에세이, 실습 결과물 등을 평가하는 방식으로 전환하여 실제 사회에서 필요한 결과 중심의 역량을 반영해야 한다.

(5) 현장 실습 및 사이드 프로젝트 중심 수업 확대

수업 안에서도 기업과 연결된 실제 문제 해결, 창작 프로젝트, 외부 발표 등 실제 경험과 결과물을 남기는 수업이 늘어나야 한다.

결론적으로, AI 시대는 단일한 정체성과 경력으로는 버티기 어려운 시대다. 한 사람이 여러 가지 역할과 직업을 가지며 살아가는 시대, 그것이 바로 1인 다직 시대다. 이런 시대에 청년들이 경쟁력을 갖추기 위해서는 다양한 역량과 자기 주도성, 디지털 활용 능력, 인문학적 성찰이 동시에 필요하다. 대학 교육 역시 한 전공, 한 진로에만 초점을 맞추는 것이 아니라, 대학 교육 전반의 커리큘럼과 교육 방식이 복합적이고 유연한 진로 설계를 지원하는 체계로 전환되어야 한다. 진로 교과목을 운영하는 것이 근본적인 대안이 될 수 없다.

PART 7

인설진 50학기 Review

스탠퍼드대학교보다 앞선 '인설진' 수업의 개설[1]

세계에서 가장 먼저 진로설계 교과목을 운영한 것은 55년 전인 1970년 미국 플로리다 주립대학교인 것으로 알려져 있다. 2000년대에 이르러 스탠퍼드대학교(2010년), 예일대학교(2014년), 하버드대학교(2017년)가 대학에 진로설계 교과목을 개설했다. 우리나라에서는 국민대학교가 2004년 2학기에 국내 최초로 '인생설계와 진로' 교과목을 개설했다.[2] 이는 스탠퍼드대학교, 예일대학교, 하버드대학교보다 앞선 시도다.

대학명	과목명	개설 시기	주된 내용
국민대학교	인생설계와 진로	2004년	• 국내 최초 • 대학생활, 자아 탐색, 감사일기, 비전 수립, 사회 진출 준비 • 워크숍 중심 수업, 포트폴리오 작성
스탠퍼드 대학교	Designing Your Life	2010년대 초	• 디자인 사고를 응용하여 인생경로 설계 • 다양한 커리어와 삶의 방향 탐색 • 실습 중심 워크숍
예일대학교	Life Worth Living (HUMS 411 등)	2014년 이후	• 좋은 삶, 삶의 목적, 철학 · 종교 전통을 통한 의미 탐구, 개인적 가치 설정 • 토론 중심 수업
하버드대학교	Crafting Your LIfe	2017년 이후	• MBA 졸업 후 10년간 인생 · 경력 설계 • 커뮤니티 기반 실사례 학습과 실천 강조

인설진은 2025년 2학기에 만 22년, 50학기(계절학기 포함)를 마쳤다. 지금까지 이 수업을 이수한 학생은 모두 27, 680명이다. 현재까지 진행된 학습 수는 794개이며, 수업에 투입된 교수는 191명에 이른다. 1,000명 이상의 제자를 배출한 교수는 이의용(2,420명), 한건수(1,793명), 함선욱(1,728명), 윤성혜(1,565명), 이현기(1,483명), 박봉순(1,412명), 우성식(1,274명)

1) 이의용
2) ChatGPT 검색 자료 종합

등 5명이다. 우리나라 대학의 교양수업으로서는 규모, 역사, 배출 학생 수 면에서 드문 사례로 보인다.

대학생 인생설계를 개설하게 된 배경은 다음과 같다. 언젠가 전경련이 대학을 향해 공식적으로 "불량품을 양산하지 말라."라며 경고를 한 적이 있다. 그러면서 최소한 이런 것은 가르쳐서 내보내라며 필수 교과목을 제시했다. 대학이 취업 준비장이냐는 교수들의 반론이 만만치 않았지만, 내가 보기에도 틀린 말은 아니었다.

대기업에서 후배 사원들과 일하면서 아쉬웠던 게 두 가지 있었다. 하나는 사회생활을 시작하는 청년들이 명확한 비전을 갖고 있지 못하다는 것이었다. 내가 만나 본 신입사원들에게서 직업을 통해 자신이 이루려는 미래의 그림(목적지)을 가진 이들은 찾아보기 어려웠다. 직장에서 어떤 경험을 쌓아 어느 분야의 전문가가 된다든지, 몇 년간 직장생활을 한 후 국가고시에 도전해 보겠다든지, 회사 경험을 살려 독립을 해 보겠다든지 하는 그림 없이 막연하게 직장생활을 하는 이들이 적지 않았다.

또 하나의 아쉬운 점은 청년들이 대학생활을 통해 사회생활에 필요한 역량을 제대로 갖추지 못한 채 직장생활을 시작한다는 점이다. 그래서 기업은 입사 후 몇 개월씩 기본 소양 및 공통 직무 교육을 해야 했다. 그중에는 인사하는 법, 전화 걸고 받는 법처럼 너무도 기본적인 내용이 있을 정도였다. 그래서 짬을 내 회사 연수원에 출강을 하면서 신입사원은 물론이고 기존 사원들에게 의사소통, 문서 작성법 등을 가르쳐 왔다. 이런 현상은 당시만 해도 취업이 어렵지 않았고, 교수들이 대부분 학자 출신이라 직장생활을 잘 알지 못하여 생긴 문제라고 생각한다.

사실 나는 10년 정도의 미래 그림을 갖고 있었다. 그랬기에 퇴근 후 대학원을 다니며 '다음'을 준비했다. 대학원을 마친 후, 회사의 허락을 받아 중앙대학교 광고홍보학과에 출강을 시작했다. 1992년 1학기부터 만 19년을 출강하면서 전공 부문과 함께 '인생설계'를 가르쳤다. 어떻게 하면 모교에 출강할까 모색을 하던 중, 당시 언론정보학부 류춘렬 교수와 이창현 교수를 면담하고 2000년 2학기부터 모교의 언론정보학부에 출강하게 되었다. 동시에 직장생활을 정리하고 박사과정에 도전했다.

어느 날, 당시 기획처장이자 교양학부장인 조중빈 교수를 만나 대학이 학생들의 사회 진출을 준비시키는 데 적극 관심을 가져야 한다며 몇 가지 제안을 했다. 그 결과, '인생설계와 진로'를 시작으로 '통하는 커뮤니케이션' '스피치와 토론(자신 있게 말하기)' 등의 새로운 과목을 당시 교양학부에 개설하게 되었다. 조중빈 교수는 이 수업들이 정착하도록 교실, 조교 등 많은 지원을 아끼지 않았다. 그 결과, 이 교과목은 지금까지 장수하며 학생들의 사랑을 받고 있다. 고마운 일이다.

진로 수업, 전국 대학으로 확산[1)]

1. 9년간의 터 잡기

인설진은 2004년 2학기에 2개 반, 2학점으로 개설되었다. 수강생은 각각 74명, 78명이었다. 얼마나 힘겨웠는지 모른다. 2005년 1학기에 3학점으로 바뀐 후, 2007년 2학기까지 혼자 수업을 담당하다가 함선욱, 한건수 교수를 영입하면서 반을 늘려 나갔다. 그러던 중 2011년 대전대학교 교수로 이임을 하게 되었다. 아쉬움으로 1년간 더 수업을 진행했다. 어렵게 개설한 인설진 수업을 후배 교수들에게 맡기고 학교를 떠나던 날, 나는 캠퍼스 벤치에 앉아, 하나님께 "검백!"을 간구했다. 대전대학교에 가서도 교수학습센터장을 맡아 진로설계 수업과 스피치 수업을 개설하며 최선을 다했다.

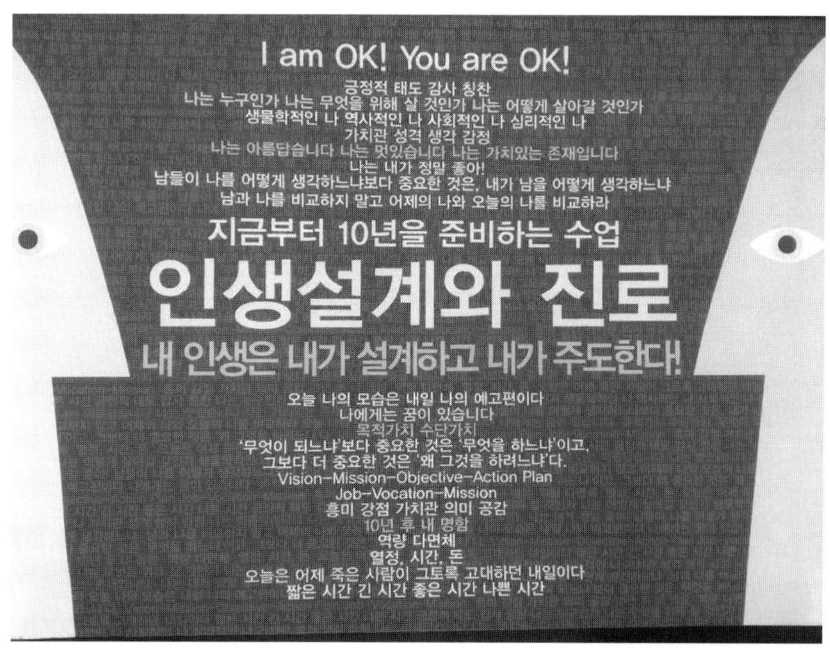

1) 이의용

2. 국내 최초의 '대학생 인생설계' 교재 발간

사실상 두 학기의 공백을 지낸 후, 본격적인 진로와 취업 교육에 관심을 가지고 있던 유지수 총장으로부터 '컴백 신호'가 왔다. 그리고 2013년 1학기에 교양대 교수로 부임을 하였다. 부임하자마자 총장은 당장 1학기부터 '인설진'을 전면 확대하라고 지시했다. 대학 최초의 과감한 시도로서 전국 대학의 이목을 집중시켰다.

우선, 교재가 필요했다. 아직 대학들에 진로 교과목이 개설되기 전이어서 자료를 구하기가 쉽지 않았다. 그래서 그동안 사용해 오던 매뉴얼북을 기초로 『스무살 나의 비전』(학지사)을 출간했다.

『스무살 나의 비전』은 그 후 다른 대학으로도 확산되었다. 『스무살 나의 비전』은 『대학생 인생설계 워크북』 『대학생 인생설계 워크북 3.0』으로 계속 개정되었고, 학기마다 내용이 보완되었다. 워크북 제작과 개정 작업에는 오정근 교수가 늘 큰 도움을 주었다.

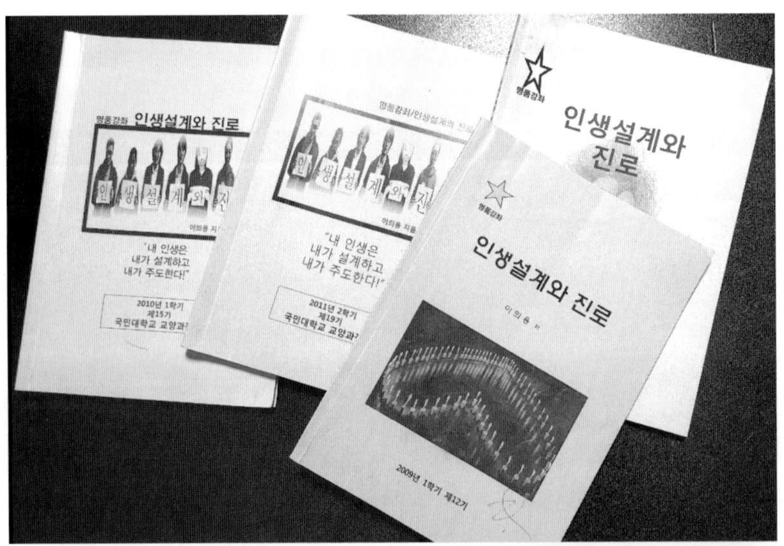

3. 시행착오와 교수요원 양성

문제는 교수 요원의 확보였다. 각 학과로부터 추천받은 교수 요원에게 수업 내용과 방식을 설명하고, 매뉴얼북을 제공했다. 이러한 워크숍은 방학 때마다 계속되었지만 근본적인 문제가 있었다. 담당 교수들의 수업에 대한 이해와 성의가 기대에 미치지 못했다. 자신이 개발하지 않은 수업이다 보니 수업의 목적과 목표를 충분히 이해하지 못했다. 무엇보다 학생들이 졸업 후 살아갈 직장 및 사회에 대한 이해가 크게 부족했다. 최선을 다해 지원했지만, 곳곳에서 수업의 부실함이 드러났다. 이에 필수과목을 선택과목으로 바꾸고, 3시간 수업을 2시간으로 줄일 것을 건의했다.

우리 수업은 직장생활 경험이 있는 코치들이 담당하면 좋겠다는 생각에, 2015년 한국코치협회와 공동으로 오정근 교수와 함께 4일(32시간)의 '인생설계 커리어코치 양성과정'을 운영해 60여 명의 코치를 양성했다. 그리고 이들 중 20여 명을 겸임교수로 우선 영입하고 기존 교수들과 조금씩 교체해 나갔다. 2018년부터 선택과목으로 바뀌면서 수업은 크게 안정되었다. 그때 양성한 커리어 코치들은 지금도 여러 대학에서 대학생 진로 수업을 맡고 있다.

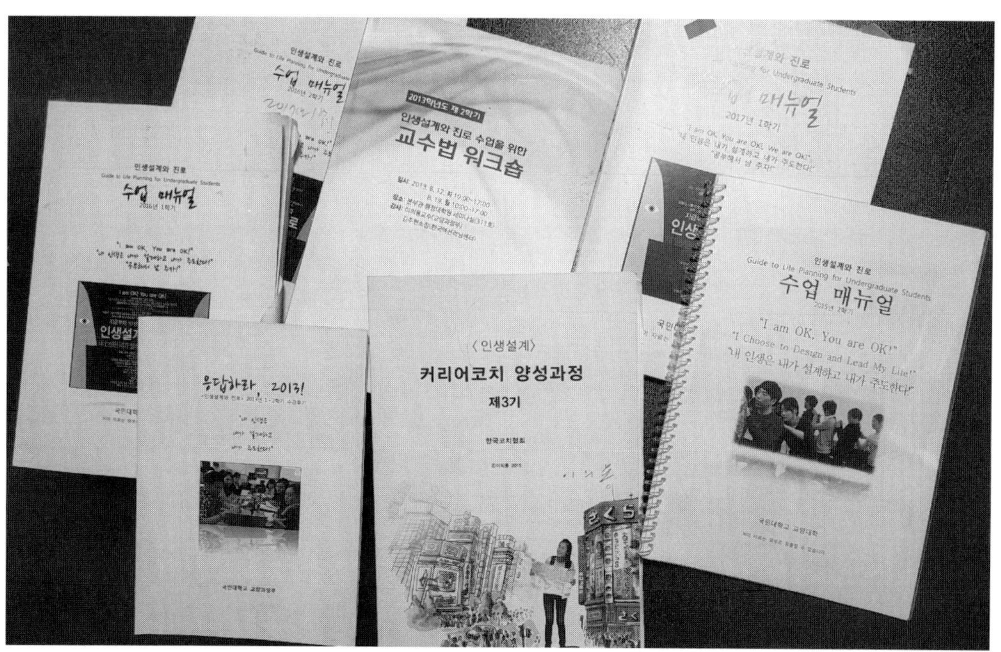

4. 대학생 진로 수업의 확산

'인설진'은 대학 최초의 본격적인 대학생 진로 수업이다. 이 수업의 내용이나 수업 방식은 국민대학교 안에는 물론이고 국내의 다른 대학으로도 확산되어 왔다. 현재 부산외국어대학교, 문경대학교, 경상국립대학교, 해양과학대학, 동신대학교, 장신대학교, 인하대학교 등이 『대학생 인생설계 워크북 3.0』을 교재로 수업을 진행하고 있다. 또한 부산 신라대학교는 이의용 저자에게 의뢰하여 별도의 교재를 출간하여 사용하고 있다. 특히 전문대학(2, 3, 4년제)인 전주비전대학은 『대학생 인생설계 워크북 3.0』의 내용을 중심으로 4학기 필수 교양과정을 개발하여 운영하고 있다. 고려대학교, 아주대학교, 대구대학교, 한밭대학교, 삼육대학교, 한경국립대학교 등 전국의 여러 대학이 비슷한 교과목을 편성하여 가르치고 있다. 이러한 현상은 교육 당국의 교양 및 진로교육 강화 정책의 영향이 크다. 그러나 콘텐츠나 수업 방식은 인설진이 하나의 모델이 되었다고 볼 수 있다.

한국대학교육협의회 고등교육연수원은 2008년도부터 2023년도까지 매 학기 방학 중 '대학생 진로 수업을 위한 교수법 과정'(강사: 이의용)을 운영해 왔다. 30회 동안 약 1,000명의 교수가 이 과정을 이수했다. 국민대학교 경영대학원의 '커리어 코칭'(이의용 교수) 수업에서도 여러 학기 동안 대학생의 진로를 지도할 코치 약 200명을 양성했다. 인설진 수업이 널리 알려짐으로써 대학생 진로에 관한 교재들도 많이 생겼다. 이 분야의 교수진도 많이 양성되었다.

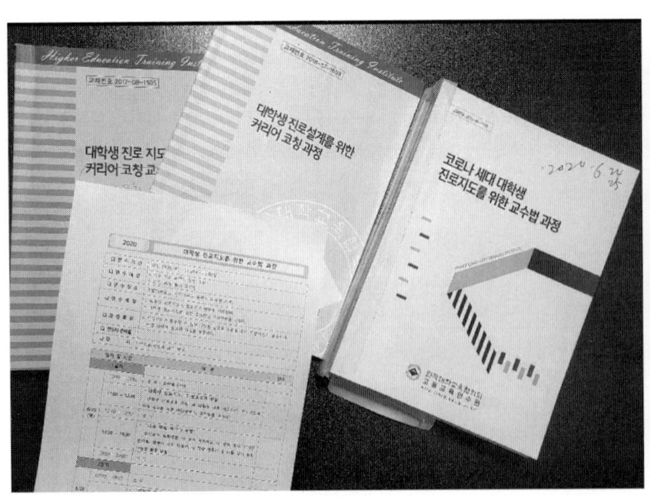

명품 수업의 조건[1)]

나무 한 그루를 키우려면 좋은 밑거름과 함께 꾸준한 돌봄이 필요하다. 수업도 마찬가지다. 정성을 다해 가꿔야 살아남을 수 있고, 나아가 명품 수업으로 빛을 발할 수 있다. 대학의 교과목, 특히 교양 교과목은 5년 이상을 넘기기 어렵다. 좋은 수업들이 교과목 '개편을 위한 개편' 작업에 희생(?)되는 일이 많다. 그럼에도 '인설진' 수업이 장장 22년 이상을 버텨 왔으니 감히 '명품 수업'이라고 자부한다. 인설진이 22년 동안 생존해 온 배경에는 몇 가지 숨은 노력과 비결이 있다.

1. 프로그램의 지속적인 업그레이드

첫째, 프로그램의 지속적인 업그레이드다. 얼마 전까지만 해도, 대학의 교재들은 한번 출간하면 5년 정도는 사용할 수 있었다. 그러나 최근에는 한 학기만 지나도 내용을 보완해야 할 정도로 변화가 심해졌다. 인쇄물을 1년마다 교체한다는 것은 대단히 어려운 문제다. 현재 우리 수업의 교재는 2~3학기 단위로 내용을 개정하고 있는데, 개정을 할 때마다 재고 책자들을 처분해야 하는 출판사의 어려움이 있다. 그래서 교수들의 수업 자료(PPT)만이라도 최신의 것으로 매 학기마다 업그레이드해서 저자가 제공하고 있다.

2. 교수진의 팀워크

둘째, 수업을 담당하는 교수들 간의 팀워크이다. 우리 수업은 10여 개의 분반으로 운영되고 있어 수업의 정체성과 통일성을 지켜 나가기가 대단히 어렵다. 그럼에도 우리 수업의 교수들은 최고의 팀워크를 유지해 오고 있다. 우리는 학기 중에도 SNS를 통해 서로 정보를 공유하며, 학기를 마친 후에는 워크숍을 통해 수업에 대해 깊은 대화를 나눠 오고 있다. 이를 통해 수업의 정체성과 통일성을 지켜 오고 있다.

---

1) 이의용

여러 분반으로 진행되는 수업에서는 '같음'과 '다름'이 매우 중요하다. 같아야 할 부분은 철저히 지키고, 달라야 할 부분은 교수가 자율적으로 풀어 나간다. 무엇보다 10년 이상 함께 수업을 진행해 온 사이여서 개인적으로 매우 친밀하다. 그래서 가급적 새로운 교수를 영입하지 않고 있다.

3. 풍부한 사회 경험에서 우러나는 코칭 교수법

셋째, 교수들의 사회 경험이 풍부해서다. 우리 수업을 담당하는 겸임교수들은 다른 직업을 갖고 있거나 전문 분야에서 경험이 많은 이들이다. 그리고 한국코치협회에서 활동하는 현직 코치들로, 앞으로 학생들이 진출할 다양한 세계의 사람들을 만나 그들이 당면한 문제를 풀어 나가도록 돕는 일을 하고 있다.

인설진 수업의 교수법은 '코칭'에 기반하고 있다. 현역 코치들이 코칭 방식으로 학생들을 가르치고 상담하며 지도한다. 그래서인지 학생들을 향한 애정이 대단하다. 나는 대학의 진로 수업은 일반 수업의 교수법과는 달라야 한다고 생각한다. 대학생 진로 수업을 담당할 교수로 현역 커리어 코치들을 적극 추천한다.

33 대학 진로교육의 당면 과제[1)]

대학의 진로교육 앞에는 넘어야 할 벽과 과제들이 산적해 있다.

1. 가장 큰 벽은 대학 진학 이전의 공교육 과정이다

초등 · 중등 교육과정의 부모, 학교, 학원 등이 잘못된 진로교육의 벽을 쌓아 올리고 있다. 개인의 특성을 찾아내 그에 맞는 진로를 스스로 선택하도록 하는 과정이 생략되고 있다. 당사자가 아닌 주변인들이 점수나 등급, 학교나 학과의 명성에 맞춰 대학, 전공, 직업을 결정하는 것이 현실이다.

이렇게 진학한 대학생 4명 중 3명이 전공 선택을 후회하고 뒤늦게 재수, 반수, 전과, 편입, 휴학 등으로 새로운 진로를 모색하는 것은 당연지사다. 이 과정에서 절망감, 불안감, 열등감으로 방황하는 이들도 적지 않다. '고4 증후군' '대2 증후군'이란 말이 여기에서 나왔다. 전공이 적성에 맞지 않아 수업에 흥미를 잃은 이들도 늘어나고 있다. 전공과 다른 직업으로 취업하기 위해 따로 준비를 하기도 한다. '전공 따로, 직업 따로!' 학업과 경제 활동을 병행하는 학생들도 적지 않다.

대학 진학과 비슷한 현상은 취업에서도 나타난다. 취업이 어렵다 보니 '아무 데나 취업' 현상이 잦다. 여기에도 부모의 간섭이 등장한다. 결국 직업과 직장에 대한 만족도가 낮아지니 이직 현상이 일어난다. 취업자 4명 중 1명이 1년 안에, 또 1명이 2년 안에 직장을 떠난다. 대학의 전공 선택의 실패, 직업과 직장 선택의 실패는 초등 · 중등 교육과정의 진로교육이 큰 원인이다. 오죽하면 진학 후 전공을 선택하도록 하는 자유학기제가 늘어나고 있을까? 이러한 상황에서 대학생의 진로 지도는 한계를 벗어나기가 어렵다.

1) 이의용

2. 일자리가 줄어들고 있는 것도 큰 변화다

AI의 등장으로 일자리는 계속 더 줄어들고 있다. 대기업의 대규모 정시 채용도 소규모 수시 채용으로 바뀐 지 오래다. 정규직은 줄어들고 비정규직이 늘어나고 있다. 이는 대학 차원을 넘어 사회 전반의 청년 일자리 부족 문제다. 이 글을 쓰는 지금, 일자리를 찾아 캄보디아로 나간 우리 청년들이 범죄 조직에 연루되어 어려운 상황에 처해 있다는 딱한 소식이 들려와 안타까움을 더해 주고 있다. 이러한 상황에서 대학생 진로교육이 나가야 할 방향은 무엇일까?

앞으로 직업의 수는 늘어나겠지만, 고용은 줄어들 수밖에 없다는 예상이 대세다. 직업의 생성과 소멸이 계속되기 때문이다. 현재의 직업은 언제 소멸될지 아무도 모른다. 하나의 직업으로 살아가기에는 이미 불가능해졌다. 그러므로 직업인들은 '멀티 잡(Multi-job)' 시대에 대비해야 한다. 언제든 다른 직업으로 이동하거나 창업할 준비를 갖춰야 한다.

기업들이 요구하는 인재 유형도 달라지고 있다. 기업들은 특정 분야의 전문가에 그치지 않고, 여러 분야에 정통한 융합형 인재를 찾고 있다. 심지어 기업 안에서 창업을 할 수 있는 인재를 원한다. 그래서 채용과정에서 성적이나 커리어보다 '당장 일할 수 있는' 역량을 갖췄는지를 따진다. 연수교육이 줄어들고 있고, 직무교육이 필요한 신입사원보다 당장 일할 능력을 갖춘 경력직(중고) 사원 모집이 늘어나는 이유다.

취업을 준비하는 이들은 직업 역량을 여러 분야로 넓혀야 한다. 인문학적 소양과 디지털 리터러시 역량이 중요해졌다. 전공이라는 틀에 학생들을 가두는 '한 우물 파기' 식의 교육, 많은 학생을 교실에 몰아넣고 일방적으로 이론을 강의하고 필기시험으로 성과를 평가하는 '공장식 교육'이 이러한 변화에 얼마나 효과가 있을지 모르겠다. 우리 수업이 22년 전부터 학습자가 참여하고 주도하는 자율적인 수업을 지향하는 이유가 여기에 있다.

3. 대학 진학에 올인해 온 대학생들에게 가장 아쉬운 점은 자기 주도력의 부족이다

사람은 성장하면서 4가지의 자기 주도력을 체득하게 된다. 첫째, 부모의 보호와 간섭에서 벗어나 독립하고 자기 생각이나 행동에 책임을 지는 심리적인 자립이다. 둘째, 다른 사람과 소통하고 협력하며 도움을 주고받으며 살아가는 사회적인 자립이다. 셋째, 자신에게 필요한 것을 스스로 찾아서 학습해 나가는 지식적인 자립이다. 넷째, 생활비용을 스스로 해결해 나가는 경제적인 자립이다.

교육의 가장 큰 목적은 '자립'이다. 지금도 우리의 가정교육과 공교육은 청소년들이 성장 과정에서 이런 것을 연습하고 익힐 기회를 주지 않고 있다. 자기 인생을 스스로 그려 보고, 그것을 스스로 이루어 나가도록 위임하지 않고 있다. 많은 청소년이 인생의 최소 단위인 하루 24시간을 어떻게 사용할 것인지 시간표를 작성해 보지 못한 채 대학생이 된다.

대학생 진로교육에서는 내가 무엇을 좋아하고, 무엇을 잘하고, 무엇을 중시하는지가 대단히 중요하다. 자아 정체감이 확립되어야 내가 내 인생의 주인임을 자각하고, 미래를 스스로 설계할 수 있다. 아울러 자신의 가치와 재능을 발견하고, 자신에 대한 자부심과 자신감을 회복해야 한다. 건강한 자아를 확립해야 자기 자신에 대해 책임감을 갖고 자기 인생을 주도해 나갈 수 있다. 우리 수업이 '나 찾기'로 시작하는 이유다.

4. 요즘 직장에서는 소위 MZ세대의 '3요'가 화제가 되고 있다

"이걸요?" "제가요?" "왜요?" 대학 졸업자의 취업률은 40%에 불과함에도 취업자 4명 중 1명이 1년 이내에, 또 1명이 2년 안에 직장을 떠난다. 직장생활에 대한 만족도가 낮기 때문이다. 업무가 맞지 않다는 응답도 많지만 대우, 복지, 직장 문화 등도 원인이다. 취업자들이 자기에게 맞는 직업과 직장 선택에 실패하고 있다는 얘기도 되지만, 새로운 세대의 가치관과 인식 변화도 주목해야 할 점이다.

일자리를 얻지 못해 고민하는 청년들도 많지만, 취업자들은 워라벨(Wok-Life Balance) 같은 개인의 행복과 각자도생에 관심이 더 크다. 대학 진학, 취업이나 창업, 결혼, 출산, 부모 부양으로 이어지는 전통적인 생애주기도 순서가 바뀌거나 생략되고 있다. 이러한 상황에서 대학이 종전처럼 단순히 전공을 중심으로 한 '취업'만을 진로교육의 목표로 삼을 것인가? 공교육이 생략해 온 건강, 철학, 재정, 가정(결혼과 출산), 공동체 의식 같은 것은 언제 어떻게 보완해 나갈 것인가?

5. 궁극적으로, 대학의 진로교육은 없어져야 한다

진로교육은 대학 진학 이전 과정에서 마무리가 되었어야 한다. 그런데 초등 · 중등 교육 과정에서 놓친 진로교육이 결국 대학으로 넘어 왔다. 자유학기제는 전공 학과 없이 입학하여 1년 후 전공을 선택하는 제도다. 국민대학교의 경우, 2025년도부터 신입생의 30%를 전공자율선택제로 선발하고 있다. '인설진' 수업이 전공 선택의 방법 등을 보완하여 이들에게 유용한 길잡이가 되어야 할 것이다.

늦었지만 초등 · 중등 교육과정에서 진로교육의 일부가 시작되고 있다. 이런 교육을 받고 진학한 이들에게 대학은 앞으로 어느 방향으로, 어떤 내용으로, 어떻게 가르칠 것인지 진지한 고민이 필요하다.

6. 그 밖에

현재의 종이책으로 된 워크북 교재를 디지털화하는 것도 과제다. 몇 개의 단원은 당장 디지털화해서 보완해야 할 필요가 있다고 본다. 또한 외국인 유학생의 진로 지도를 특화해야 할 필요가 있다. 최근 중국에서는 일부 외국 대학의 부실한 교육에 문제를 제기하며, 학력을 인정하지 않겠다는 소식이 들린다. 유학생이 늘어나는 만큼 외국인 유학생들의 한국어 구사력 수준을 높이고, 그에 맞는 진로 수업을 개발하는 것이 절실해졌다.

대학 진로교육의 방향성[1)]

1. 건강한 자아 확립

청소년 교육의 첫째 목적은 '건강한 자아 형성'이라고 생각한다. 그리고 '자립' '더불어 살기'라고 본다. 사람은 성장 과정에서 내가 누구인지를 생물학적(신체적)으로, 역사적으로, 사회적으로, 심리학적(정신적)으로 인식해야 한다. 그리고 자신에게 숨겨져 있는 가치와 재능을 발견하고, 그것에 대해 자부심과 자신감을 가져야 한다. 그래야 자신의 미래를 설계하고, 자기의 인생을 주도할 수 있다. 나아가 자신과 자신이 소속된 공동체를 책임질 수 있다.

그러나 우리의 가정과 학교, 사회는 이 과정을 생략한 채 대학입시라는 목표에만 올인하고 있다. 그러다가 이들을 사회에 배출하는 마지막 관문인 대학으로까지 이 과제가 밀려왔다. 건강한 자아 확립이 제대로 되지 않은 20대 청년이 자신의 미래를 얼마나 제대로 설계할 수 있을까? 내가 무엇을 좋아하고, 무엇을 잘하고, 무엇을 중시하는지 확신하지 못하면서 어떻게 미래를 설계할 수 있을까? '건강한 자아 형성'이 부족한 이들은 이상적인 나와 현실적인 나, 주변인이 요구하는 의무적인 나와 실현 가능한 나 사이에서 불안, 불만, 좌절, 우울을 느끼며 살아갈 수밖에 없다.

진로교육은 나를 바로 알고, 나를 바로 세우는 데에서 시작된다. "인간은 높은 산과 바다의 거대한 파도와 굽이치는 강물과 저 광활한 우주의 태양과 반짝이는 별들을 보고는 감탄하면서도, 정작 자기 자신에 대해서는 감탄하지 않는다." 이는 성 어거스틴의 말이다. 대학의 진로 교육은 건강한 자아 확립에서 시작되어야 한다.

2. 자립(자기 주도력)의 체득

부모들이 아이를 낳아 기르면서 가장 감격해하는 순간은 아이가 스스로 일어나서 바로 설 때다. 그리고 주변의 도움 없이 첫걸음을 내디딜 때다. 이게 바로 자립(自立)의 시작이다.

---

1) 이의용

홀로서기는 부모의 염원이다.

그럼에도 우리의 부모들 중에는 자녀의 홀로서기를 과보호로 방해하는 일이 많다. 군 장병 중에도, 대학생 중에도, 직장인 중에도 부모에게 의존하는 이들이 많다. 대학을 졸업하고도 취업이나 결혼을 하지 않고 부모에게 의존하는 '캥거루 자녀' 이야기는 더 이상 새롭지가 않다. 직장에 취업한 후에도 진로에 고민하며 방황하는 이들, 사회에 진출하지 못해 은둔, 고립이나 심지어 고독사를 하는 이들의 소식이 심심찮게 보도된다. 그런가 하면 성인이 된 자신을 향한 부모의 지나친 보호와 간섭을 불편해하거나 반항하는 청년들도 없지 않다.

자기 주도력이나 자립은 부모나 권한을 가진 이들의 '위양'을 통해 형성된다. 자전거 타는 법을 가르치듯, 스스로 해 볼 수 있게 기회와 권한을 맡겨야 한다. 인설진 수업의 구호가 "내 인생은 내가 설계하고 내가 주도한다!"인 이유가 거기에 있다. 부모와 교수들은 다음과 같은 4가지의 자립 역량을 갖추도록 지도해야 한다.

첫째, 지식적으로 자립해야 한다. 자신에게 필요한 것을 스스로 찾아서 학습하고, 스스로 정보와 지식을 관리해 나가야 한다.

둘째, 심리적으로 자립해야 한다. 자기 자신, 자신의 생각이나 행동의 결과에 대해 스스로 책임져야 한다. 부모의 보호와 간섭에서 벗어나 심리적으로 독립해야 한다.

셋째, 사회적으로 자립해야 한다. 함께 살아가는 다른 사람과 적절히 소통하고, 관계를 맺으며 도움을 주고받으며 살아가야 한다.

넷째, 경제적으로 자립해 나가야 한다. 스스로 생활비용을 해결해 나가야 한다. 학비와 용돈 중 일부라도 스스로 마련해 나가야 한다.

3. 더불어 살아가는 사회성 체득

말 마차에 짐을 싣고 나른다고 하자. 이때 두 마리의 말이 제각기 다른 마차에 짐을 싣고 나를 때보다, 두 마리가 하나의 마차에 짐을 싣고 나를 때 2.5~3배의 효과가 나타난다고 한다. 사람은 혼자서 살아갈 수 없는 존재다.

사회생활은 '내가 선택한 사람들'이 아니라 '주어진 사람들'과 살아가야 하는 곳이다. 사회생활에서 나와 다른 사람들과 소통하고, 좋은 관계를 맺고, 협력하는 능력은 인생의 성패를 정한다. 그래서 기업들은 소통과 협력을 인재상의 주요 조건으로 삼고 있는 것이다. 실제로 청년 직장인들이 사회생활을 하면서 겪는 가장 큰 어려움은 대인관계라고 한다. 첫 직장에서 조기 퇴직하는 비율이 높은 원인 중 하나가 이 때문이라는 분석도 있다.

대학 수업은 교수의 일방적인 이론 강의장이 아니라 성, 연령, 출신, 성격 등이 다른 '주어진' 사람들과 더불어 상호작용하는 연습장이 되어야 한다. 진로 수업만이라도 토의, 토론, 공유, 집단지성, 발표 등의 수평적 교류를 학습자 주도의 워크숍 방식으로 진행하면 좋겠다.

4. 인문 교양교육의 강화

한국경영자총협회는 5년마다 100대 기업을 대상으로 기업이 원하는 인재상을 조사하여 발표하고 있다. 2013년 1위는 도전정신, 2위는 책임의식, 3위는 전문성이었다. 2018년 1위는 소통 · 협력, 2위는 전문성, 3위는 원칙 · 신뢰였다. 2023년 1위는 책임의식, 2위는 도전정신, 3위는 소통 · 협력이었다. 여기서 확인할 수 있는 것은 산업 현장에서는 전문성보다 인문 · 교양을 중시한다는 점이다. 즉, 산업 사회는 전공 한 가지만 잘하는 인재보다 교양, 인성 같은 인문학적 소양을 두루 갖춘 인재를 선호한다는 사실이다. 그래서 대학들이 융합형 인재를 강조하고 복수전공제를 앞다투어 시행하고 있다 그러나 실제로는 역사, 철학, 문학, 어학, 예술학 등 인문 · 교양 교과목들이 취업에 직접 관련이 없다는 이유로 폐지되어 가고 있는 것이 현실이다. 대학의 행정가들이 인문학적 소양이 부족할 때 이런 일을 저지르게 된다.

인문학이 무엇인가? 자연의 이치를 연구하는 것이 자연과학이라면, 사람에 대해 연구하는 것이 인문학이다. 공학은 자연과학으로 분류되지만, 사람들을 위한 도구를 제작하므로 인문학적 소양을 기초로 할 수밖에 없다. AI 시대가 깊어질수록 인문학적 소양은 더 중요해질 것이다. 직업 수명이 짧아지고, 멀티 잡 시대가 다가오기 때문이다. 앞으로 직업이 소멸되거나 새로 등장할 텐데, 이때 인문학적 소양이 깊은 사람만이 다른 직업으로 쉽게 이직할 수 있다. 대학은 사회 진출을 앞둔 청년들이 인문학적 소양을 갖추도록 도와야 한다.

5. 우선, 슬기로운 대학생활 설계부터!

대학생활은 단순히 취업 준비과정이 아니다. 대학 입시 준비로 미뤘던 인생의 큰 그림을 준비하는 과정이다. 사회 진출을 준비하는 마지막 관문이라고 할 수 있다. 내가 나의 행복한 인생을 위해 무엇을 준비할 것인지를 찾고, 그것을 준비해 나가는 과정이다. 신입생은 다음과 같은 자문을 해 봐야 한다.

"내가 갖고 싶은 것은?"(역량, 가치관, 신념, 정체성 등)

"내가 되고 싶은 것은?"
"내가 하고 싶은 것은?"
"내가 가고 싶은 곳은?"
"내가 만나고 싶은 사람은?"

좀 더 구체적으로는

"나는 왜 대학에 진학했는가?"
"내가 대학생활에서 가장 하고 싶은 것은 무엇인가?"
"고등학생에서 대학생이 되면서 내가 바꿔야 할 패러다임은 무엇인가?"
"내가 인생에서 이루려는 꿈(비전)은 무엇인가?"
"그것을 이루기 위해 지금 내게 필요한 역량은 무엇인가?"
"8학기 동안 내가 수강해야 할 교과목은 무엇인가?"
"이번 학기 수강신청 과목은 어떤 과목으로 할 것인가?"
"외국어 능력, 자격증 획득, 공모전 참여, 동아리 활동, 다양한 사회 경험(사회 활동 참여, 아르바이트나 인턴, 여행 등)은 언제 어떻게 할 것인가?"

이와 같은 질문을 토대로 4년간의 계획을 세워야 한다.

이 과정에서 꼭 필요한 조언이 있다.

"'꿈'을 '날짜'와 함께 적어 놓으면 그것은 '목표'가 되고, 목표를 잘게 나누면 그것은 '계획'이 되며, 그 계획을 '실행'에 옮기면 꿈이 '실현(현실)'된다."

"A dream written down with a date becomes a goal, A goal broken down into steps becomes a plan, A plan backed by action makes your dreams come true." -Greg S. Reid-

먼 훗날의 인생을 설계하는 것도 중요하지만, 대학 4년을 제대로 설계하고 실행하는 것이 더 시급하다. 슬기로운 대학생활 설계가 행복한 인생을 좌우한다!

6. 나만의 인생설계도(Portfolio) 만들기

자산을 투자할 때 위험을 줄이고 기회를 넓히려면 자산을 여러 분야로 적절히 배분하는 것이 좋다. 여기서 포트폴리오란 말이 나왔다. 한 사람이 하나의 직업, 역할, 정체성으로 평생을 살아갈 수는 없다. 수많은 변수를 만나기 때문이다. 그래서 여러 개의 직업, 역할, 관심사를 병행하거나 조합하면서 위험을 줄이고 기회를 넓혀 가야 한다. 마치 투자 포트폴리오처럼! 이러한 포트폴리오는 계속 수정해 나가야 한다.

인생에도 포트폴리오가 필요하다. 인생은 직선이 아니라 매우 복잡한 곡선이기 때문이다. 그래서 지도와 일정표가 필요하다. 1박 2일 여행을 가더라도 지도와 일정표가 필요하지 않은가! 그런데 50년 이상의 여행을 지도와 일정표 없이 떠나는가? 뜻밖의 변수를 만나 수정을 하더라도 지도와 일정표는 반드시 필요하다.

인생에서 중요한 자산으로 'PTM'을 꼽는다. Passion, Time, Money의 첫 글자다. 청년들은 이 세 가지 자산을 어디에 어떻게 투자할 것인지 지도와 일정표를 그려 놓고 사회에 진출해야 한다.

대학 진로 수업에서는 『대학생 인생설계 워크북』의 '나를 찾아 떠나는 여행' '미래를 향해 떠나는 여행'을 참고하여 자신과 미래에 대한 포트폴리오를 작성할 필요가 있다. 인설진 과목 개설 초기에는 한 학기 동안 '○○○의 인생설계도'라는 PPT 포트폴리오를 만들었다. 대부분 100페이지가 넘었다. 나는 이 설계도를 입사 면접관에게 제출하도록 권했고, 기업 인사담당자들로부터 호평을 받기도 했다. 지금도 졸업생 중에는 이 설계도를 간직하며 살아가고 있다는 소식을 듣곤 한다. 그러나 수업 인원이 많아지고, 내용을 좀 더 체계화하기 위해 빈칸을 채울 수 있도록 워크북으로 전환했다.

7. '진단'을 통해 변화와 성장을 모색하다

인생은 끊임없는 자기 성찰을 통해 발전한다. 교육의 목적은 변화다. 변화를 통해 성장할 수 있다. 진로 수업은 취업을 준비하는 과정이 아니라 자신의 목적지를 찾고, 거기로 가기 위해 준비를 하는 과정이다.

인설진 수업은 제1부 '나를 찾아 떠나는 여행'과 제2부 '미래를 향해 떠나는 여행'으로 구분된다. 제1부와 제2부를 시작하고 마무리할 때마다 '사전 진단'과 '사후 진단'을 한다. 사전 진단에서는 문제점을 발견하고, 수업 과정에서 문제점을 해결하거나 보완한다. 사후 진단에서는 해결 여부를 확인한다. 이러한 과정을 통해 변화와 성장을 모색할 수가 있다. '진단'은 수업 목적 및 목표와 일관되어야 한다.

8. 평가 방식과 기준

진로 수업의 결과를 어떻게 평가할 것인가는 매우 어려운 과제다. 상대평가를 하자니 객관적 평가 기준을 마련하기가 어렵다. 그렇다고 수업 목적이나 내용을 볼 때 지필고사로도 할 수 없다. 그렇다고 절대평가로 하자니 역시 객관적인 평가가 어렵다. 무엇보다 상대평가로 할 경우, '진로설계' 교과목의 성적이 성적표에 기록되어, 그 성적 기록이 취업에까지 영향을 줄 수밖에 없다. 그래서 찾아낸 것이 P/N(Pass or Non Pass) 방식이다. 수업 참여도와 워크북 작성 정도를 파악하기. 이를 위해 교수는 중간고사 기간, 학기 말 고사 기간에 워크북을 모아 세심하게 점검을 해야 한다. 그러고 나서 미흡한 부분은 지적하여 반드시 작성하도록 해야 한다. 평가보다 과정 이수에 초점을 두는 것이다. 정해진 과정을 모두 성실히 이수한 경우에만 통과(Pass)를 부여하는 것이다.

또한 학기 말에 진행되는 비전 콘서트 발표 역시 중요한 평가 기준이 된다. 비전 콘서트는 제1부와 제2부 수업의 결정체이기 때문이다.

9. 누가 가르쳐야 하는가?

한 자료에 따르면, 취업 또는 진로를 가르치는 교수들이 가장 어려워하는 점은 대학 밖의 직장생활 경험이 부족하다는 것이다. 직장생활 경험 없이 학생들에게 실질적인 도움을 주기는 어려울 수밖에 없다. 진로교육은 학자보다는 다양한 사회생활을 경험한 사람이 가르치는 것이 효과적이다. 그럼에도 대학들은 사회 경험이 부족한 학자형의 교수들에게 진로교육을 맡기는 경우가 많다.

진로 수업은 이론 강의보다 교수와 학생, 학생과 학생 간의 상호작용 위주로 진행해야 한다. 진로 수업은 행복한 인생에 대해 명확한 철학을 가진 이, 다양한 사회생활을 경험하면서 성공과 실패를 경험한 이, 청년들과 소통을 통해 상담과 멘토링과 코칭을 해 줄 수 있는 이가 담당하는 것이 좋다. 이런 조건을 골고루 갖춘 이들이 전문 코치(커리어 코치)들이다. 코치들은 강의보다는 코칭을 통해 상대방이 스스로 자신을 돌아보며 스스로 문제점과 해결점을 찾도록 돕는다. 진로 수업의 지도는 커리어 코치들이 맡는 것이 효과적이라고 생각한다.

아울러 한 가지 지적하고 싶은 것은, 대학의 진로 지도 기능을 통합할 필요가 있다는 점이다. 진로 수업의 교수, 학과의 취업 담당 교수, 취업센터나 상담소가 서로 정보를 공유하고 협력할 필요가 있다. 현재 적지 않은 대학에서는 이러한 기능들이 따로 작동되고 있어 아쉬움을 준다.

10. 경제 · 금융 역량 강화로 흑자인생 설계를

우리나라 국민은 태어나서 대략 30년간은 적자로, 30년간은 흑자로, 30년간은 적자로 살아간다. 즉, 28세까지는 적자로, 28세부터 61세까지는 흑자로, 61세부터는 적자로 살아간다.

- **적자 구간**(0~28세): 16세에 −4,418만 원으로 가장 큰 적자를 나타낸다. 교육 · 양육 등으로 인해 지출이 많고 수입이 거의 없다.
- **흑자 구간**(28~61세): 28세에 흑자 전환(209만 원), 45세에 흑자가 최대(1,748만 원)이다. 이 구간은 주로 경제활동 · 취업으로 수입이 지출을 초과한다.
- **적자 구간**(61세 이후): 다시 −212만 원으로 돌아간다. 은퇴와 노후로 인해 소득이 줄고 지출(의료, 생활비 등)이 증가한다.

〈**1인당 생애주기적자** 추이〉

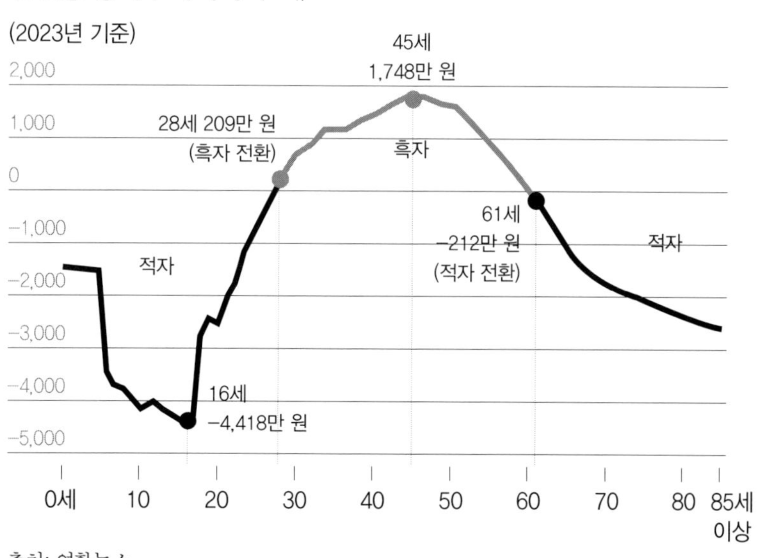

출처: 연합뉴스.

부모 세대는 30대, 40대 이후에는 결혼과 출산, 주택 구입, 자녀의 취학을 겪는다. 그 후 50대 이후에는 자녀의 대학 입학과 졸업, 본인의 정년과 은퇴를 경험한다. 그리고 60대에는 자녀의 결혼이 이어진다. 이 과정에서 자녀가 자립하지 못하는 경우, 또는 예기치 않은 지출 변수 발생 시 부모 세대는 다시 적자 시대로 접어들기 쉽다.

부모의 부양을 받으며 30년 동안 적자로 살아온 자녀는, 대학 졸업 후 취업을 하면서 흑자 생활을 시작하게 된다. 그러나 노동소득으로 흑자를 이루는 구간은 30년 정도에 불과하다. 소득이 가장 높은 이 구간은 45세 이후 급감한다. 자녀가 16세일 때 자녀의 교육비, 양육비가 가장 많이 지출하기 때문이다. 또는 예기치 않은 지출 변수 발생 시 부모 세대의 노년기 적자는 더 커질 수 있다.

'적자 → 흑자 → 적자' 구조를 어떻게 '적자 → 흑자 → 흑자'로 전환할 것인가?

부모 세대가 60대 이후 적자 시대를 흑자 시대로 전환하기 위해서는 경제와 금융에 대한 이해를 높임으로써 자산의 가치를 잘 지키고 키워야 한다. 자녀 세대 역시 청소년 시절부터 경제와 금융에 대한 이해를 높임으로써, 자립 후의 30년 흑자 구조를 60대 이후에도 계속 유지할 수 있도록 인생을 잘 설계해 나가야 한다. 자녀 세대의 이러한 흑자 관리는 부모 세대가 노년에 적자 구조를 벗어나게 하는 데에도 도움이 된다.

경제와 금융에 대한 이해가 필요한 가장 큰 이유는 자산의 수익을 올리는 것보다 금융거래의 위험으로부터 자산을 지켜내는 데 있다. 금융상품이 다양해지고 구조는 계속 복잡해지고 있다. 그러면서 모든 이들이 신용카드, 대출, 투자 등의 금융거래 위험에 노출되어 있다. 이러한 상황에서 자신과 자신의 가치를 지키고 키우고 대응하려면 금융 이해력(literacy)이 매우 중요하다. 흑자 구간에서의 과소비, 부채 증가, 금융사기 등의 위험은 나중에 큰 부담이 될 수 있다. 금융교육을 통해 신용관리, 지출 습관, 저축 · 투자 기초 등을 학습해야 이러한 리스크를 줄여야 한다.

대학생 시기는 자신의 경제생활을 주도할 수 있는 기반을 만들어야 하는 시기다. 스스로 지출 · 저축 · 투자를 계획하고 실천할 수 있는 역량을 길러야, 이후 인생 단계에서 더 큰 선택과 책임을 보다 능동적으로 감당할 수 있다. 대학생 시기에 경제 · 금융 이해력을 키우는 것은 단순히 '돈 잘 쓰는 법' 이상의 의미가 있다.

대학생 시기에 아무리 가슴을 두근거리게 하는 인생의 비전을 그린다 해도, 단단한 재무 기반 없이는 그 비전을 이룰 수가 없다. 비전은 미래에 닥칠 수 있는 리스크를 미리 점검하고 대비할 때, 자립적이고 주체적인 생활을 이뤄 나갈 때, 금융환경의 변화 속에 흔들리지 않을 때 가능해진다.

대학생 시기부터 장기적 관점에서 재정 · 진로 전략을 세워야 인생 전반의 경제적 안정과 풍요로움을 가져온다. 생애 전체에 걸쳐 재정적 위험을 최소화하고, 경제적 자립 및 안정된 삶을 확보해야 생애를 '적자 → 흑자 → 흑자'로 이룰 수 있다. 다음은 이를 위한 구체적인 조언이다.

- 미래 지출과 수입을 명확히 이해하라. 졸업 후 경제 활동을 통해 속히 흑자 구간에 진입하는 것이 중요하다.
- 최대 흑자기(45세)를 목표로 실질적인 자산 형성 계획을 세워라.
- 28세부터 흑자가 시작되므로, 사회진출을 미루지 않고 적극적으로 준비하라.
- 적자 구간(학생 시절)에 불필요한 소비를 줄이고, 장기적인 투자 · 저축 습관을 들여라.
- 소득이 생기면 소비만 늘리지 말고, 저축 · 투자에도 신경 쓰라.
- 흑자 기간 동안 충분한 은퇴 자금을 준비하라. 그래야 61세 이후 적자 구간을 안정적으로 지낼 수 있다.
- 신용 · 대출 관리 능력을 길러서 적자 구간(특히, 젊은 시기)에 과도한 빚을 지지 않도록 주의하라.
- 자기 계발과 네트워킹에 투자해 중 · 장년층에서 더 높은 소득을 얻을 수 있는 토대를 마련하라.
- 연금 · 사회보장제도를 함께 공부해 노후 대비에 적극적으로 활용하라.

저자 소개

이의용

- 쌍용그룹 홍보팀장, KT문화재단 본부장 역임, 국민대학교 교수 역임
- 한국대학교육협의회 고등교육연수원 자문위원장, CBS 방송 시청자위 부위원장 역임
- 커뮤니케이션연구소장, 감사학교 교장, 한국코치협회 명예코치(KPC)
- 국민대학교 문학박사, 『대학생 인생설계 4.0』, 『동굴에서 광장으로』 등 저서 52종
- 국민대학교 교양대학에 〈인생설계와 진로〉, 〈통하는 커뮤니케이션〉, 〈자신있게 말하기〉 3개 교과목 개발 / 전주비전대학에 인성교양 4개 교과목 개발
- 2004년부터 국민대학교 〈인생설계와 진로〉 주임교수 역임, 제자 2,263명 배출

오정근

- 현대인재개발원 전임교수 역임
- 한국코치협회 인증코치(KPC) 국제코치연맹 인증코치(PCC), 하우코칭 파트너 코치, 버크만 연구개발원장, 국제인공지능윤리협회 자문위원, 2023년 한국코치협회 올해의 코칭상 수상. 2022년 올해의 코칭도서 최우수상(『오정근의 커리어 코칭』), 2025년 우수상(『오정근의 감정 코칭』) 수상, 『떨리는 강사 설레는 강사』 공저
- 육군 리더십센터 커리어코칭 프로그램 개발, 〈인생설계와 진로〉 수업 설계 참여
- 국민대학교 문화학박사, 국민대학교 겸임교수, 제자 282명 배출

한건수

- 한국리더십센터 공공부문 컨설팅 팀장 역임
- 감사연구소 대표, 국제크리스천코치협회 협회장, 한국코치협회 인증코치(KPC)
- 아주대학교 경영학 석사, 『평생감사 실천편』 등 2종 공저, 감사 코치 프로그램 개발, 베스트 티처상 수상 2회
- 2008년부터 국민대학교 교양대학 겸임교수, 〈인생설계와 진로〉 제자 1,793명 배출

우성식

- 유니젠 공동창업자, 유니베라-에코넷홀딩스 CAO 역임, 현재 Bayside Private Equity 감사 투자자문위원
- U.C.-Davis Visiting Scholar, Clemson University 교수, 건국대학교 교수 역임, 한국코치협회 인증 비즈니스 코치
- 서울대학교 학사 석사, Texas A&M University 유전학 전공 이학박사, 다수의 저서와 학술지 발표 연구논문 2,500회 이상 인용
- 2015년부터 국민대학교 교양대학 겸임교수, 〈인생설계와 진로〉 제자 1,274명 배출

윤성혜

- 연세대학교 리더십코칭센터 코치, 국제코칭연맹(ICF) Korea Chapter 국제위원장 역임
- (주)그레이스코칭 대표. 한국코치협회 인증코치(KPC), 국제코칭연맹 인증코치(PCC), 국제공인 NLP 트레이너
- University of London 석사, 국민대학교 대학원 박사과정 수료, 『대한민국 전문코치 백인백서』 공저
- 2015년부터 국민대학교 교양대학 겸임교수, 〈인생설계와 진로〉 제자 1,565명 배출

이현기

- 현대인재개발원 전임교수, 한국능률협회 상임교수 역임
- 한국코치협회 인증코치(KPC_라이프/커리어 코칭분야), ㈜다인 협약상담사
- 아주대학교 경영학 석사, 다수의 교육 프로그램 개발
- 2014년부터 국민대학교 교양대학 겸임교수, 〈인생설계와 진로〉 제자 1,483명 배출

한상훈

- SK그룹 신규사업팀장 역임(빅데이터/AI, AR/AX/지자체 디지털 전환)
- 카이스트 Executive MBA 경영학 석사
- 중소벤처기업부 장관 표창(회사/개인 각 1회)
- 중기부/소상공인시장진흥공단/한국관광공사/부산광역시(핀테크) 자문위원
- 2014년부터 국민대학교 교양대학 겸임교수 역임, 〈인생설계와 진로〉 제자 311명 배출

함선욱

- 현대그룹 공채 입사, 쌍용자동차 신규사업팀, ㈜대우 해외마케팅팀 근무
- 광고회사 금강기획, 오리콤, 미국계홍보회사 에델만월드와이드, 파라다이스 미디어아트 등에서 경영 활동, 고려대학교 인공지능(AI) 연구소 산학기획실장 역임
- 한국자동차안전협회 이사, 다함커뮤니케이션 대표
- 고려대학교 경영학 석사
- 2005년부터 국민대학교 교양대학 겸임교수 역임, 〈인생설계와 진로〉 제자 1,610명 배출

황동조

- 현대그룹 인재개발원 교수실장 역임
- 멘토코칭연구소 소장, 한국코치협회 인증코치(KPC_라이프/비즈니스 코칭 분야)
- 연세대학교 상담교육학 석사, 한국코치협회 2021년도 올해의 코치상 수상
- 『사람을 키우는 멘토형 CEO』, 『멘토가 신바람을 일으킨다』 등 저서 2종
- KCA 현장 비즈니스코칭 훈련 프로그램 개발
- 2015년부터 국민대학교 교양대학 겸임교수 역임. 〈인생설계와 진로〉 제자 723명 배출

AI 시대, 변화와 성장을 돕는 대학생 인생 수업

내 인생, 이제 感 잡았다

My Life–I've Got It Now

2026년 2월 15일 1판 1쇄 인쇄
2026년 2월 20일 1판 1쇄 발행

지은이 • 이의용 · 오정근 · 한건수 · 우성식 · 윤성혜 · 이현기 · 한상훈 · 함선욱 · 황동조

펴낸이 • 김진환
펴낸곳 • (주) 학지사
04031 서울특별시 마포구 양화로 15길 20 마인드월드빌딩
대표전화 • 02)330-5114 팩스 • 02)324-2345
등록번호 • 제313-2006-000265호

홈페이지 • http://www.hakjisa.co.kr
인스타그램 • https://www.instagram.com/hakjisabook

ISBN 978-89-997-3646-9 03370

정가 18,000원

저자와의 협약으로 인지는 생략합니다.
파본은 구입처에서 교환해 드립니다.

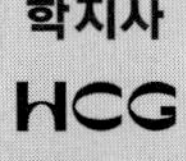